完訳

ギリシア・ローマ神話（上）

トマス・ブルフィンチ
大久保 博＝訳

角川文庫 13356

The Age of Fable;
or, Stories of Gods and Heroes
by Thomas Bulfinch
1855

Translated by OKUBO Hiroshi
Published in Japan by
Kadokawa Shoten Publishing Co., Ltd.

THE

AGE OF FABLE;

OR,

STORIES OF GODS AND HEROES.

BY

THOMAS BULFINCH.

O, ye delicious fables! where the wave
  And woods were peopled, and the air, with things
So lovely! why, ah! why has science grave
  Scattered afar your sweet imaginings?
Barry Cornwall

BOSTON:
SANBORN, CARTER, AND BAZIN.
1855.

1855年刊初版本の扉

おお、美しき伝説よ！　汝《なんじ》の水に、
また森に、はたまた空に、あまたなる
げにもうるわしきもの住めり！　なにゆえに、ああ！　なにゆえに科学《サイエンス》よ
しかつめらしき顔をもて、汝の甘き想い子を遠くはるかに散らせしか？

バリー・コーンウォール（イギリスの詩人B・W・プロクターの筆名。一七八七―一八七四）

神話を万人のものとなし、
気高き文学の喜びを深めんと試みるこの書を、
多数の、そして同時に少数の、読者のための詩人
ヘンリー・ワズワース・ロングフェローに
謹んで捧《ささ》げる

（ロングフェロー（一八〇七―一八八二）はアメリカの詩人）

凡例

1　本文中、原作者の注は肩付の数字であらわし、各章の章末にまとめた。
2　訳者の注は、本文中に割注で記した。
3　肩付の †マークは巻末に読書案内があることを示す。

ギリシア・ローマ神話 上 目次

はしがき

もしかりに、私たちの財産をふやしたり社会的な地位を高めたりしてくれるような知識だけが有益の名に価するものだとしたら、神話にはその名を要求する権利はありません。しかし、私たちをもっと幸福にそしてもっと立派にしてくれるものを有益の名で呼ぶことができるならば、神話は有益なものであると言わなければなりません。なぜなら、神話は文学の小間使であって、その主人役の文学は徳と固く手を結びあう最もすぐれた同盟者の、そしてまた幸福の促進者の一人だからです。

私たちは、神話の知識なしには私たち自身の国の言葉（ここではもちろん英語のこと）で書かれたすぐれた文学の多くを理解したり鑑賞したりすることができません。バイロン（G・G・バイロン。イギリスの詩人。一七八八―一八二四）がローマを「諸国の母なるニオベー」（「ハロルド卿の巡遊」第四篇第七九節）と呼んだり、あるいはヴェニスを「大洋から現われたばかりの海のキュベレーのように」（同書、第四篇第二節）と詩《うた》ったりするとき、神話に通じている読者ならばその胸には百万言にもまさる生き生きとした印象的な姿が浮かんでくるのですが、神話を知らない読者にはそれが何のことかさっぱりわからないのです。ミルトン（ジョン・ミルトン。イギリスの詩人。一六〇八―七四）の詩にはこういう類《たぐい》の引喩《いんゆ》がたくさんあります。彼の「コウマス」という仮面劇は短い詩なのですが、その中でさえ三〇以上もあり、「キリストの降誕によせる讃歌」という頌詩《オウド》の中にもその半分ほどのものがあります。そして「失楽園」の中には、もういたるところに見うけられるのです。そのためなのでしょうか、ミルトンを読んでも少しも面白くないなぞという言葉を、よく、割と教養のある人々の口からきくことがあります。しかしこうした人々が、一般の人よりもしっかりとした自分の学識に、さらにこの小さな私たちの本から得ることのできる簡単な知識を加えるならば、これまで「むずかしく近づきにくい」（「コウマス」第四七七行）もののように思われていたミルトンの詩の多くが「アポローンの竪琴《たてごと》のように音楽的」（同書、第四七八行）であることが、おわかりになることでしょう。私たちの本には、スペンサー（エドマンド・スペンサー。イギリスの詩人。一五五二？—一五九九）からロングフェローにいたるまで、二五名以上もの詩人たちからその詩を引用しておきましたが、これらをごらんになれば、ものを説明する際にその例証を神話から借りるという習慣が、どんなに広くゆきわたっているか、おわかりいただけると思います。

散文の作家たちもまた同じようにこの神話を利用してすぐれた、含蓄のある文章を書いています。お手もとの「エディンバラ・レヴュー」や「クォータリー・レヴュー」（ともに当時イギリスで発行されていた有名な季刊雑誌。前者はウィッグ党を支持し、後者はトーリー党の機関誌として両者あい対立していた）をごらんになれば、かならずその例がいくつもお目にとまるはずです。マコーリ（T・B・マコーリ。イギリスの歴史家、政治家。一八〇〇—五九）のミルトン論（一八二五年、「エディンバラ・レヴュー」に寄稿）の中には二〇もの例が見られるのです。

しかし神話を勉強するにしても、ギリシア語やラテン語の助けをかりずにそれを学ぼうとする人たちにとってはいったいどのような方法をとればよいのでしょうか？　とても信じられないような不思議な出来事、それにもうとっくに廃れてしまった信仰、こういったものに主として関係しているこの一種の学問に対して、勉学の力を捧《ささ》げるなぞということは、現代のような実利的な時代に生きる一般の読者の皆さんには期待できることではありません。年若い読者の皆さんでさえ、早くから実に多方面にわたって事物についての科学的な知識を要求されていますから、単なる空想にもすぎないようなこの学問について昔の人が書いた書物をじっくりと読むなぞという余裕はほとんどないのです。

しかしそれならば私たちの主題を理解するのに必要な知識は、古代の詩人たちが書いた作品を翻訳で読むことによって得るわけにはいかないのでしょうか？　答えはこうです。つまり、その分野はあまりにも広くて、初心者の方には無理なのです。それにこの翻訳そのものが、神話についてある程度の予備知識をもっていないと理解しにくいのです。嘘だと思う方は、「アイネーイス」（ウェルギリウスの詩ったラテン文学最大の叙事詩）の最初のページを読んで、神話についての知識なしに、「ユーノーの遺恨」とか「パルカの定め」とか「パリスの審判」とか「ガニュメーデースの栄誉」とかの意味が理解できるかどうか試してごらんなさい。

そんなものは注を見ればわかる、あるいは古典文学辞典をひけばでてくる、とおっしゃる方があるかもしれません。それなら私たちはこう応《こた》えましょう。注を見るにしろ、辞典をひくにしろ、そういう手続きによって読書が中断されるということはたいへんわずらわしいことです。ですから、たいていの読者は、そのわずらわしさに甘んじるよりは、むしろそんなところはわからないままでとばして読んでいく方がいいと思うものなのです。それに、注や辞典はただ無味乾燥な事実だけしか教えてくれませんから、もとの物語の面白さは少しも味わうことができません。そして、詩的な神話から詩を奪い去ってしまったら、いったい後に何が残るというのでしょう？　ケーユクスとアルキュオネーの物語は、私たちの本ではまる一章がそれに当てられているのですが、最もすぐれた（スミスの）古典文学辞典（ウィリアム・スミス（一八一三―九三）の「ギリシア・ローマ伝説神話辞典」（一八四九）のこと）の中でさえそれについてはわずか八行しか触れていないのです。これは他のものについても同様です。

　私たちの本は、こうした問題を解決する一つの試みとして、神話の中の物語を、それが楽しみの源となるような方法でお話してゆきたいと思うのです。私たちは、読者の皆さんがどこでそうした物語にであってもすぐに、ああ、あれだなとおわかりいただけるように、古代の最も信用ある書物に従って、この物語を正確にお伝えしようと心がけました。このように私たちは神話を、かたくるしい学問としてではなく、学問からの息抜きとして、お教えしたいと思っているのです。つまり、私たちの本に、おとぎ話の本の面白さをもたせ、しかもそうすることによって教育の重要な部門の知識を皆さんにお伝えしたいと望んでいるわけなのです。巻末の索引は参照のために役立つでしょうし、茶の間の古典文学辞典にもなるだろうと思います。

　この本の中のギリシア・ローマの神話は、大部分、オウィディウス（ローマの詩人。前四三―後一七？）とウェルギリウス（ローマの詩人。前七〇―前一九）の作品からとったものです。しかしそれらをただ字句どおりに訳したのではありません。詩というものは、それをそのまま散文に訳したのでは、実に味気ない読みものになってしまうと私は思ったからです。それを韻文に訳しなおしたところでやはり同じです。押韻や韻律といったいろいろ難しい制約のもとで原文に忠実に訳していくなぞということはまず不可能なことだと思うからですし、その他いろいろな理由があるからです。そこで私たちの物語は、いちおう散文でお話をして、言葉そのものは変えても原文の心の中に宿る詩的なものは、できるかぎりそれを残すように心がけました。そして、こうして形を変えた物語にとって適当でないようなこまかな部分については、それを省略することにしました。

北欧の神話は、マレ（P・H・マレ。スイスの歴史家、北欧文化研究家。一七三〇—一八〇七）の「北欧文明の遺跡」（一七七〇および一八四七年に英訳本が発行された）から抜粋して載せました。これらの章は、東洋やエジプトの神話の章とともに、私たちの主題を完全なものにするのに必要だと思われたからです。こういったものをギリシア・ローマの神話といっしょの書物の中に入れるのはおそらくこの本が初めての試みかもしれません。

詩の引用は、かなり自由にあげておきましたが、それはいくつかの大切な目的を果たしてくれるだろうと考えたからです。引用した詩は一つ一つの物語の主要な事件を私たちの胸にしっかりと憶《おぼ》えこませてくれるでしょうし、また固有名詞の正確な発音を身につける助けともなるでしょう。そしてまた、私たちの記憶をたくさんの珠玉のような詩で豊かにもしてくれるでしょう。その中のいくつかの詩は、私たちが本を読んだり人と話をしたりするとき、実によく引用されたり言及されたりするからなのです。

私たちはこの本のために文学に関係の深い神話を選ぶことにしましたので、気品の高い文学作品をお読みになる方々にとって必要となりそうな物語はすべて収録するように努めました。良風美俗を犯すような物語や語句は一つも収めておりません。そのような物語はそう何度も話題にのぼるようなものではありませんし、また、たまにのぼったとしても、皆さんはそういう物語は知らないからと正直に言えばよいので、そのためにくやしがる必要は少しもないのです。

私たちの本は学者のために書かれたものではありません。また神学者のためでも、哲学者のためでもなく、イギリス文学を読む人たちのために書かれたものなのです。男女の区別などはありません。街頭演説家や講演家や批評家や詩人たちが、実によく引用する話を、そしてまた、日常の上品な会話の中にもでてくるその話を、ほんとうに理解したいと望んでおられる方たちのために書かれたものなのです。

私たちは確信しているのですが、若い読者の皆さんは、きっと、この本を楽しみの源とお考えくださるようになると思います。また、さらに年輩の皆さんは、これを読書の有益な伴侶《はんりょ》とお考えくださるでしょうし、また、旅さきで博物館や美術館を訪れる皆さんならば、これを絵画や彫刻の解説書と、そしてまた、教養ある社会に交わっていらっしゃる皆さんは、これを折にふれて耳になさる譬《たとえ》の手引きと、お考えくださるでしょう。そして最後に、人生を長いあいだ歩んでこられたお年寄りの皆さんは、これを、文学の旅路をひきかえしてゆくときの喜びとお考えくださるでしょう。それは、この人たちを幼い昔につれもどして、一足ごとに、人生の曙《あけぼの》との親交をよみがえらせてくれる道だからです。

こうした親交が永遠に続くことについて、コールリッジ（S・T・コールリッジ。イギリスの詩人。一七七二—一八三四）は有名な詩の中で次のように美しく詩っています。「ピッコローミニ父子」（ドイツの詩人シラーの戯曲「ヴァレンシュタイン」第二部を英訳（一八〇〇年）したもの）の第二幕第四場（第一二三—一三八行）にあるものです。

いにしえの詩人たちが描いたあの明瞭《めいりょう》な姿、
古代宗教の生んだあの美しい人間的属性、
力の神、美の神、主権の神、
あるものは谷間に住み、あるものは松おいしげる山に、またあるものは
森の中に、ゆるやかな河のほとりに、小石おおき泉の汀《みぎわ》に、

あるいは大地の裂け目に、そしてまた海の深みに。これらの神々はすべて消えてしまった。
彼らはもはや理性ある信仰の中には住んでいないのだ。
しかしなお人の心は言葉を必要とし、いまもなお
あの昔の心情がいにしえの名を呼びもどすのだ。
人間と友だちのような気持ちでこの大地にいっしょに住んでいた
妖精《ようせい》たちや神々を。そして今日でさえ
偉大なものをもたらしてくれるのは実に空の木星《ジューピター》であり、
美しきものをもたらしてくれるのは空の金星《ヴィーナス》なのだ。

神々と英雄たちの物語

第1章
はじめに

古代のギリシア・ローマの宗教は、今日ではもう消滅してしまいました。オリュンポスの神々と呼ばれていた例の神さまたちは、もはや現代人の中には一人の信者さえももってはいません。この神さまたちは、いまでは神学の部門に属すのではなくて、文学や趣味の部門に属すようになっているからなのです。この部門では、神さまたちも今なおご自分の地位を堅持なさっておられ、これから先もこの地位だけは守りつづけていくことと思います。というのは、この神さまたちは、古今にわたる詩や絵画の中でも最高の傑作と呼ばれている作品と非常に密接な関係をもっているので、忘れ去られてしまうなどということはありえないからなのです。

私たちはこれから、こうした神さまたちについての物語をお話しようと思うのですが、その物語は古代の人々から語り伝えられてきたものや、また現代の詩人や批評家や講演家たちによって引用されたりしているものなのです。ですから読者の皆さんは、この物語をお読みになりながらも同時に、これまで空想が創りだしたなかで、最も興味のある物語《フィクションズ》によって、楽しみを味わうことができるわけですし、また、今日の気品の高い文学作品をよく理解したいと望まれる方々にとっては、どうしても欠くことのできない知識を身につけることができるわけなのです。

これらの物語を理解するためには、まず古代のギリシア人の間に普及していた世界の構造についての考え方を私たちはぜひとも知っておかねばなりません。――なぜなら、ローマ人はこのギリシア人から自分たちの科学や宗教を受けついだわけですし、その他の国民もローマ人を通して自分たちの科学や宗教をこのギリシア人から受けついでいるからなのです。

さて、ギリシア人は、地球というものは平たくて、円盤のようなものだと信じていました。そして自分たちの国はその中央にあって、その中心点をなすものが、神さまたちの住居《すまい》であるオリュンポスの山、ないしは神託で有名なデルポイの聖地だと信じ込んでいました。

この円盤のような世界は、「海」によって西から東へと横切られていて、二つに等分されていました。その海を人々は地中海と呼び、そしてその続きの海をエウクセイノス海（黒海のこと）と呼んでいました。ギリシア人の知っている海はこの二つだけだったのです。

世界のぐるりには「大洋河」が流れていました。流れ方は、世界の西側では南から北へ向かい、そして東側では北から南へ向かっていました。流れは変わることなく、いつも同じで、どんな暴風雨が来ても氾濫《はんらん》することはありませんでした。海も、それから地上のすべての河も、その水をこの「大洋河」からもらっていたのです。

世界の北の地には、ヒュペルボレオスと呼ばれる幸福な民族が住んでいると考えられていました。この民族は、高くそびえる山々のむこうで、永遠《とこしえ》の喜びと春とを楽しみながら暮らしていました。そしてこの山々にある大きな洞穴が、肌を刺すような冷たい北風をおくりだしてきて、それでヘラス（ギリシア）の人々を凍えさせるのだ、と考えられていたのです。その国へは陸からも海からも近づくことはできません。そしてその国の人々は病気にかかることもなければ年老いることもなく、労役も戦争も知らずに暮らしているのです。ムア（トマス・ムア。アイルランドの詩人。一七七九―一八五二）は「ヒュペルボレオスの歌」という詩を書いていますが、その初めの部分はこうです

（詩中の巻き貝を吹き鳴らすとは、風がぴゅうぴゅういうのは
風の神が巻き貝を吹くためだと考えられていたことによる）。

私の故郷《くに》は太陽をいっぱいに浴びて、
　金色の園が光り輝く、
北風もおとなしく眠りこんで、
　巻き貝を吹き鳴らすこともない。

世界の南側には、大洋の河にのぞんで、ヒュペルボレオスの人々と同じように、幸福で徳の高い人々が住んでいました。その人々はアイティオピアー人と呼ばれていました。神さまたちは、この民族にたいへん好意をよせていたので、ときどきオリュンポスの館《やかた》を後にしては、よく彼らのところへ行って捧《ささ》げ物や饗宴《きょうえん》をともにしていました。

世界の西の果てには、大洋の河の近くに、エーリュシオンの原と呼ばれる幸福な土地がありました。ここは、神さまたちから特に目をかけられた人間が、死の苦しみを味わうことなしに、送られてくるところで、人は永遠の幸福を楽しむことができるのです。ですから、この幸福な土地は、「幸運の野」とも、また「祝福された人々の島」とも呼ばれていました。

これでおわかりのように、古代のギリシア人は、自分の国の東方と南方の民族、あるいは地中海の沿岸近くに住む民族のほかには、実在の民族についてはほとんど何も知りませんでした。ですからギリシア人の想像力は、地中海の西方の地に巨人や怪物や魔法使の女などを住まわせたり、また、あまり広大なものとは考えてもいなかったでしょうが、円盤のようなその世界の

周辺に、神々から特別の好意をうけ、幸福と長寿とを授けられた民族を住まわせたりしたのです。

曙《あけぼの》と太陽と月は、東側の、大洋の河から昇って、神々や人間に光を与えながら大空を駆けるのだと考えられていました。星もまた、北斗七星、つまり大熊座をつくっている星と、その近くにある星とのほかは、すべての星が大洋の河から昇って、またそのなかへ沈むのだと思われていました。この河におりると太陽の神は、翼のついた船に乗り込むのです。すると船は世界の北側をまわって、この神さまをふたたび東方の昇り口へと連れもどしたのです。ミルトンは†「コウマス」という仮面劇の中で（第九五―一〇一行）それを次のように詩《うた》っています。

今しも金色の陽《ひ》の車は
その灼熱《しゃくねつ》した車軸を
流れの早い大洋の河にひたし、
下りたつ太陽はその光を
ほの暗い北極の空に放ちながら、
東方の己《おの》が館へ
いそごうとしている。

神々の館はテッサリアにあるオリュンポス山の頂にありました。ここには季節の女神たち（春夏冬を司る三人の女神のこと）に守られた雲の門が一つあって、その門は、天上の神々が地上におりてゆくときや、また天上にもどってくるときに開きました。神々はそれぞれ自分の館を持っていましたが、ゼウスの大神から召集がくだると、一人残らずその宮殿に集まりました。ふだん地上や水中や地下に住んでいる神々も集まってきたのです。このオリュンポスの大神が住む宮殿の大広間では、また、大勢の神々が神さまの食べ物と飲み物であるあのアムブロシアーとネクタルとで毎日饗宴をもよおしていました。そしてそのネクタルは美しい女神のヘーベーが酌をしてまわるのです。宴席では、神々は天上や地上でのいろいろな出来事を語りあいました。そしてみんながネクタルを盛んに飲んでいると、そのうちに音楽の神のアポローンが竪琴《たてごと》を奏ではじめて、一座の神々を喜ばせました。またムーサの女神たち（ミューズの九人の女神のこと）は、これにあわせて歌をうたいました。そして太陽が沈んでしまうと、神々はそれぞれ自分たちの館にもどって眠ったのです。

次にあげる「オデュッセイア」†からの引用（第六巻、第五一―五七行）をお読みになれば、ホメーロス（紀元前一〇世紀ごろのギリシアの盲目詩人。「オデュッセイア」の作者といわれている。下巻第35章以下参照）がどのようにオリュンポスを考えていたかがおわかりになるでしょう。

そう言いながら、青い目の女神アテーナーは
オリュンポスに昇っていった、神々の住む
あの名高い永遠の御座《みくら》に。そこには嵐も吹かず、
雨も降らず、雪も襲うことなく、
広い、くもりのない光が清純な昼とともにやすらっている。

神々はここで永遠の喜びを
味わっているのだ。

クーパー（ウィリアム・クーパー。イギリスの詩人。ホメーロスの翻訳者。一七三一―一八〇〇）

女神たちのきる聖衣やその他の着物は、アテーナーと三人姉妹の美の女神たち《カリス》（英語では「グレイシズ」と呼んでいる）によって織られましたが、それ以上に堅い物はみな、いろいろな金属をつづりあわせて作られるのです。ヘーパイストス（ヴァルカンのこと）はオリュンポスの建築技師でもあり、鍛冶屋《かじや》でもあり、鎧師《よろいし》でもあり、二輪戦車《チャリオット》の製造家でもあり、なんでもできる名工でした。青銅で神々の家を建てたり、みんなのために黄金の靴を作ってやったりもしました。この靴をはくと、空中や水上を歩いたり、風のような速さで、また時にはめぐる思いにも似た速さで、あちこちへ移動することができたのです。ヘーパイストスはまた天馬の足に青銅の蹄鉄《ていてつ》を打ちました。するとその馬は神々の二輪戦車を引いて天空や海上を疾駆するのです。彼は自分の作った物に自動力を与えることもできたので、彼の手になる三脚台《トリプース》は（椅子にしろテーブルにしろ）宮殿の広間を自由自在に出入りすることができました。彼は、自分に侍《はべ》らせようと造った黄金の小間使たちに知力を与えたりもしたのです。

ゼウス（ユーピテル）（ジョーヴあるいはジューピターのこと）は神々と人間たちとの父と呼ばれていますが、そのゼウス自身にもまた父親がありました。クロノス（サートゥルヌス）が彼の父親で、そしてレアー（オプス）というのが母親でした。クロノスとレアーはティーターン神族に属していました。そしてこの神族の両親は「天」と「地」で、「天」と「地」はまたカオスから生まれた

ゼウスとヘーラー

のです。このカオスについては、次の章で詳しくお話しします。

しかしもう一つ別のコズモガニー、つまり世界創造説もあるのです。それによると、「大地」と「暗黒《エレボス》」と「愛」とが最初にありました。「愛」（エロース）は、カオスに漂っていた「夜」の卵から生まれたのです。そしてこのエロースが、手にしていた矢と炬火《たいまつ》とですべてのものを刺したり生気を与えたりして、生命と歓喜を生みだした、というのです。

クロノスとレアーだけが唯一のティーターン神族だったわけではありません。この神族は他にもいて、オーケアノス、ヒュペリーオーン、イーアペトス、オピーオーンといった名の男の神々や、また、テミス、ムネーモシュネー、エウリュノメーといった名の女の神々もいたのです。これらの神々は今日では古神として語られていますが、それは、彼らの支配権がその後ほかの神々に移ってしまったからなのです。つまり、クロノスはゼウスに、オーケアノスはポセイドーンに、ヒュペリーオーンはアポローンに、譲ることになったからなのです。ヒュペリーオーンは太陽と月と曙との父でした。ですから最初の太陽神のわけなのです。それで彼は光輝と美しさとをもって描かれているのですが、それも後にはアポローンに与えられるようになりました。

ヒュペリーオーンの巻き髪、ゼウスの額

とシェイクスピア（ウィリアム・シェイクスピア。イギリスの劇作者、詩人。一五六四―一六一六）は詩《うた》っています（「ハムレット」第三幕第四場、第五五行）。

オピーオーンとエウリュノメー（オピーオーンの妻）も以前オリュンポスを支配していましたが、†この二人もやがてクロノスとレアー（クロノスの妻）に王位を奪われたのです。ミルトンは叙事詩「失楽園」の中で（第一〇篇、第五八〇―五八三行）この神々にふれています。ミルトンによると、この異教の神オピーオーンとエウリュノメーは、人間を誘惑し堕落させる手管をすでに心得ていたもののようです。

そして伝説はこう伝えている、オピーオーンと呼ばれる蛇が、
エウリュノメー（おそらく、支配の手をのばしてやまぬイヴであろう）とともに
はじめ高いオリュンポスを支配していたが、
やがてクロノスに逐《お》われてしまった、と。（「旧約聖書」創世記第三章参照）

クロノスについては、書物によってその描き方が違っています。ある書物では、彼の治世は罪業のない清浄な黄金時代であった(1)とありますが、他の書物では、彼は自分の子供をむさぼり食う怪物だとも書いてあるからです。しかしゼウスは、この父親に食われる運命をのがれて、

やがて成長するとメーティス（思慮）を妻にめとりました。彼女は義父《しゅうと》のクロノスに薬をのませて、彼が呑《の》みこんでいた夫の兄や姉たちを吐きださせました。そこでゼウスは、吐きだされた兄や姉たちといっしょになって、父クロノスとその一味であるティーターン神族とに対して暴動をおこしました。そして彼らを征服すると、その中のある者をタルタロス（奈落のこと）に閉じこめたり、また他の者に対しては別な刑罰を科したりしました。アトラースなどは罰として、両肩で蒼穹《おおぞら》を支えているようにと申し渡されたのです。

クロノスを王位から退けてしまうと、ゼウスは兄（ホメーロスでは「弟」になっている）のポセイドーン（ネプトゥーヌス）やプルートーン（ディース）といっしょに、クロノスの領土を分割しました。ゼウスの取り分は蒼穹で、ポセイドーンは大洋、プルートーンは死者の国でした。そして地上とオリュンポスとは三人の共有の領土になりました。こうしてゼウスは神々と人間との王になったのです。雷霆《いかずち》が彼の武器で、それにアイギスと呼ばれる楯《たて》ももっていました。ヘーパイストスが彼のために造ったものです。鷲《わし》はゼウスの寵愛《ちょうあい》した鳥で、この鳥がゼウスの雷電の矢を持っていました。

ヘーラー（ユーノー）はゼウスの正妻で、また神々の女王でした。虹《にじ》の女神イーリスが女王の侍女となって、使者の役もつとめていました。そして孔雀《くじゃく》が女王の寵愛する鳥だったのです。

天上の名工、ヘーパイストス（ウゥルカーヌス）は、ゼウスとヘーラーとの間に生まれた息子でした。生まれつき片足が短かったので、母親のヘーラーはその醜い姿をひどく嫌い、子供を天上から追いだしてしまいました。一説には（ホメーロス「イーリアス」第一巻参照）、父親のゼウスが彼を蹴落《けお》としたのだともいいます。それは、ゼウスが妻のヘーラーと喧嘩したとき、息子のヘーパイストスが母親に味方したからだというのです。ですからこの説によると、ヘーパイストスの片足が短いのは、このとき天上から落とされたためだということになるのです。彼はまる一日じゅう落ちつづけて、ついにレームノス島に墜落しました。それ以来この島はヘーパイストスの聖地とされているのです。ミルトンはこの物語を「失楽園」の第一篇（第七四二―七四六行）に引用しています。

　　　　朝から
真昼《ひる》まで、真昼から露の夕べまで、
彼は夏の一日を落ちつづけた。そして夕日といっしょに
天頂から、流れ星のように、落ちていった、
あのエーゲ海の島、レームノスへと。

戦いの神アレース（マールス）もゼウスとヘーラーの息子でした。

弓術と予言と音楽の神、輝ける《ポイボス》アポローンは、ゼウスとレートーとの間に生まれた息子です。そしてアルテミス（ディアーナ）の双子の兄でした。妹のアルテミスが月の女神であったように、アポローンは太陽の神でもあったのです。

愛と美の女神アプロディーテー（ウェヌス）（ヴィーナスのこと）は、ゼウスとディオーネーとの間に生まれた娘でした。一説にはアプロディーテー†は海の泡から生まれたのだとも言われています。そして彼女は西風《ゼピュロス》に運ばれて波のまにまにキュプロス島に漂いつきました。島につくと、彼女

ボッティチェリ「ヴィーナスの誕生」ウフィッツィ美術館

は季節の女神たちに迎えられて、美しい衣を着せられ、やがて神々の集う宮殿へと連れてゆかれました。一座の神々は彼女の美しさに心を奪われ、誰もが自分の妻にしたいと望みました。しかしゼウスは彼女を息子のヘーパイストスに与えました。息子がいっしょうけんめい雷霆の矢を鍛えあげたので、その労を多としたからです。それで、女神のなかでもいちばん美しい神さまが、男神の中でもまたとない醜い神さまの妻になったわけなのです。アプロディーテーは、刺繍《ししゅう》をほどこした帯をもっていました。ケストスと呼ばれる帯で、相手に愛情を起こさせる力をもっていました。彼女の寵愛した鳥は白鳥と鳩で、彼女に捧《ささ》げられる植物は、ばらと、ぎんばいかでした。

愛の神エロース（クピードー）（キューピッドのこと）はアプロディーテーの息子でした。彼はいつも母親といっしょにいました。そして弓矢をもっていて、神々や人間の胸に恋の矢を射込むのです。またアンテロースと呼ばれる神もいました。この神は時には、軽んじられた愛のための復《ふく》讐《しゅう》者として描かれることもあり、また時には、愛に報いる愛の象徴として描かれることもありました。彼については次のような話も伝えられています。

アプロディーテーは、ある時テミス（掟の女神）にむかって、息子のエロースがいつまでたっても子供のままなので困っているとこぼしました。するとテミスは、それはエロースが一人っ子だからで、彼も弟ができればすぐに大きくなるだろうと答えました。それからほどなくして、アンテロースが生まれると、たちまちエロースはぐんぐんと大きくなって、力も強くなったというのです。

知恵の女神で、パラスとも呼ばれるアテーナー（ミネルウァ）は、ゼウスの娘でした。しかし母親はいません。ゼウスの頭から、完全に武装した姿で生まれてきたのです。彼女の寵愛した鳥は梟《ふくろう》で、彼女に捧げられた植物はオリーヴでした。

バイロン（G・G・バイロン。イギリスの詩人。一七八八―一八二四）は物語詩†「ハロルド卿《きょう》の巡遊」の中で（第四篇第九六節）アテーナーの誕生について次のようにふれています（詩中のコロンビアとはアメリカのこと。アメリカがイギリスから独立する時のことをアテーナーの誕生にかけて詩ったもの。なおジョージ・ワシントンはヴァージニア州の片田舎に生まれた）。

暴君を破りうるのは暴君だけなのだろうか、コロンビアが
あの武装した純潔のアテーナーを生み出したときに見たような
　あの勇士や子供が現われるのを
　もう「自由」は見ることができないの
　だろうか？
そうした人物は、荒野のほとりや、斧《おの》
　も入れぬ森の奥や
瀑布《ばくふ》のとどろく所でなければ育たない
　のだろうか、ちょうど

「ヴァルヴァケイオンのアテーナー」アテネ国立考古博物館

母なる自然が幼いワシントンにほほえみかけた所のように？
もう大地はこのような種子を懐に抱いてはいないのだろうか
ヨーロッパはそのような土地をもってはいないのだろうか？

ヘルメース（メルクリウス）はゼウスとマイアとの間に生まれた息子でした。彼の司るものは、商売や、格闘《レスリング》やその他の競技、さらには盗みにも及び、つまり熟練、機敏を要するものすべてにわたっていました。彼は父ゼウスの使者で、翼のある帽子をかぶり、翼のついた革鞋《サンダル》をはいていました。また手には、二匹の蛇が巻きついたケーリュケイオンと呼ばれる杖《つえ》を持っていました。

ヘルメースはまた竪琴《たてごと》を発明したともいわれています。ある日、一匹の亀を見つけると、彼はその甲を剝《は》ぎとって両端に穴をあけ、そこに亜麻糸を通しました。それでこの楽器ができあがりました。絃の数は九本、これは九人のムーサの女神たちに敬意を表したからです。ヘルメースはこの竪琴をアポローンにあたえ、そのかわりにケーリュケイオンの杖をもらいうけました。[2]

デーメーテール（ケレース）はクロノスとレアーの娘でした。彼女にはペルセポネー（プロセルピナ）という名の娘がありましたが、この娘は後プルートーンの妻となって死者の国の女王になりました。デーメーテールは農業を司りました。

酒の神ディオニューソス（バッコス）（バッカスのこと）はゼウスとセメレーとの間に生まれた息子でした。彼は酒の陶酔力を象徴しているだけではなく、酒の社交的、慈善的影響力をもまた象

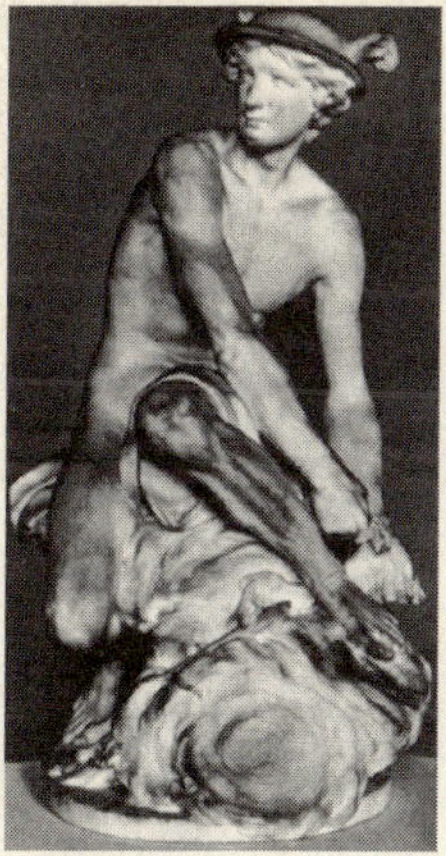
ピガール「ヘルメース」
ルーヴル美術館

徴していますから、文明の振興者とも、また平和の立法者、愛好者とも考えられています。

ムーサの女神たちは、ゼウスとムネーモシュネー（記憶）との間に生まれた娘でした。この娘たちは歌を司り、また記憶をたすけました。ムーサの女神は九人いて、一人一人、文学とか芸術とか科学とかといった具合に、ある特定の部門を司るように決められていました。つまり、カリオペーは叙事詩を司り、クレイオーは歴史を、エウテルペーは抒情《じょじょう》詩を、メルポメネーは悲劇を、テルプシコラーは合唱隊の抒情詩と踊りを、エラトーは恋愛詩を、ポリュヒュムニアーは讃歌を、ウーラニアーは天文を、タレイアは喜劇を、それぞれ司ったのです。

美の女神《カリス》たちの司るものは饗宴《きょうえん》と舞踊、それにあらゆる社交的な歓楽や、気品の高い芸術でした。この女神たちの数は三人でした。名はエウプロシュネー、アグライアー、タレイアです。

†スペンサー（エドマンド・スペンサー。イギリスの詩人。一五五二？―九九）はこの女神たちの役割を次のように描いています。

これら三人の女神たちは人間にすべての有難い贈り物を授けてくれます。
それは身を飾り心を飾って
人間を美しく好ましく見せてくれるものです。
たとえば上品な態度とか、親切なもてなしとか
甘い装《よそお》いとか、心を結ぶ友愛の尽力とか

礼儀にかなったすべての行為とかといったものです。
女神たちは、私たちに、それぞれの階級、それぞれの種類の人たちに対して
身分の上下、敵味方の区別なく振舞うべき道を
教えてくれます。その道こそ人々が「礼節」と呼ぶものなのです。（「神仙女王」第六巻第一〇篇第二三節）

運命《モイラ》の女神も三人いました——クロートー、ラケシス、アトロポスです。彼女たちの役目は、人間の運命の糸をつむぐことでしたが、また大きな鋏《はさみ》をもっていて、いつでも自分たちの気のむくときにその糸を断ち切ってもいました。この女神たちはテミス（掟《おきて》）の娘で、母親は玉座のゼウスのかたわらに坐《すわ》って彼の相談役をつとめていたのです。

復讐の女神エリーニュスたちも三人で、彼女たちは、公の裁判を逃れたり、あるいはそれを無視したりする人々の罪を目に見えぬ針で罰しました。この復讐の女神たちの頭髪は一本一本が蛇になっていて、全身おそろしい、ものすごい姿をしていました。この三人の女神の名はアーレークトー、ティーシポネー、メガイラと言いました。彼女たちはまたエウメニデス（エウメニスたち）とも呼ばれていたのです。

ネメシスもまた復讐の女神でした。彼女は神々の正義の憤りを、とくに人間の思い上がった無礼な行為に対する神々の憤りを、象徴しています。

パーンは家畜と牧人の神でした。彼の好んで住むところはアルカディアの野でした。

サテュロスは森や野の神々でした。体いちめん剛《こわ》い毛でおおわれていて、頭には短い、生えかかったばかりのような角があって、足は山羊《やぎ》の足に似ていると考えられていました。

モーモスは笑い（非難、皮肉の意味の笑い）の神で、プルートスは富を司る神でした。

ローマの神々

これまでお話してきた神々は、ローマ人からも信仰されてはいましたが、みんなギリシアの神々なのです。しかしこれからお話する神々はローマ神話固有のものです。

サートゥルヌスは大昔のイタリア人が信仰していた神さまでした。ギリシアの神クロノスと同一視されて、伝説によると、この神さまはあのゼウスに王位を追われてからイタリアへのがれて、そこで例の黄金時代と呼ばれる世を治めたのだといわれています。人々はその慈悲にあふれた統治を記念して、毎年冬になるとサートゥルナリアという祭りを行ないました。祭りの間は、公事はすべて休みとなり、宣戦の布告や刑罰の執行も延期され、友だち同士はたがいに贈り物を交わしあい、奴隷たちにも特別の自由が許されました。つまり奴隷たちのためには饗宴が設けられて、彼らがその食卓につくと主人たちが彼らに給仕をしてやったのです。これは、人間が本来平等であるということを、そしてまた、サートゥルヌスの治世においてはすべての物がすべての人々に等しく所有されていたのだということを、示すためのものだったのです。

サートゥルヌスの孫のファウヌス[3]は牧草地と牧人の神として、そしてまた予言の神として、崇拝されていました。彼の名が複数形のファウニーとなった場合は、ギリシアのサテュロスと同じように、遊び好きな神々の一団を意味しました。

クゥイリーヌスは戦争の神で、この神こそローマの建設者ロームルスその人であって、死後、神々の列に加えられたのだといわれています。

ベローナは戦争の女神です。

テルミヌスは境界の標《しるし》の神でした。彼の像は粗末な石や杭《くい》で、野の境界を示すために地面に立てられていました。

パレースは家畜と牧場を司る女神です。

ポーモーナは果実の木々を司りました。

フローラは花の女神です。

ルーキーナは出産の女神です。

ウェスタ（ギリシアのヘスティアー）は国家のかまどと家庭のかまどとを司る女神でした。この女神の神殿には、ウェスターリスと呼ばれる六人の処女祭司に守られて、聖火が燃えていました。そして国家が安泰であるのはこの聖火を絶やさずにいるからなのだと人々は考えていましたので、処女祭司がうっかりしていてこの聖火が消えてしまうようなことがあると、彼女たちは厳しく罰せられました。そしてその聖火はふたたび太陽の光で点火されたのです。

リーベルはバッコス（ディオニューソスのこと）のラテン名です。そしてムルキベルはウゥルカーヌスのラテン名です。

ヤーヌスは天の門衛でした。彼は年の扉も開きます。それで一年の最初の月（ヤーヌアーリウス。英語のジャニュアリイのこと）は彼の名にちなんでつけられているのです。ヤーヌスは門の守護神ですから、そのため普通、二つの顔をもった姿で表わされています。というのは、門はどの門でもみな二つの方向に面しているからです。ローマにはヤーヌスの神殿が無数にありました。戦争のときには、その主な神殿の扉はいつも開かれていました。そして平和の時には閉ざされたのですが、ヌマ王の治世とアウグストゥス帝の治世とのあいだには、扉はただ一度しか閉ざされたことがありませんでした。

つぎはペナーテースですが、これは家族の幸福と繁栄とを守ってくれる神々と考えられていました。その名前はペーヌスつまり食料品を入れる戸棚という言葉からきています。それで戸棚がこの神々の聖所とされていました。ですから一家の主人はみな自分の家のペナーテースの祭司だったわけです。

ラレース、つまりラールたち、もまた家庭を守る神々でした。しかしペナーテースと違っているところは、ラレースの方は死者の霊が神になったのだと考えられている点です。家々のラレースはそれぞれの家の先祖の霊で、子孫を見守り、保護してくれるのだと考えられていました。レムレースとかラルウァイという言葉はほぼ英語の幽霊《ゴウスト》という言葉に符合します。

ローマ人の信ずるところによれば、男は誰もが自分の守護神ゲニウスをもっており、女も自分の守護神ユーノーをもっていました。つまり、その神が自分たちに生を与えてくださったのだと、そして生涯自分たちの保護者になってくれるのだと、考えていたのです。ですから、自分たちの誕生日には、男は自分のゲニウスに捧《ささ》げ物を供え、女は自分のユーノーに捧げ物を供えました。

現代の詩人は次のようにローマの神々にふれて詩《うた》っています。

ポーモーナは果樹園を愛し、

リーベルはぶどうを愛し、
そしてパレースは家畜の息で温かな
　わらぶきの小屋を愛する。
そしてウェヌスは、言い交わした若い二人の
　あまいささやきを愛する、
四月のぞうげ色の月の夜に
　くりの木の葉かげにもれるそのささやきを。

マコーリ『カピュスの予言』（「古代ローマの民謡」（一八四二）の第四篇第一八節）

（1）こうした矛盾は、ローマの神サートゥルヌスを、ギリシアの神クロノス（時）と同一視したことから起こったのです。「時」は、すべて始まりのあるものに終わりをもたらすわけですから、それで自分の子供をむさぼり食うなぞと言われるのです。

（2）こうした竪琴の起源から「甲《シェル》」という言葉がよく「竪琴」と同じ意味で使われたり、また比喩《ひゆ》的に音楽とか詩とかいう意味で使われたりします。ですからグレイ（トマス・グレイ。イギリスの詩人。一七一六―一七七一）は「詩の発展」という彼の頌詩《オウド》の中で（一の二）こう詩っています――

「おお欣然《きんぜん》たる魂の主権者よ、
甘き調の、厳かな調の、生みの親よ、
魂を奪う竪琴《シェル》よ！　むっつり顔の『心配』も

血走り眼《まなこ》の『激情』も汝《なんじ》の調には心なごむのだ」

（3）　ファウナ、つまりボナ・デア（「良い女神」の意）と呼ばれる女神もいます。

第2章

プロメーテウスとパンドーラー

Deucalion and Pyrrha.

私たちの世界はいったいどのようにして創られたのでしょうか、これはその住民である私たちの興味をこの上なく強く刺激しても当然だと思われる問題です。古代の人々は、この問題について、今日私たちキリスト教徒が聖書から得ているような知識を持ってはいませんでしたので、彼らは彼らなりの仕方で世界創造の物語を伝えてきました。それは次のようなものなのです。

陸と海と天とが創られる以前は、すべてのものが一体となっていて、私たちがカオス（渾《こん》沌《とん》）と呼んでいる状態——つまり、混乱した、形のない塊、ただ重い不動の塊に、すぎませんでした。それでもその中にはいろいろな物の種子が眠っていました。陸も海も空気もみんな混ざりあっていましたから、陸はまだ固まっておらず、海も流れ動くことがなく、空気も透明ではありませんでした。そこでついに神である大自然が間に入ってこの混乱を終わらせました。そして陸と海とを分け、さらにそれらと天とを分けたのです。そのとき、燃えている部分はいちばん軽かったので、その部分が舞い上がっていって空になりました。空気は重さと場所からもその次を占めました。陸はそれよりも重かったので下へ沈んでゆき、そして水がいちばん低いところに行って、陸地を浮かべ支えたのです。

そのとき、ある神さまが——それが何という神さまかはわかりませんが——いろいろと力を尽してこの陸地を整理したり配列したりしました。河や入江をそれぞれの場所にもってゆき、山を起こし、谷をえぐり、森や泉や、豊かな田畑や、石だらけの荒野やらをあちこちに置きました。空気が澄んでくると星も見えはじめ、魚は海を、鳥は空を、四つ足の獣は陸を、それぞれ自分のものにしたのです。

　ところがもっと高等な動物が必要でした。そこで人間がつくられることになったのです。創造の神は人間を創るとき、自分と同じ材料を使われたのか、それとも、天から分かれたばかりのあの土のなかに天上の種子がまだいくらか宿っていた頃その土を使われたのか、その点ははっきりしません。とにかくプロメーテウスは、この大地から土を少しとって、それに水を加えて練り、神々の像《かたち》に似せて人間をつくりあげたのです（「旧約聖書」創世記、第一章第二七節および第二章第七節参照）。プロメーテウスは人間に直立の姿勢を与えました。ですから他の動物がみんな顔を下に向けていつも目を地上にそそいでいるのに、人間だけは顔を大空に向けて星を眺めることができるのです。

　プロメーテウスは巨神族であるティーターン神族の一人で、人間が創られる以前から地上に住んでいました。このプロメーテウス（「先に考える男」の意）とその弟のエピメーテウス（「後で考える男」の意）とは、人間をつくったり、また人間やその他のすべての動物に、それらのものが生きていくうえに必要な能力を与えてやったりする仕事を委ねられていました。エピメーテウスがまずこの仕事をやって、それがすむと今度はプロメーテウスができ上がったものを監督するということになっていたのです。そこでエピメーテウスはさっそくさまざまな動物に、勇気とか力とか速さとか知恵とかといったさまざまな贈り物を与えはじめました。あるものには翼を、またあるものには鉤爪《かぎづめ》を、さらにまたあるものには殼のような甲をといった具合です。ところが、いよいよ人間の番になって、すべての動物よりも優れているべきはずのこの人間にいったい何を授けようかということになったとき、手持ちの贈り物はもう気前よくみんなに与えてしまった後だったので、エピメーテウスの手もとには人間に授けるものが何一つ残ってはいませんでした。当惑した彼は兄のプロメーテウスのところへ行きました。そこでプロメーテウスはアテーナーの助けを借りて天にのぼってゆき、自分の炬火《たいまつ》に太陽の二輪車の火を移しとって、その火を人間のところへ持って下りてきました。この贈り物のおかげで、人間は他のすべての動物には及びもつかないような存在になったのです。なぜなら人間はこの火を使って、武器を作り他のすべての動物を征服することができましたし、道具を作って土地をたがやすこともできたからです。それにまた、寒さにあまり左右されずにすむように自らの住居を暖めることもできましたし、やがては、さまざまな芸術を生みだしたり、商取引きの手段となる貨幣を鋳造したりなぞすることができたからなのです。

　女はまだつくられてはいませんでした。話は（まことにおかしなことですが）こうなのです。つまり、ゼウスが女をつくって、それをプロメーテウスと彼の弟のところへ送ってよこしたのです。それは、この二人が天上から火を盗むなぞという大それたことをしたので、そしてまた人間はその贈り物をうけとったというので、この二人と人間とを罰するために送ってよこしたのです。最初につくられた女は†パンドーラーと呼ばれていました。彼女は天上でつくられたので、神々はみんな何か一つずつ彼女に授けものをしてこのパンドーラーを完璧《かんぺき》なものにしました（パンドーラーとは「すべての賜物を与えられた女」の意）。アプロディーテーは彼女に美しさを授けました。そしてヘルメースは説得力を、アポローンは音楽を、などといった具合です。このように贈り物を授けられたパンドーラーは地上に移されて、エピメーテウスに与えられました。彼は兄のプロメーテウ

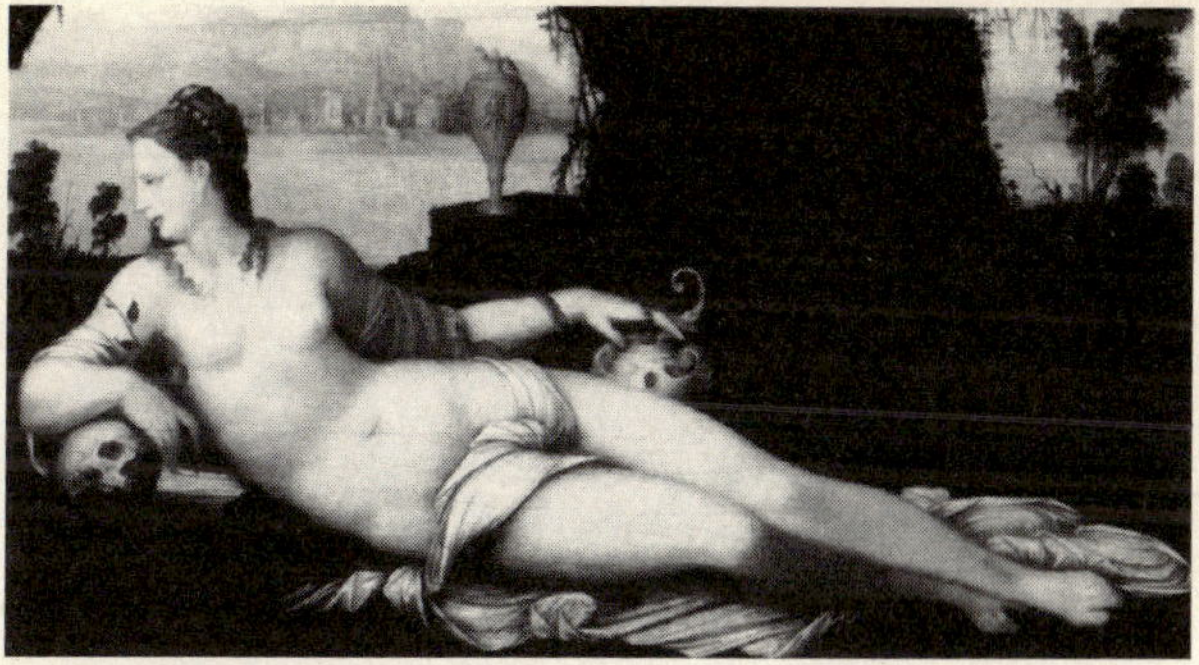

クーザン「エヴァ・プリマ・パンドーラー」ルーヴル美術館

スから、ゼウスとゼウスが与える贈り物とには用心するようにと忠告されていたのでしたが、喜んでこのパンドーラーを妻にしてしまいました。ところでエピメーテウスは家に一つの壺《つぼ》をもっていました。中には有害なものがいっぱいに入っていたのですが、そんなものは人間に新しい住居を作ってやる時には必要がなかったので、壺の中へしまっておいたのです。ところがパンドーラーは強い好奇心にかられて、この壺の中にはいったいなにが入っているのだろうかと考えはじめました。そこである日、壺のふたをそっととって、中をのぞいてしまったのです。するとたちまち中から、不運にも人間にとって苦労の種となるようなものが、——たとえば肉体的なものでは痛風だとかリューマチだとか疝痛《せんつう》といったものが、また精神的なものでは嫉妬《しっと》だとか怨恨《えんこん》だとか復讐《ふくしゅう》といったものが、無数にとびだしてきて、遠く四方八方へと飛び散ってゆきました。パンドーラーはあわててふたをしようとしましたが、どうでしょう！　壺の中にあったものはもうみんな飛び出してしまっていました。それでも、ただ一つだけ、壺の底に残っていたものがありました。

それは希望だったのです。ですから私たちが今日みるように、たとえ禍《わざわい》がどんなにはびこるようなことがあっても、希望だけはけっして私たちを見すてるようなことはないのです。そしてまた、私たちがこの希望さえ持っている限り、どんな苦しみに襲われようとも、私たちは不幸のどん底にまで落とされることはないのです。

しかし別の言い伝えによると、パンドーラーは、人間を祝福するためにゼウスから誠意をもって贈られてきたのだ、というのです。彼女は、結婚の贈り物が入っている箱をもらいましたが、その中には神々から贈られたお祝いの品物が入っていたのです。ところが彼女が不注意にその箱をあけたために、贈り物はみんなとびだしてしまって、希望だけが残ったというのです。この話の方が前の話よりはもっともらしく思われます。なぜなら、希望というものは、たいへん高価な宝石のようなものですから、それが前の話のように、禍という禍がいっぱいつまっているような壺の中に入っていたなどということはありえないことだからです。

とにかくこうして世界に人間が住まうようになったのですが、はじめは、罪悪のない幸福な時代で、黄金の時代とよばれていました。真実と正義が誰からも尊ばれる世の中で、しかもそれが法律によって強制されるからというのでもなければ、また人々を威嚇したり処罰したりする代官がいたからというのでもなかったのです。その頃はまだ森も、人間から木を盗みとられ《とりで》て船の材料にされるなどということがありませんでしたし、それが町の周囲に築かれる砦とされるようなこともありませんでした。剣とか槍《やり》とか兜《かぶと》とかというものもありませんでした。大地は、人間が苦労して耕したり種をまいたりしなくとも、必要なものは何でも生み出してくれました。常春《とこはる》の季節が支配していて、草花は種がなくても生え、川にはミルクやぶどう酒が流れ、黄色い蜂蜜《はちみつ》が樫《かし》の木からしたたりおちていたのです。

　やがて銀の時代がやってきました。この時代は、黄金の時代には劣っていましたが、次に来る青銅の時代よりはすぐれていました。ゼウスは春をちぢめて、一年をいくつかの季節に分けたのです。そこで、人間ははじめて厳しい暑さや寒さに耐え忍ばねばならなくなって、そのために家屋が必要になりました。洞穴が最初の住居となり、それから森の中の木の葉に覆われた隠れ場所が、そしてさらに、小枝を編んで作った小屋が、住居になりました。農作物はもはや栽培をしなければ成長しませんでした。農夫は種をまかねばなりませんでしたし、牛もあえぎながら鋤《すき》を引かねばならなかったのです。

　つぎには青銅の時代がやってきました。これはかなり気性の荒い時代で、何かといえばすぐに武器を手にして争うような時代でした。しかしそれでもまだ全くよこしまな世の中というほどではなかったのです。最もすさんだ、最も悪い時代は鉄の時代でした。罪悪は洪水のように溢《あふ》れ出し、謙譲も真実も名誉も押し流されてしまいました。そしてそれらの美徳にかわって、欺瞞《ぎまん》や奸智《かんち》や暴力や邪悪な利欲がやってきたのです。船乗りたちはやたらと風に帆を張り、木々も山から切り出されて船の竜骨にされて、大洋の面をかきみだしました。土地もこれまでは共同で耕されていたのに、分割されて私有財産にされ始めました。人々は、大地がその表面に産み出すものだけでは満足しなくなって、大地の腹をえぐってはそこからさまざまな金属の鉱石を引きずり出さねば承知しませんでした。こうして、有害な鉄と、さらに有害な黄金とがつくられたのです。鉄と黄金とを武器に使って（黄金の武器とは「わいろ」のこと）戦争が起こりました。客は友人の家にいてもわが身が安全ではありませんでした。婿と舅も、兄弟と姉妹も、夫と妻も、たがいに信じあうことができませんでした。息子たちは財産を相続しようと父親の死を願いました。家族の愛も地に落ちてしまったのです。大地は殺戮《さつりく》の血でぬれ、そのために神々はつぎつぎと地上を見すててゆきました。そしてとうとうアストライアー[1]だけとなりましたが、ついにはこの女神も立ち去ってしまったのです。

ゼウスはこうした地上の様子を見ると、その心は怒りにもえあがりました。そこでさっそく神々を会議に召集したのです。神々は大神のお召しに従い、天の宮殿をさして出かけました。この宮殿に通じる道は、澄みわたった夜なら誰にでも見えるはずですが、大空をよぎって延びています。そして乳の道《ミルキイ・ウエイ》（「天の河」のこと）と呼ばれています。沿道には輝かしい上位の神々の宮殿が立ちならんでいて、下級の神々は道の両側のもっと離れたところにちらばって住んでいるのです。ゼウスは会議の席上、一座の神々にむかって語りました。彼は地上での恐るべき状態の説明から始めて、最後には、この地上の住民たちを一人残らず滅ぼし、今までとはまったく違った新しい種族を住まわせることにする、そうすれば、そのものたちはもっとましな生涯を送るであろうし、もっとあつく神々を崇拝するであろうから、と宣言しました。ゼウスはそう言い終わると雷霆《いかずち》の矢を手にして、いまにも地上めがけて投げつけ、世界を焼き払ってしまおうとしました。しかしそんなことをしたら、それこそ大火事になって天まで焼けてしまう危険があるかもしれない、と思いなおしたゼウスは、この計画を変えて、世界を溺《おぼ》れさせてしまうことにしました。そこでまず北風が、雨雲を吹き散らすからという理由で、鎖でつなぎとめられました。そして南風が送り出されました。するとそれはたちまち大空を一面にまっ黒な外套《がいとう》でおおい包みました。雲が方々から吹き寄せられて、すさまじい音をたてながらぶつかりあいます。雨は滝のようにふります。穀物はなぎたおされます。農夫の一年の丹精が、わずか一時間ばかりで消えてしまうのです。ところがゼウスは、天上の自分の水だけでは満足しないで、兄のポセイドーンに海や河の水を使って加勢してくれと頼みます。そこでポセイドーンは河を氾濫《はんらん》させてその水で大地を覆います。と同時に彼は地震をおこして大地を持ち上げ、一度ひいていった大洋の潮をふたたび海岸に打ち上げさせるのです。そのため羊も牛も人間も家もみんな押し流されて、神聖犯すべからずと柵《さく》をめぐらした地上の神殿までもが汚されてしまいます。たとえどんなに大きな建物が残っていてもそれらは一つ残らず水をかぶり、その高い塔さえも水中に没してしまいました。いまやすべてが海になったのです。岸辺のない大海原なのです。あちこちに人の姿が見えますが、それは水面に頭をつき出そうとしている山の頂に、うまく残った人たちでした。そして何人かは小舟にのって橈《かい》を漕《こ》いでいましたが、そこはつい先ほどまで鋤を引かせていたところだったのです。魚は木の梢《こずえ》のあいだを泳ぐのです。錨《いかり》は庭に投げこまれるのです。いましがたまでおとなしい子羊が遊びたわむれていたところを、今度は不格好な海豹《あざらし》がはねまわっているのです。狼が羊の群れのあいだを泳ぎ、黄色い獅子《しし》や虎が水の中でもがいているのです。さすがの猪も自分の力が役にたたず、牡鹿《おじか》もそのすばしこさが役にたちません。鳥も翼をやすめる場所がないので、疲れ果てて水に落ちてしまいます。そして洪水をのがれた生き物も、ついには飢餓の餌食《えじき》となってしまったのです。

　すべての山のなかで、パルナッソス山だけが水の上にそびえ立っていました。そしてそこにはプロメーテウスの一族であるデウカリオーン（プロメーテウスの息子）とその妻のピュラー（エピメーテウスの娘）とが避難していました——夫は正直な人間であり、また妻も神々の忠実な崇拝者でした。ゼウスは、この夫婦のほかに生き残っている者が一人もいなくなったのを見ると、そしてこの二人の人間がこれまでに送ってきた罪科のない生活や日頃の敬虔《けいけん》な態度を思い起こすと、北風にむかって、雲を吹き払い地には空を、空には地を見せるようにと命じました。ポセイドーンも息子のトリートーンにむかって、法螺貝《ほらがい》を吹きならして水を退かせるようにと指図しました。すると水はこれに従い、海もその岸辺に帰り、河もその河床へとそれぞれ帰っていったのです。そこでデウカリオーンはピュラーにこう言いました。「おお、妻よ、ただひとり生き残った女よ、はじめは血縁（二人の父親はたがいに兄弟であった）と結婚との絆《きずな》によって、そして今はまた共通の危難によって、私に結びつけられた妻よ、私たちに父プロメーテウスのような力があり、父が初めて創ったように私たちも私たちの種族を新しくつくることができたらよいのだが！　しかし私たちにはしょせんそれができないのだから、あそこに見える神殿へ行って、このさき私たちはどうしたらよいのか神々に伺ってみることにしよう」。そこで二人は神殿に入ってゆきました。その神殿はきたない苔《こけ》のためによごれていました。二人は祭壇に近づきましたがそこには聖火も燃えてはいません。二人は階段のそばの地にひれ伏してテミスの女神に、どうしたら滅亡した人類をもとどおりにすることができるかお示しくださるようにと祈りました。すると神託は答えました、「顔を覆い、衣を解きてこの神殿を去り、汝《なんじ》らの母の骨を背後に投ぜよ」。二人はこの言葉をきくとびっくりしました。やがてピュラーが先に口をききました。「私たちはこのお告げに従うことはできません。母の遺体を汚すなどということは私たちにはとてもできません」。そう言いながらも二人は森の中のいちばん深い繁みの蔭《かげ》に行って、この神託の意味をあれこれと考えてみました。やがてデウカリオーンが言いました、「私の考えが間違っていなければ、このお告げは私たちが従ってもけっして不敬にはならないはずだ。つまりこの大地こそ万物の大いなる母であって、石はその骨なのだ。だから私たちはこの石を後ろに投げればよいのだ。きっとこれがお告げの意味なのだ。とにかく試しにやってみても害にはなるまい」。そこで二人は顔を覆い、衣を解くと石を拾いあげてそれを自分たちの後ろへ投げてみました。すると石は（不思議な話ですが）だんだんと軟らかになって、ものの形をとりはじめました。そしてしだいに、粗けずりながらも人間の形に似たものになってきたのです。それはちょうど彫刻家の手で半ば仕上げられた石塊のようでした。まわりについていた水分と泥が肉になりました。かたい石の部分は骨になりました。veins（石理（いしめ）のこと）はそのまま veins（血管のこと）となりました。呼び名は変わらず、ただ役目が変わったわけなのです。そして男の手で投げられた石は男の姿になり、女の手で投げられた石は女の姿になったのです。こうして作り出されたのでこの種族はたくましく、労働にもよく適していました。今日の私たちがそのとおりなのですが、これを見ても私たちがどのような先祖から生まれてきたかがはっきりとわかるのです。

　パンドーラーとイヴを比較した場合、すぐに思い出すのはミルトンです。彼は「失楽園」の第四篇（第七一四―七一九行）の中でこう詩《うた》っています。

　　神々がすべての贈り物を授けたあのパンドーラーよりも
　　さらに愛しいイヴ。しかもおお、なんとよく似た

悲しい出来事だろう、あの時ヤペテの愚かな
　息子のもとへ
ヘルメースによって連れていかれると、
パンドーラーはその美しい姿で人類を惑わし、
ゼウスの大本の火を盗んだ者《プロメーテウス》に復讐《ふくしゅう》
したのだ。

プロメーテウスとエピメーテウスとはイーアペトスの息子でしたが、ミルトンはイーアペトスをヤペテ（ノアの第三子。創世記、第五章第三二節参照）に変えているのです。

ルーベンス「縛られたプロメーテウス」
フィラデルフィア美術館

プロメーテウスは昔から多くの詩人たちが好んで詩う題材となってきました。彼は人類の味方として詩われているのですが、それはゼウスが人類に対してひどく腹をたてたとき、彼は人類のために仲立ちをしてくれたり、また人類に文明や技術を教えてくれたりしたからなのです。しかし、彼はそのためにゼウスの意志にそむくことになったので、神々と人間との統治者であるゼウスの怒りをわれとわが身に受けてしまいました。そこでゼウスは召使に命じてプロメーテウスをカウカソス山の岩の上に鎖でつないだのですが、そこには兀鷹《はげたか》がやってきては彼の肝臓をつつくのです。しかし肝臓は食われてしまってもすぐにまた新しく生えてきました。こうした苦悩の状態は、もしプロメーテウスが自分から進んでこの迫害者ゼウスに服従する気になっていさえしたら、いつでも好きな時に終わらせることができたものなのです。というのは、

プロメーテウスはゼウスの王位の安全に関するある秘密を知っていたので、もしその秘密をもらせばすぐにでもゼウスの機嫌をとり結ぶことができたからなのです。しかしプロメーテウスはこれを潔しとはしなかったのです。それゆえ彼は今日まで、不当な苦しみに対する高潔な忍耐力とか、暴虐に反抗する意志の力とかの象徴となっているのです。

バイロンやシェリー（P・B・シェリー。イギリスの詩人。一七九二—一八二二。「縛めを解かれたプロメーテウス」という有名な詩劇がある）はともにこうしたテーマを扱ってきました。次にあげるのはバイロンの詩です（「プロメーテウス」第一節および第三節より。ティーターンとはプロメーテウスのこと）。

ティーターンよ！　人間の苦しみが
　その悲しい現実の中にあっても
　神々の蔑《さげす》むものとしては映らなかった
不滅なる眼《まなこ》の持ち主よ、
汝《なんじ》の憐《あわれ》みの代償は何であったか？
沈黙の、しかも激烈な、苦しみ、
巌《いわお》、兀鷹、そして鎖、
誇り高き者たちが味わう苦しみのすべて、
彼らも示さぬ煩悶《はんもん》、
息づまるような悲しみの思い、
……

汝の神のごとき罪とは、愛情をもつことであった、
　それは汝の示す数々の教訓で、
　　人間の悲惨の総額を減少させ
「人間」を自らの精神で
強化させることであった。
しかしその努力は天によって挫《ざ》折《せつ》されはしたが
しかしなお汝の忍耐づよい気力の中に、
そして「地」も「天」もゆるがすことのできなかった
汝の不屈の精神の持続性と拒絶性との間に、
われわれは力づよい教えを受けついでいるのだ。
……

バイロンはまたこれと同じような引喩《いんゆ》を彼の「ナポレオン・ボナパルトによせる頌詩《オウド》」の中（第一六節）でも試みています。

あるいは、天上から火を盗んだ者のように
　汝はこの衝撃に耐えようというのか？
そして彼とともに、――許されざる者よ――

兀鷹や巌の苦しみを味わおうというのか？

（1）これは無邪気と清純の女神です。彼女は地上を去ったのち、大空の星の間におかれて、星座ウィルゴー――つまり乙女座になりました。テミス（掟《おきて》）はこのアストライアーの母親でした。それでアストライアーは天秤《てんびん》をかかげた姿で描かれているのですが、それはたがいに相対する者たちの主張をこの天秤で秤《はか》るからなのです。

こうした女神たちが、いつかまた地上に帰ってきて、あの黄金の時代を再現してくれるだろうという考えは、昔の詩人たちが好んで用いた主題です。ポープ（アレグザンダー・ポープ。イギリスの詩人。一六八八―一七四四）の「救世主」はキリスト教の讃美歌なのですが、その中でさえもこの考えが次のように詩われているのです。

「やがて、あらゆる罪は絶え、昔の欺瞞もやみ、
正義《テミス》の女神も帰って来て天秤《はかり》を高くかかげ、
平和の女神も世界中にオリーヴの小枝をさしのべ、
白衣の女神無邪気《アストライアー》も天空からおりてくるだろう」

またミルトンの「キリストの降誕によせる讃歌」の第一四節と一五節をごらんなさい。*

*訳者注　その箇所は次のようになっている。

第一四節

そのような聖なる歌が
われわれの空想をいつまでも包んでくれるならば
　時は走り帰って、黄金の時代をもって来るだろう、
そしてあばた面の虚栄は
間もなく病気になって死ぬだろう、
　らい病のような罪悪もこの地上から消え去るだろう
そして地獄の神も死んで
その陰鬱《いんうつ》な館を、ふりそそぐ太陽の光にゆずるだろう。

第一五節

そうだ、そして「真実」と「正義」とがやがて
美しく色どられた「虹」の垂れ幕をかかげながら
　天上から人々のところに帰ってくるだろう、
そして「慈悲」がその間に入って
天上の輝きを身にまとい、光り輝くその足で
　金銀織りなす雲を踏んで玉座につくだろう、
そして天の女神は祝祭の日のように
その宮殿の広間の扉をあけはなつだろう。

第3章

アポローンとダプネー、ピューラモスとティスベー、ケパロスとプロクリス

Apollo and Python.

洪水のために地上は泥だらけとなりましたが、そのお蔭《かげ》で大地は非常に肥沃《ひよく》な土地になりました。するとその土の中からあらゆる種類のものが、良いものも悪いものも、生まれてきました。中でもピュートーンと呼ばれる大蛇が、新しい人間たちの恐怖の的となって這《は》い出してくると、パルナッソス山の洞穴の中に潜みました。アポローンは自分の矢で（アポローンは弓矢の神でもあった）この大蛇を射殺しました。――彼はその時まで野兎や山羊《やぎ》といったようなか弱い動物を射る以外には矢を使ったことがありませんでした。そこでアポローンは自分のこのはなばなしい大蛇退治を記念して、ピュートーン祭りの競技（ピシア祭競技のこと）を設けることにしたのです。この競技会で力業や競走、あるいは二輪車競走に勝った者は、橅《ぶな》（オウィディウスでは櫸となっている）の葉でつくった冠をかぶせられました。その頃はまだアポローンも月桂樹を自分の神木にはしていなかったからです（アポローンとダプネーの項参照）。

ベルヴェデーレと呼ばれる有名なアポローンの像がありますが、それは大蛇ピュートーンを退治した後の彼の姿をあらわしたものです（第35章参照）。バイロンはこれにふれて「ハロルド卿の巡遊」第四篇、第一六一節で次のように詩《うた》っています。

見よ、的をはずさぬ弓の神を
生命と詩と光との神を、

人間の姿をした太陽神を、そしてまた
戦いの勝利にひかり輝くその額を。
矢は射られて飛んだ。神の復讐に
きらめく矢が。彼の目にも、鼻孔にも、
敵を恐れぬうるわしさと、力と、威厳とが
電光のように閃《ひらめ》いて、それは一見しただけで、
天帝を顕示していることがわかる。

アポローンとダプネー

ダプネーはアポローンの初めての恋人でした。しかしその恋は偶然に生まれたのではなく、エロース（キューピッドのこと）の恨みによって生まれたものだったのです。あるとき、アポローンは少年のエロースが自分の弓矢をもてあそんでいるところをみつけました。アポローンは、つい最近ピュートーンを退治したばかりで得意になっていた時でもあったので、少年にむかってこう言いました。「おい、いたずら坊主、おまえはそんな危ない武器《もの》をどうしようというのだ？　そういうものは、それを持つのにふさわしい者に渡すがよい。このおれは、その弓矢であの大蛇を退治したのだぞ、毒にふくらんだ体を広い野原に横たえていたあの大蛇をな！　おまえなぞは、炬火《たいまつ》で満足していればよいのだ、坊主。そしてその恋の火とかいうものを、好きにつけまわっているがいいのだ。おれの武器に手出しなんかするんじゃない」。

アプロディーテーの息子（エロースのこと）はこの言葉を聞くと答えました。「アポローンさん、あんたの矢はすべてのものを射貫くことができるかもしれませんが、ぼくの矢はあんた自身だって射貫くでしょうよ」。そう言うとエロースはパルナッソス山の岩の上に立って、箙《えびら》から、それぞれ異なった作りの矢を二本抜きとりました。一本は恋をそそる矢で、もう一本は恋をはねつける矢です。前者は黄金でできていて、鏃《やじり》は鋭く尖《とが》っていました。そして後者は鏃も鈍くしかも鉛でできていたのです。エロースはこの鉛の矢で、河の神ペーネイオスの娘のダプネーというニュンペー（ニンフ、妖精のこと）を射貫きました。それから黄金の矢でアポローンの胸を射貫いたのです。すると、たちまちアポローンはその処女に対する恋の思いにとらわれてしまいましたが、処女の方は恋など考えただけでも身震いがするほど厭《いと》わしくなりました。ダプネーの楽しみは森の中を駆けまわって遊んだり、狩りをして獲物を追いかけることだけでした。多くの男たちが彼女に言いよりましたが、彼女はみんなはねつけ、森の中を歩きまわるだけで、エロースのこともヒュメーン（婚姻の神）のことも気にしませんでした。そこで彼女の父親は娘によくこう言いました。「ねえおまえ、私のために婿をもらっておくれ。そして孫を生んでおくれ」。ところがダプネーは結婚というものをまるで罪悪のように忌み嫌っていましたので、美しい顔をまっ赤に染めながら、父親の首にすがりついて言いました。「お父さま、どうかお願いです。私をいつまでも処女《おとめ》のままでいさせてください、あのアルテミスさまのように」。父親はやむなく承知しましたが、同時にこう言いました。「だが、おまえのその美しい顔がそうはさせないだろうよ」。

アポローンはダプネーがたまらなく好きになり、どうにかして彼女と結婚したいと望むようになりました。ですから、全世界に神託を授ける彼も、自分の運命を知るだけの賢さはなかったのです。ダプネーの髪の毛がほつれて肩に乱れているのを見ると、彼は言いました。「乱れていてもあれほど美しいのだから、きちんと結ったらどんなにか美しく見えることだろう」。彼はダプネーの瞳《ひとみ》が星のように輝くのを見ました。また美しい唇を見ました、そしてただ見ているだけでは満足できなくなりました。肩までむき出しになった彼女の手と腕を賞賛しながら、隠れているところはもっと美しいだろうと想像しました。そこでアポローンはダプネーのあとを追ったのです。彼女はかろやかな風よりももっと速く逃げてゆき、彼がどんなに頼んでも一瞬たりとも立ち止まろうとはしませんでした。「待っておくれ」とアポローンは言いました、「ペーネイオスの娘さん。ぼくは敵ではないのだからね。そんなにぼくから逃げないでおくれ。それじゃあまるで子羊が狼から逃げるようじゃないか、鳩が鷹《たか》から逃げるようじゃないか。ぼくがきみを追いかけるのは恋のためなんだよ。そしてぼくは心配なんだ、きみが石につまずいて怪我でもしやしまいか、その苦痛の原因にぼくがなりはしまいかとね。どうかもっとゆっくり駆けておくれ。そうすればぼくもゆっくり追いかけるからね。ぼくは山男でもなければ不作法な土百姓でもない。ゼウスこそぼくの父なのだ。そしてぼくはデルポイとテネドスの都を治める者だし、あらゆることを、現在のことも未来のことも知ることができる者なのだ。ぼくは

ベルニーニ「アポローンとダプネー」ボルゲーゼ美術館

歌と竪琴《たてごと》の神なのだ。ぼくの矢は確実に的を射貫くのだ。しかしああ！　ぼくの矢よりももっと手痛い矢がぼくの胸をつらぬいてしまった！　ぼくは医術の神でもあるのだから、あらゆる薬草の効き目を知っている。ああ！　しかしぼくはいま、どんな薬草も癒《いや》すことのできない病に苦しんでいるのだ！」

ダプネーは走りつづけ、彼の言葉も半ばしか耳にしませんでした。しかしその逃げてゆく姿さえもがアポローンをうっとりとさせるのです。風がダプネーの衣をひらひらとなびかせ、ほつれた髪はゆるやかに流れました。アポローンは自分の言葉がどうしても聞き入れられないのを知ると、もう我慢ができなくなりました。そして恋情《エロース》に駆りたてられるがままに、彼女に追い迫ってゆきました。それはまるで猟犬が野兎を追いかけている時のようでした。口をあけて今にもつかみかかろうとすると、このか弱い動物は急にまた突進して、危くその牙《きば》をのがれるのです。こうして神と処女とは駆けつづけました――アポローンは恋の翼にのり、ダプネーは恐怖の翼にのって。しかし、追手の脚の方がどうしても速かったので、だんだんとダプネーに迫ってきます、そしてそのあえぐ息が彼女のうなじにふりかかるのです。ダプネーの力はだんだんと衰えてきます、そして、いまにも倒れそうになって、彼女は父親の河の神、ペーネイオスに呼びかけるのです。「助けてください、お父さま！　大地を開いて私を隠してください。でなければ私の姿を変えてください、この姿のために私はこんな恐ろしい目にあっているのですから！」。ダプネーがこう言いおわるかおわらないうちに、たちまち何かこわばった感じが彼女の手足をとらえました。胸はやわらかな樹の皮につつまれてきました。髪の毛は木の葉になり、両の腕は枝になりました。足はしっかりと地面について、根になってしまいました。そして顔は梢《こずえ》になって、もとの様子は、その美しさを除いて何一つ残してはいなかったのです。アポローンはびっくりしてその場に立っていました。幹に手を触れてみると、今できたばかりの樹皮の下で彼女の体がふるえていました。彼は枝を抱きしめ、思いきりその樹に接吻《せっぷん》しようとしました。しかし相手は彼の唇を避けるのでした。「きみがぼくの妻となることができなくなったからには」と彼は言いました、「ぼくはきっと、ぼくの聖樹《き》にしてみせるからね。きみをぼくの王冠として頭に戴《いただ》くことにしよう。ぼくの竪琴と箙にきみをつけて飾ることにしよう。そしてまた、偉大なるローマの将軍たちがカピトーリウム（ゼウスの神殿のこと）へ向かう輝かしい凱旋《がいせん》の行列の先頭に立つときは、きみは花輪に編まれて彼らの額を飾ることになるだろう。そしてまた、永遠の青春こそぼくの司るものだから、きみはいつも青々として、その葉は枯れることを知らないようにしてあげよう」。ダプネーは、そのときもう月桂樹に姿を変えていましたが、その頭をうなずかせて感謝の気持ちを現わしたのです。

アポローンが音楽と詩歌とを司る神であるということはべつに不思議はないと思いますが、医術もこの神の職能であるということになると、あるいは不思議に思う方があるかもしれません。この点について、詩人でもありまた医者でもあったアームストロング（ジョン・アームストロング。スコットランドの詩人・医師。一七〇九－七九）は次のように説明しています（「健康を維持する術」四－五一二）。

音楽はすべての喜びを高め、すべての悲しみを静め、
諸病を追い払い、あらゆる苦しみをやわらげてくれる。

そしてそれゆえに、古《いにしえ》の賢者たちは
医薬と音楽と詩歌との不可分の力を崇拝したのだ。

アポローンとダプネーの物語は多くの詩人たちによってしばしば引用されています。ウォラー（エドマンド・ウォラー。イギリスの詩人。一六〇六－八七）もこれを物語詩（「ポイボスとダプネーの物語」）に用いています。そしてその中の恋愛詩は相手の女性の心を和らげこそしませんでしたが、この詩人の名声を広く世にひろめました。

しかし彼がその不滅の詩の中で歌ったものは、
たとえ成功はしなかったにしても、ただいたずらに歌われはしなかった。
彼の過ちを正すニュンペーのほかは誰もみな
彼の情熱に耳を傾け、彼の歌を認めているからだ。
かくして、求めぬ賞賛を手に入れたポイボスのように、
彼も恋人につかみかかって、月桂樹を抱きしめたのだ。

シェリーの「アドネイース」†から引用した次の一節（第二八節）は、バイロンが、批評家たちと初めて論争をしたときのことを詩っているのです（バイロンは彼の処女詩集が「エディンバラ・レヴュー」で酷評されたとき、「イギリスの詩人とスコットランドの批評家」という諷刺詩を書いてこれにむくいた。詩中のピューティオスとはアポローンの称呼。ここではバイロンを指している）。

人の後を追うときだけは勇ましい、数を頼みの狼どもよ。
死人の上に寄り集ってがあがあ騒ぎたてる卑しい大鴉《おおがらす》どもよ。
支配者の旗印には忠実な兀鷹《はげたか》ども
「荒廃」の食い残したところをついばんでは
翼から病毒の雨を降らせるものどもよ——なんという態《ざま》なのだ、
現代のピューティオス*が、あのアポローンのように、金色の弓から
一矢を放って微笑んだときの奴らの逃げていったあの態は！——
この略奪者どもは二度目の矢を誘うこともなく、自分たちを軽蔑《けいべつ》し
平《へい》つくばらせた勝利者のあの誇らかな足もとに今は媚《こ》びへつらっているのだ。

ピューラモスとティスベー

セミーラミス女王が統治するバビュロニア（バビロニアのこと）の中で、誰よりも美しい青年はピューラモスでした。そして誰よりも美しい処女はティスベーでした。二人の両親は隣あった家に住んでいました。そして隣同士であることがこの若い二人を互いに近づけさせ、そしてその近づきがやがて熟して恋となりました。二人は互いに、喜んで結婚したいと思いました。それなのに親たちはそれを許さなかったのです。しかし、いくら親たちでも禁じることのできないものがありました、——それは、二人の恋が互いの胸の中で同じような激しさで燃えあがることでした。二人は手まねや目くばせで胸のうちを語りあいました、そして恋の炎は胸の中に秘めら

れれば秘められるほどますます激しく燃えあがっていったのです。二人の家を隔てている壁には割れ目が一つありました。壁をつくるときに何かのはずみでできたものでした。今までこれに気のついた者は誰もいませんでしたが、この恋人たちはその割れ目を見つけました。恋はどんなものでも探しださずにはおかないからです！　この割れ目が声の通い路の役をしてくれました。そして甘い愛のささやきがこのすきまから互いに交わされました。ピューラモスが壁のこちら側に、そしてティスベーが向こう側に立つと、二人の息はまざりあいました。「いじわるな壁よ」と二人は言いました、「どうしておまえは私たち二人を隔てておくの？　でも私たちはけっしておまえの恩を忘れはしないよ。おまえのおかげで、私たちは待ちのぞむお互いの耳に愛の言葉を伝えることができるのだからね」。二人はこのような言葉を壁の両側からささやきあいました。そして夜になって別れを告げなければならなくなると、ティスベーは自分のいる側の壁に、そしてピューラモスもまた自分のいる側の壁に、互いに唇を押しつけあいました。それ以上ちかよることができなかったからです。

あくる朝、曙《あけぼの》の女神エーオース（アウローラのこと）が夜の星を追いはらい、太陽が草の霜をとかす頃、二人はいつもの場所で逢《あ》いました。そして自分たちのつらい運命《さだめ》を嘆き悲しんだすえ、それでは夜になってあたりが寝静まった頃、油断のない両親の目を盗んで家を脱け出し、野原に出ることにしよう、と約束しました。そして二人が間違いなく落ちあえるように、町の境界線を越えたところに立っている「ニノス（セミーラミス女王の夫）の墓」と呼ばれる名高い霊廟《れいびょう》のところへ行こう、そして先についた方が後から来る者をそこに生えている一本の木の根もとで待つことにしよう、と手はずをきめました。その木は白い桑《くわ》の木で、冷たい泉のそばに立っていました。すっかり打ち合わせができると、二人は太陽が水に沈んで、その水から夜のとばりが立ちのぼってくるのを今か今かと待っていました。やがてティスベーは顔をヴェールで包んで、家の者に見つからないように用心深くそっと忍び出ると、例の墓のところへ行って約束の木の下に腰をおろしました。そして夕暮れの薄明かりのなかでただひとりぽつんと坐《すわ》っていると、そこへ一頭の牝《め》獅子《じし》が現われてきました。屠《ほふ》ったばかりの獲物の血で口をまっ赤に染めながら、のどのかわきをいやそうと泉に近づいてきたのです。ティスベーはそれを見ると逃げ出して、岩のくぼみに身をかくしました。ところが逃げるはずみに、かぶっていたヴェールを落としてしまったのです。獅子は、泉の水を飲みおえると、ふたたび森へ帰ろうとして向きなおりました。そして地面に落ちているそのヴェールを見つけると、血だらけの口でそれを振りまわしたり引き裂いたりしました。

ピューラモスは遅れて、やっとそのとき約束の場所へさしかかりました。そして砂地に獅子の足跡を見つけました。そのとたん、彼の頬からはさっと血の気が引きました。ほどなくして、めちゃめちゃに引き裂かれた血まみれのヴェールが見つかりました。「おお、不運なティスベーよ」と彼は言いました、「ぼくのせいできみは死んでしまった！　きみは、ぼくよりも長生きするにふさわしい人だったのに、そのきみが先に生贄《いけにえ》になってしまった。ぼくもきみの後からゆくからね。きみをこんな怖ろしい場所に来るようにと言っておきながら、ここにいてきみを護ってやることができなかったぼくがいけないのだ。さあ、獅子ども、岩蔭《いわかげ》から出てきて、この罪深い体をおまえたちの牙《きば》で引き裂いてくれ」。ピューラモスはヴェールをとりあげると、それを約束の木のもとへと持ってゆき、幾度も接吻してはそれに涙をふりそそぎました。「ぼく、の血にもきみのヴェールを染めさせよう」そう言うが早いか、ピューラモスは剣を抜いて自分の胸に突き刺しました。血潮が傷口から吹き出すと、それは桑の木の白い実をまっ赤に染めました。そして血は地に浸みこんでその木の根にまでも達したので、その赤い色は幹を伝って桑の実にのぼっていったのです。

そのあいだ、ティスベーはまだ恐ろしさにふるえていましたが、恋人を失望させてはいけないと思って、そろそろと用心しながら出てきました。そして気づかわしそうに若者を探しました。危く免れたあの恐ろしさを早く報《し》らせてやりたかったからです。そして約束の場所までやってきましたが、桑の実の色が変わっているのを見ると、ここがその場所だったのだろうかといぶかしく思いました。そしてしばらくためらっていると、誰か死の苦しみにもだえている人の姿が目に映りました。ティスベーは思わず後じさりしました。震えが彼女の体を走りました。それはちょうど静かな水面にさっと一陣の風が吹きわたるときに起こるあの漣《さざなみ》にも似ていました。しかしティスベーは、その人が自分の恋人だとわかると、たちまち鋭い叫び声をあげて自分の胸をはげしく叩《たた》きました。そして息も絶えだえの体を抱きしめ、傷口に涙をそそぎ、冷たくなった唇に幾度も幾度も接吻をしました。「おお、ピューラモス」と彼女は叫びました、「どうしてこんなことをなさったのです？　きかせてください、ピューラモス。こうしてお呼びしているのはあなたのティスベーよ。さあ、あなた、このうなだれた頭をあげてください！」。ピューラモスはティスベーという名を耳にすると、目をあけましたが、やがてまた閉じてしまいました。ティスベーは血に染まった自分のヴェールと中身の抜かれている剣鞘《さや》とを目にしました。「あなたご自身の手があなたを殺《あや》めたのね、それも私ゆえに」とティスベーは言いました。「もう今となれば私も勇気をもてます、そして私の愛もあなたに負けぬくらい強いものです。私も死んであなたのおそばに参ります、私ゆえにお亡くなりになったのですものね。私たちを引きはなすことができたのは、ただ死だけでしたけれど、もうその死にも、あなたのおそばに私が参りますことを邪魔させはいたしません。それにしても不しあわせな私たちのお父さまお母さま、どうぞ私たちの切なる願いをおききとどけください。愛と死が私たちを結び合わせたのですから、私たちを一つのお墓に埋めてください。それから、おお、桑の木よ、おまえは二人の死のしるしを忘れずに憶《おぼ》えていておくれ。おまえの実を二人が流した血潮の記念にさせておくれ」。そう言ってティスベーはわれとわが胸に剣を突き刺したのです。彼女の両親は娘の願いをききいれ、神々もまたそれをよしとされました。そこで二人の遺骸《なきがら》は一つの墓に埋められました、そして桑の木はそれからというもの、今日に至るまでまっ赤な実をつけているのです。

ムアは、その「空気の精《シルフ》の舞踏会」の中で（第一九―二〇節）、デイヴィの安全灯（イギリスの化学者ハンフリィ・デイヴィ卿（一七七八―一八二九）の発明した炭坑用安全灯の一種）にふれながら、ティスベーとピューラモスを隔てたあの壁のことを思い出しています。

　おお、密かに燃えひろがる危険な火のまわりに
　　デイヴィが巧みに張りめぐらす
　あの安全灯の金網が、

あの防火の網のカーテンが、あったなら！
彼はその網の壁を「炎」と「空気」との間にたてて
（若いティスベーの喜びをさえぎった壁のように）
その小さな穴からこの危険な二人に
互いの姿こそのぞかせはするが、接吻は許さないのだが。

ミクル（ウィリアム・J・ミクル。スコットランドの詩人。一七三五―八八）の訳した「ルーシアッド」（ポルトガル最大の国民詩人カモンイス（一五二五？―八〇）の長詩）の中にはピューラモスとティスベーの物語と、桑の実の転身物語《メタモーフォシス》についての次のような引喩《いんゆ》が見られます。詩人はここで「愛の島」について詩《うた》っているのです。

――この島ではポーモーナが人間の耕す庭に授ける
すべての贈り物が耕作しなくても自然に生まれてくるのだ、
その甘いかおりも美しい色あいも
人間が丹精して育てたものなど及びもつかない、
桜んぼもここではきらきらと深紅色に光り輝き
恋人たちの血にぬれた桑の実も
うつむきながら列をなして、枝もたわわにみのっている若い読者のみなさんの中で、もし誰かこのあわれなピューラモスとティスベーを種にして大笑いがしたいとおっしゃるような無情な方がいらっしゃるとしたら、そういう機会はないわけではありません。シェイクスピアの「真夏の夜の夢」をごらんになれば、ここでは（第五幕第一場）、実にこっけいなおどけ芝居に描かれています。

ケパロスとプロクリス

ケパロスは美しい若者で、男らしいスポーツが好きでした。それでいつも夜あけ前から起きでては獲物を追いにでかけていました。曙の女神エーオースは、はじめて地上に顔をのぞかせたとき、この若者を見たとたんにたまらなく彼が好きになって、ついに彼をさらって行ってしまいました。しかしケパロスはたいへん美しい妻をめとったばかりの頃で、その妻を深く愛していたのです。妻の名はプロクリスと言いました。狩の女神アルテミスのお気に入りで、そのためアルテミスから、どんな相手よりも脚の速い犬と絶対に的をはずすことのない投げ槍《やり》とを授けられていました。そしてプロクリスはこの二つの授かりものを夫へ贈り物として与えていたのです。ケパロスはこの妻にたいへん満足していましたので、いくらエーオースが口説いても少しもききいれませんでした。そこでエーオースはとうとう腹を立てて、こう言いながら彼を帰してやりました。「それなら行くがいい、この恩知らず者、そして奥さんを大事にするがいい。だが、私の予見に大きな狂いがないなら、いまにきっと、奥さんのところへ帰ったことを後悔する日がくるだろうよ」。

ケパロスは家に帰ると、妻と森の狩猟とでこれまでどおりの満ちたりた暮らしを送っていました。ところが、たまたま、機嫌をそこねたある神さまが、この国の人々を困らせてやろうと一匹の飢えた狐を送ってきました。そこで猟師たちはこの狐を捕えようと大勢そろって出かけました。しかしどう手をつくしてもうまくいきません。この狐を追いつめることのできる犬は一匹もいないのです。そこで猟師たちはとうとうケパロスのところへやってきて彼の名犬を貸してもらいたいと申し出ました。犬の名はライラプス（「ハリケーン」の意）といいました。犬は鎖を放たれると、たちまち目にもとまらぬ速さで突進してゆきました。砂地に足跡がなかったならば宙を飛んでいったのではないかとさえ思えるくらいでした。ケパロスと猟師たちは小高い丘の上に立ってこの競走を見まもりました。狐はあらゆる手をつかい、弧を描いたりもと来た道を帰ったりもしました。そこで犬は狐に迫り口をあけて後足に嚙《か》みつこうとしながらも、ただ空を嚙むばかりでした。それを見たケパロスはついに自分の投げ槍を使おうとしました。と、その時、とつぜん犬も獲物もその場に立ちどまってしまいました。この二匹の動物を創った天の神さまが、どちらも敗者にしたくないと望まれたのです。そこでこの二匹の動物は、生命と動きとをもったそのままの姿勢で、石に変えられてしまったのです。その様子は実に生き生きとしていて実に自然そのままに見えました。ですから皆さんもそれをごらんになったらきっと、一方がいまにも吠《ほ》えだし、また一方がいまにも飛び出そうとしているように思えたことでしょう。

ケパロスは、大事な犬をなくしてしまいましたが、それでも相変わらず狩りに楽しみをもちつづけていました。朝早く家を出ると、よく山野を歩きまわりました。供のものは一人も連れず、誰の助けもいりませんでした。彼の投げ槍がどんな時にも役に立つ的確な武器だったからです。狩りにも疲れ、太陽が高くのぼるころになると、ケパロスはよく、冷たい水の流れる小川のほとりの木蔭《こかげ》をさがしました。そしてかたわらに着物を脱ぎすてると草の上に寝ころんでそよ風を楽しみました。そしてときどき大きな声でこんなことを言ったのです。「さあおいで、甘いそよ風《アウラー》よ、私の胸をあおぎにきておくれ、ここへきて、私を焦がすこの熱さをさましておくれ」。ところがある日のこと、そばを通りかかった者が、こうしてそよ風に話しかけているケパロスの声を耳にしました。そして、愚かにもケパロスがどこかの乙女に話しかけているのだと思い込んで、ケパロスの妻のプロクリスのところへ行ってそっとこの話をしました。愛というものは騙《だま》されやすいものです。プロクリスは、この思いもかけぬ話をきいて、気絶してしまいました。しかしやがて気がつくと、こう言いました。「そんなことはほんとうのはずがありません。私はこの目で確かめるまでは絶対に信じません」。そこでプロクリスは、心をいためながらも、次の朝まで待っていました。朝になると、ケパロスはまたいつものように狩りに出かけました。そこでプロクリスはそっと夫の跡をつけてゆき、あの話をした者が教えてくれた場所に身をひそめていました。ケパロスは、狩りに疲れるといつもの習慣から、ここへやってきて草の上に身を横たえて言いました。「さあおいで、甘いアウラーよ、私の胸をあおぎにきておくれ。私がどれほどおまえを愛しているか、おまえも知っているはずだ！　この森がすばらしいのも、私の独り歩きが楽しいのもみんなおまえがいるからなのだ」。彼がこのように語りつづけていると、繁みの中から何やらうめくような声がきこえてきました。いや、きこえたような気がしたのです。しかし彼はそれを野獣だと思いました。そしてその繁み目がけて槍を投げたのです。いとしいプロクリスの叫び声で、自分の投げた槍があまりにも確かに的を射貫いてしまったことがわかりました。ケパロスはすぐに駆けよりましたが、そこには妻が血を流しながら、弱まりゆく力をふりしぼって、その傷口から、彼女の贈り物であったその槍を引き抜こうとしていました。ケパロスはその場から妻を抱きおこすと、なんとかして血を止めようとしました。そして、もう一度生きかえっておくれ、私を後に残して惨めな思いをさせないでおくれ、このまま死んでしまって私のこの咎《とが》を責めるようなことはしないでおくれ、と叫びました。すると彼女はかすかに目をあけて、やっとのことでこれだけの言葉を口にしました。「お願いです、もしあなたが私を愛していてくださいましたのなら、そしてもし私があなたの愛をうけるに値するような女でございましたのなら、どうか私の最後の願いをおききいれください。どうぞその憎らしいアウラーとやらとは結婚なさらないでくださいまし!」。この言葉でいままでの謎がなにもかもはっきりとしました。しかしああ! それを説明したとて今さらどうなるというのでしょう? プロクリスは息をひきとりました。しかしその顔には静かな表情が浮かんでいました。夫からほんとうのことをきかされたとき、その愛する夫の顔を、憐《あわ》れむように、また赦《ゆる》すように、じっと見つめていたのです。

ムアの「伝説的民謡」の中にはケパロスとプロクリスについて詩《うた》ったものがありますが、その最初の部分はこうです(「ケパロスとプロクリス」第一節)。

むかし猟師が森の中に身を横たえ

　昼の輝くまなざしを避けて、
さまよいわたるそよ風をよく口説いては
　その溜息《ためいき》で自分の額を冷やしていた。
野蜂《のばち》の羽ばたきさえもしずまり
　ポプラの綿毛もゆれぬ時に
彼は今日もまた歌った、「甘いそよ風よ、ここへおいで！」
　するとエーコーがそれに答えた、「ここへおいで、甘いそよ風よ！」と。

第4章

ヘーラーとその恋仇《こいがたき》のイーオーとカリストー、アルテミスとアクタイオーン、レートーと農夫たち

Diana and Actæon.

ヘーラー（ユーノー、あるいはジューノウのこと）はある日のこと、あたりが急に暗くなったのを見て、すぐに、これは夫のゼウスが何か明るみに出せないような所業を隠すために雲をおこしたのではなかろうかと考えました。そこで雲を払いのけてみると、案のじょう夫は鏡のように滑らかな川の岸辺にいて、そのかたわらに一頭の美しい牝牛《めうし》が立っていました。ヘーラーは、この牝牛のなかにきっと人間の姿をした美しいニュンペーが隠されているに違いないと思いました。――そして実際そのとおりでした。牝牛は河の神イーナコスの娘のイーオーだったのです。ゼウスはこの娘と戯れに恋をしていたのですが、妻のヘーラーが近づいてくるのに気がついたので、娘を牝牛の姿に変えてしまったのです。

ヘーラーは夫のところへやってくると、この牝牛をじっと見つめながら、その美しい姿を褒め、これは誰のものでどんな血統《ちすじ》のものかとたずねました。ゼウスは、あれこれ聞かれては面倒だと思って、これは土から生まれた新しい品種なのだと答えました。するとヘーラーは、ではそれを私への贈り物にしてほしいと言いだしました。さすがのゼウスもこれには困りました。自分の恋人を妻の手になど渡したくはありません。さりとてたかが一頭の牝牛、それを贈り物にはできないなどと断わるわけにもいきません。断われば必ず疑いをおこさせるにきまっているからです。そこでゼウスはとうとう承知してしまいました。しかし女神の方はそんなことではまだ心が晴れませんでした。そこでこの牝牛をアルゴスのところへ連れていって厳しく監視させることにしたのです。

さて、このアルゴスというのは頭に目玉を一〇〇もつけている巨人で、眠るときにも必ず二つずつしか同時に目をつぶらないのです。ですからたえず厳重にイーオーを監視していました。彼は、昼間はイーオーに草を食べることを許してくれましたが、夜になると首に忌わしい縄をまきつけてつないでおくのでした。イーオーは腕をさしのべてアルゴスに放してくれるよう頼みたかったのですが、さしのべることのできる腕がありません。そして声もわれながら恐ろしくなるような牛の鳴き声になっていました。父親や姉妹たちの姿を見かけてそばへ寄っていっても、彼女は背中を軽くたたかれたり、美しい牛だといって自分を褒める言葉を耳にするばかりでした。父親が草を摘んでさしだすと、イーオーはその手をなめました。そしてどうにかして自分のことを父親に知らせたいと、自分の願いを口に出して訴えたいと、思いました。しかし、ああ！　言葉は出なかったのです。そのうち、彼女はとうとう文字で書くことを思いつき、自分の名前を――それは短い名前（IOの二文字）でしたから――蹄《ひづめ》で砂地の上に書きしるしました。

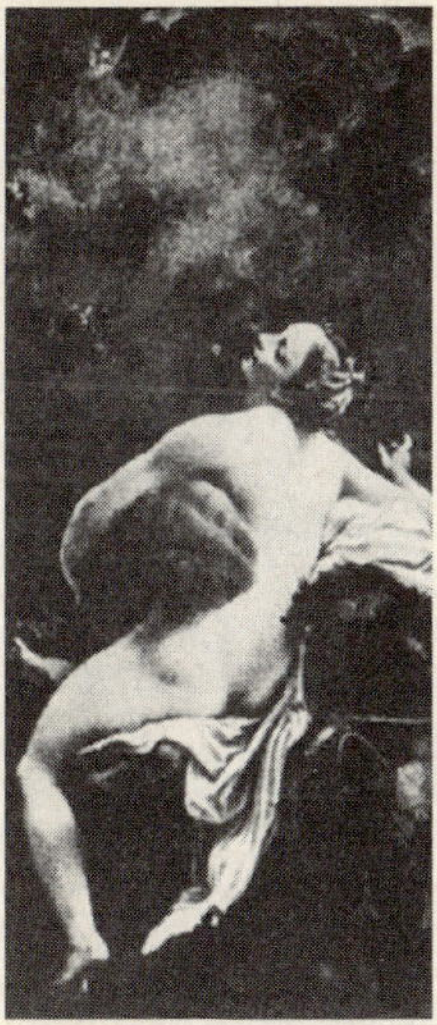

コレッジオ「イーオー」
ウィーン美術史美術館

父親のイーナコスはその文字に気がつきました。そして、長いあいだいくら探しても見つからなかった娘が、こんな牝牛の姿に身を変えられているのを知って、彼女のために嘆き悲しみ、そのまっ白い首を抱きかかえながら大声で叫びました。「ああ！ 娘よ、わしはおまえをいっそ亡くしてしまっていた方がまだ悲しみも少なかったろう！」。彼がこのように嘆き悲しんでいると、アルゴスがこれを見つけてやってきて、たちまち、イーオーをその場から追いたててゆきました。そして高い丘の上にのぼってそこへ腰をおろしました。そこからなら、四方八方に目をくばることができたからです。

ゼウスは恋人のこうした苦しみを見て頭を悩ましました。そしてヘルメースを呼ぶとアルゴスを退治しに行くようにと命令しました。そこでヘルメースは急いで支度をととのえ、翼のついた靴《サンダル》をはき、飛行帽をかぶり、眠りの杖《つえ》を手にすると、天上の塔から地上へと飛びおりてゆきました。そして地上に下りたつと翼をはずして、杖だけをもって出かけました。こうして彼は羊の群れを追う羊飼いの姿に身を変えたのです。そしてあちこちと羊を追いながら笛を吹きならしました。それはシューリンクスとかパーンの笛とかと呼ばれる葦笛《あしぶえ》です。アルゴスはこの笛にうっとりと耳をかたむけました。なにしろこんな楽器は今までに見たこともなかったからです。「おい若者《あんちゃん》」とアルゴスは言いました、「ここへ来て、おれといっしょにこの岩の上に坐《すわ》んな。この辺は羊に草を食わせるにゃいちばんいい場所なんだ。それに、おめえさんたちの気に入るようなすずしい木蔭《こかげ》もあるしな」。そこでヘルメースは腰をおろして世間話をしたり、四方山《よもやま》話をしたりして日の暮れるのを待ちました。そして日が暮れると例の笛を実にやわらかな調子で吹きながら、なんとかしてこのアルゴスの用心深い目を眠らせてやろうとしました。ところがいくらやっても駄目でした。アルゴスは、その大部分の目を閉じたのですが、そのうちのいくつかは相変わらずぱっちりと開けていたからです。

　そこでまたヘルメースはいろいろと話をしたのですが、中でも、自分の奏でたこの葦笛がどうしてできたかその由来をアルゴスに話してきかせました。「むかしシューリンクスという名のニュンペーがいてね、森にすむサテュロスや妖精《ようせい》たちにたいそう愛されていた。けれども本人は誰の愛も受けいれようとはせず、アルテミスの女神を心の底から崇拝して、獲物ばかり追いかけていたんだ。狩りの衣装を身にまとったシューリンクスの姿はアルテミス自身と見まごうばかりの美しさだった。ただ違うところは、シューリンクスの弓は角でできていたが、アルテミスの弓は銀でできていたということだけだった。ある日のこと、シューリンクスが狩りから帰ろうとすると、パーンが彼女を見つけていつものように言い寄り、おまけに、しつこく口説きはじめたんだ。そこで彼女は相手のお世辞など耳もかさずに逃げ出した。するとパーンは追いかけてきて、シューリンクスが川の堤まできたとき、とうとう追いついてしまった。もうシューリンクスには友だちの水のニュンペーたちに救いを求める余裕しかなかった。友だちは彼女の声を聞くとすぐさま承知した。そこでパーンがシューリンクスに抱きつくと、意外にもそれはひとかかえの葦に変わっていたのだ！　パーンは溜息《ためいき》をついた。するとその息は葦の茎のなかで共鳴して、もの悲しい調べをたてたのだ。パーンは、この不思議な出来事とこの調べの美しさとに心を奪われて、こう言った。『こうなったからには、せめて、この葦なりと私のものにしよう』。そしてパーンは、何本かの葦を取り、それぞれ違った長さのものを並べあわせて笛をつくった。そしてそれをこのニュンペーの名にちなんでシューリンクスと名づけたんだ」。ヘルメースは、この話を最後まで語りおえぬうちにアルゴスの目が一つ残らず眠ってしまったのに気がつきました。そこでアルゴスの頭がうなだれかかったとき、一撃のもとにその首を切り落として、それを岩山の上から蹴落《けお》としてしまいました。おお不運なるアルゴスよ！

おまえの一〇〇の目の光は、いちどきに消されてしまったのだ！　しかしヘーラーはその目を取って自分の寵愛《ちょうあい》する孔雀《くじゃく》の尾の飾りにつけました。それで今日でもまだそこについているのです。

しかしヘーラーの復讐心《ふくしゅうしん》はまだ満たされたわけではありません。彼女は一匹の虻《あぶ》を送ってイーオーを苦しめることにしました。虻はイーオーを追って世界中を飛びまわりました。イーオーはイオニア海を泳ぎわたって逃げました。それでこの海はイーオーにちなんで名づけられているのです（アイスキュロスの説）、それからイリュリアの野をさまよい、ハイモスの山にのぼり、トラーキアの海峡を渡り、それゆえこの海峡はボスポロス（牝牛の渡し）と名づけられるようになったのですが、さらにスキュティアを通り、キムメリオス人の住む国を歩きまわり、とうとうネイロス河（ナイル河のこと）の河岸までやってきました。そこでついにゼウスも彼女のために詫《わ》びを入れることにしました。そしてもうこれから先、イーオーにはけっして心を傾けないからと固く約束しましたので、ヘーラーも承知してイーオーをもとどおりの姿に返してやることにしたのです。イーオーがだんだんと人間の姿にかえってゆくときの様子はなんとも不思議なものでした。粗い毛が身体から抜けおち、角は消え、目は細くなり、口も小さくなってゆきました。手と指が、蹄に代わって前脚に生えてきました。そしてとうとう牝牛のあとかたはなにひとつなくなり、ただその美しさだけが残りました。イーオーははじめ、口をきくのを怖れました。牛の鳴き声がするのではないかと思ったからです。しかしだんだんと自信をとりもどしました。そしてついに父親や姉妹たちのもとへと帰されることになったのです。

キーツ（ジョン・キーツ。イギリスの詩人。一七九五―一八二一）がリー・ハント（イギリスの詩人、批評家。一七八四―一八五九）に献げた詩（「片丘につまさき立ちて」）には、パーンとシューリンクスの物語のことがこんなふうに詩われています。

そう感じた彼は、かたわらの枝をおしわけて
われわれに広い森の中をのぞかせてくれた
……
そして話をしてくれたのだ、美しいシューリンクスがあまりの恐怖に身を震わせながら
アルカディアのパーンのもとから逃がれていったあの話を。
あわれなニュンペーよ――あわれなパーンよ――そして彼が、
あの葦の河辺に吹く風の美しい溜息のほかには、
甘い絶望――芳しい痛みに満ちた絶えだえの調べのほかには、
何もないのを知って嘆き悲しんだあの話を。

カリストー

カリストーもまたヘーラーの嫉妬《しっと》をかった処女でした。ヘーラーはこの処女を熊に変えてしまったのです。「私はね」とそのときヘーラーは言いました、「私の夫をとりこにしたおまえのその美しさを取りあげてやるんだ」。するとカリストーはたちまち両手両膝《ひざ》を地につけてしまいました。そこで彼女は両腕をさしのべて哀願しようとしました――しかしその腕にはもう

黒い毛がいちめんに生えかけているのです。手はずんぐりと円くなり、鉤《かぎ》のような爪が生えて、足の役目をするようになりました。口は、ゼウスがいつもその美しさを褒めていたのに、いまでは見るも恐ろしい口になってしまいました。その声は、もし変えられていなければ人の心を動かし哀れをさそったことでしょうが、今はうなり声となって、むしろ人の恐怖心をかりたてるのにふさわしいものとなってしまいました。しかしもとの気質だけはそのまま残っていました。それで絶えずうなりつづけてはわが身の不幸を嘆いたり、背すじののびる限りまっすぐに立ちあがっては、前足をあげて天の慈悲を乞《こ》うたりしました。そして口にこそ出しはしませんでしたが、心の中でゼウスを情けしらずとなじりました。ああ、彼女は森の中に夜どおし一人でいるのが怖くて、いぜん自分が行きなれた場所の近くを何度さまよい歩いたことでしょう。ついこの間まで狩りをしていた身が、いまでは何度犬におびえ、猟師たちを怖れて逃げだしたことでしょう！　今は自分も野獣なのだということを忘れて彼女は何度も野獣たちから逃げました。そして自分も熊であるのに、ほかの熊を怖れたのです。

ある日のこと、一人の若者が狩りのさいちゅうにカリストーを見つけました。彼女もその若者を見て、それが今は立派に成長したわが子であることに気がつきました。そこで彼女は立ちどまって、わが子を抱きしめてやりたいと思いました。しかしそばへ近よっていこうとすると、若者の方は驚いて槍《やり》をふりあげ、いまにも彼女を突き刺そうとしました。と、その時、ゼウスがこれを見て、その恐ろしい行為をとどめ、二人をさらってゆくと彼らを天空において大熊座と小熊座とにしてやったのです。

ヘーラーは、自分の恋仇《こいがたき》がこのような名誉の座におかれたのを見て非常に怒りました。そして、大洋の神である年老いたテーテュースとその夫のオーケアノス（ヘーラーはこの二人に育てられた）のところへとんで行きました。そして二人の質問に答えて、自分がなぜここへやってきたかその理由を話しました。「あなたがたは、神々の女王であるこの私がどうして天上をとび出してこの海の底へ来たのかその訳をおたずねになるのですね。それは、私が天上で押しのけられたからなのです――私の座が他の者に与えられてしまったからなのです。お二人には私の申すことなどとても信じられないでしょうが、夜が世界を暗やみにするころ、空を見上げてごらんなさい。私がいくら不平を言ってもあきたらない、その原因となったあの二人が、天空に祭りあげられているのが見えるでしょう。天体の軸の近くの、極圏がいちばん小さくなったあのあたりにです。私の不興をかった報いがこのような結果になるのなら、これからは誰がこのヘーラーの怒りを考えてうち震えることでしょう！　私の力はなんと哀れだったのでしょう！　私はあの女に人間の姿でいることを禁じたのです――それなのにその女が星のなかに祭りあげられているなんて！　私のくだした罰がこんな結果になっているのです――これが私の力の限界なのです！　こんなことなら、いっそあの女を、イーオーと同じように、もとの姿にもどしてやった方がましなくらいです。きっとうちの夫《ひと》はあの女と結婚して私を追い出すつもりなんでしょう！　でも、私を育ててくださったあなたがたお二人、もしあなたがたが私を不憫《ふびん》とお思いなら、そしてまた、もしこの不当な仕打ちを苦々しくお考えなら、どうかお願いです、その証《あかし》として、あの不届きな二人が海に下りてくるのを禁じてしまってください」。大洋の神はこの願いをききいれてやりました。それで大熊、小熊の二つの星座は、天空で回りはしてもけっして他の星のように海の下に沈むことはないのです。

ミルトンが次のように詩《うた》うとき（「沈思の人」†第八五―八八行）、それは大熊座がけっして沈まないことを暗に指して詩っているのです――

あるいは私のランプを真夜中に
どこかの高い寂しい塔の中に点《とも》そう、
そこで私は大熊座を望み見ながら、しばしば……

またJ・R・ロウエル（アメリカの詩人、批評家。一八一九―九一）の書いた詩の中で（「プロメーテウス」第一―五行）、プロメーテウスはこう詩っています――

ひとつ、またひとつと星は、私を縛る鎖の上におりた
まっ白な霜にきらめきながら昇りそして沈んでいった。
北極星の柵《さく》のそばを夜通しうろついていた「大熊」も
「暁」の快活な足音に驚いて
自分の洞穴へと消えていった。

小熊座の尾の最先端の星は北極星で、これはまたキュノスーラとも呼ばれています。そこでミルトンは次のように詩っています（「快活な人」†第六九―八〇行）――

私の目はあたりの景色を眺めているうちに
たちまち新しい喜びをとらえてしまった。
……
城の塔や狭間《はざま》が
生い繁る木々のふところからそびえて見える、
そこには美しい王女が住んでいるのであろう
隣国の人々の仰ぎ見る美しい北極星《キュノスーラ》が。

次にあげるものは、船乗りたちの目標としての北極星と、同時に北極の磁力の意味にもまた使われています。ミルトンはこの北極星を「アルカディアの星」とも言っていますが、それはカリストーの子供はアルカスと名づけられていて、二人がアルカディアに住んでいたからなのです。「コウマス」の中で（第三三七―三四二行）、兄は森に行き暮れて、こう詩っています――

――やさしいろうそくの光よ、
たとえ土塊《つちくれ》の住家の小窓からもれる
薄暗い明かりでもよい、おまえのその長く
まっすぐに流れる光をもって
私たちを訪れておくれ、

そうすれば私たちはおまえをアルカディアの星
テュロスの船乗りたちの北極星《キュノスーラ》ともしよう。

アルテミスとアクタイオーン

以上二つの例で、私たちは恋仇に対するヘーラーの厳しい態度を見てきました。そこで今度は、処女神アルテミスが、自分の秘密《プライヴァシー》を侵そうとする者をどのように処罰したか、その模様を見ることにしましょう。

それは真昼どきのことでした。太陽は西の空と東の空とのちょうど中間のところにかかっていました。そのとき、カドモス王の息子（実は孫。ブルフィンチの思い違いであろう）の年若いアクタイオーンが、自分といっしょに山で鹿狩りをしていた若者たちに向かってこう言いました。

「おい、みんな、われわれの猟網《あみ》も武器も獲物の血ですっかり汚れてしまった。一日の猟としてはもうこれで充分だ。明日またこの続きをやればいい。さあ、太陽の神ポイボスが大地を焦がしているあいだ、われわれは狩りの道具をおいて一休みすることにしよう」。

この山には糸杉や松で鬱蒼《うつそう》とおおわれた谷があって、その谷は狩猟の女神アルテミスに捧《ささ》げられていました。谷のいちばん奥には洞穴が一つあります。人工の飾りこそ施されてはいませんでしたが、大自然がその構造に技巧を加えたのではなかろうかとさえ思われるほどのものでした。と言うのは、自然によって作られたその円天井の岩は、まるで人間の手で刻まれたかのように美しい形をしていたからなのです。そして一方には泉がこんこんと湧き出ていて、広い池は緑の草でふちどられていました。そして森の女神のアルテミスは、狩りに疲れるといつもここへ来てはその清らかな処女の体にこの輝く水をふりかけていたのです。

ある日、アルテミスはニュンペーたちを連れてこの泉にやってくると、持っていた投げ槍と箙《えびら》と弓とを一人のニュンペーに手渡し、着ていた着物をぬいでもう一人のニュンペーに持たせました。そうしている間にも三人目のニュンペーはこの女神の足から履物《サンダル》を脱がせていました。それから、これらのニュンペーのなかでもいちばん器用なクロカレーが女神の髪を結いあげ、ネペレーやヒュアレーやその他のニュンペーたちは大きな甕《かめ》に泉の水を汲《く》みいれていました。女神がこうして化粧をしているところへ、どうでしょう、アクタイオーンが、友だちと別れて、特にこれといったあてもなく、ただ運命の手に導かれるがままに、ぶらぶらとやってきたのです。彼が洞穴の入口に姿を見せると、ニュンペーたちは男の姿を見て、金切り声をあげながら女神の方へ駆け寄り、自分たちの体で女神の裸をかくしました。けれども女神はニュンペーたちより背が高かったので、首だけがのぞいていました。夕暮れや夜明けどきに雲を染めるあのまっ赤な色が、こうして不意をつかれてびっくりしているアルテミスの顔にさっとひろがりました。女神は、ニュンペーたちにとり囲まれてはいましたが、それでもなかば身をそむけました、そして何を思ったかいきなり自分の矢をさがしました。しかしその矢が手もとにないのを知ると、女神はこの闖入者《ちんにゅうしゃ》の顔に水をはねかけながらこう言いました。「さあ、できるものなら、みんなにこのアルテミスの裸を見たとふれまわるがよい」。するとたちまち、枝のようにわかれた鹿の角がアクタイオーンの頭から生えてきました。そして首は長くのび、耳はぴんととがり、手は足となり、腕は長い脚となってしまい、全身は斑点《はんてん》のある毛皮でおおわれてしま

ティツィアーノ「アクタイオーンの死」
ロンドン・ナショナル・ギャラリー

いました。いままで勇敢だった心が急に臆病《おくびょう》になり、英雄の面影は消え失せてしまいました。自分の脚の速さにはただ驚きあきれるばかりでしたけれども、水に映る自分の角を見たとき、「ああ、なんと惨めな姿なんだ！」と、実は叫ぼうとしたのですが、その声も言葉にはなりませんでした。彼はただうめくだけでした。そして涙は、もとの自分の顔とは似ても似つかぬ顔の上を流れ落ちてゆきました。それでも意識だけはもとのままでした。おれはどうしたらいいのだろう？――王宮のわが家へ帰ろうか、それとも森のなかに身を隠そうか？　森で寝るのは怖いし、家に帰るのは恥ずかしい。彼がこうして心を決めかねていると、猟犬たちが彼の姿を見つけました。最初にスパルタ犬のメラムプースが吠《ほ》え声をあげて合図をすると、パムパゴス、ドルケウス、ライラプス、テロン、ナペー、ティグリスをはじめその他の猛犬たちが風よりも速くアクタイオーンの後を追いかけてきました。岩を越え、崖《がけ》をとび、一見走れそうもないような山の谷あいを走り抜けて逃げてゆくと、犬もその後に続きました。アクタイオーンは、以前なんども鹿を追っては犬をけしかけたこの山の中で、今度は仲間の猟師たちがけしかける犬に追われているのです。彼は、「私はアクタイオーンだ。おまえたちの主人がわからないのか！」と叫ぼうとしました、しかしその言葉が思うように出てこないのです。あたりの空気はただ犬の吠える声で鳴りひびくばかりでした。やがて一匹の犬が彼の背中にとびついたかと思うと、もう一匹が肩に咬《か》みつきました。こうして二匹の犬が自分たちの主人をつかまえているあいだに、他の犬も追いついてきてその歯を主人の体の中に埋ずめました。アクタイオーンはうめき声をあげました――それは人間の声ではありませんでしたが、さりとてほんとうに鹿の声というのでもなかったのです――そして膝《ひざ》をついて倒れると、目をあげ、自分に腕があったらその腕をさしのべてでも命乞《ご》いをしたいと思いました。何も知らぬ彼の友人や猟師仲間たちは犬をけしかけけしかけ、アクタイオーンにもこの猟に加わるようにと大声で呼びながら、あちこちと彼の姿をさがしもとめました。アクタイオーンは自分の名を聞いたのでふりむくと、その耳に、アクタイオーンは遠くにいるのだろうと残念がる彼らの言葉がきこえました。彼はほんとうに自分がそのとおり遠くにいたらいいのだがと思いました。後で自分の犬たちの手柄を見て大喜びをすることができたでしょうに。こうしてその犬たちを自分の肉体に感じるのはたまらないことでした。犬はアクタイオーンのまわりに群がり寄って、彼の体を食い裂き引きちぎりました。そして、彼が八つ裂きにされて息の根がとまるまで、アルテミスの怒りはとけなかったのです。

　シェリーの詩、「アドネイース」の中（第三一節）の次の引喩《いんゆ》はこのアクタイオーンの物語を指しているのです。

　　さして名もない他の詩人たちの中に一つのか弱い姿が現われてきた、
　それはまさに生者の中の亡霊のような姿だった。友もなく

まるで去りゆく嵐の最後の雲にも似て、
雷鳴もそれを弔う鐘のようにきこえるのだ。彼はおそらく、
「自然」の裸の美しさを見てしまったのだろう、
あのアクタイオーンがしたように、だからこうしておぼつかぬ足どりで、
現世《うつしよ》の荒野をさまよい逃がれてやって来たのだ、
そしてその荒れはてた道を、彼自身の生んだ思想が、
怒り狂った猟犬のように、その生みの親でありその犠牲者である彼を追って来たのだ。

この引喩はおそらくシェリー自身を指しているのだろうと思われます。

レートーと農夫たち

このアクタイオーンの物語の中で、女神のとった態度は公正を通りこして苛酷《かこく》にすぎたと思う人もありましたが、また一方では、そうした行為こそまさにこの女神の処女としての威厳にふさわしいものだと賞賛する人もありました。そしてよくあることですが、こうした身近な出来事のおかげで、遠い昔の出来事が人々の心に浮かんできました。そこでさいぜんからこの話をそばで聞いていた人たちの一人がこんな話をしました。「むかしリュキアの農夫たちが女神のレートーさまに無礼をはたらいたことがありましたが、もちろんその者たちは罰を免れることはできませんでした。私がまだ若かったころのことです、父はすでに年老いて実際の力仕事

はできなくなっていましたので、私に、リュキアの地へ行ってそこから選りぬきの牛をひいてくるようにといいつけました。そして私はその土地で、世にも不思議な事件の起こったその池と沼地とを見たのです。池のほとりには古びた祭壇がありました。生贄《いけにえ》の煙に黒ずんだまま、葦《あし》のなかに埋もれかけておりました。私はこの祭壇はいったいだれを祭ってあるのか、ファウヌス（森の神）を祭ってあるのかそれともナーイアス（泉の河のニュンペー）たちなのか、あるいはまた近くの山に住む神さまなのかとたずねたのですが、そのとき、村人の一人がこう答えました。『この祭壇は、山の神さまのものでもまた河の神さまのものでもありません。女神レートーさまのものなのです。この女神さまは女王ヘーラーさまの嫉妬《しっと》をかって、あちこちと国を追いたてられ、どこの土地へ行ってもご自分の双子の赤ちゃんを育てることができないようにさせられていたのです。レートーさまが二人の幼な子（アポローンとアルテミスのこと）を抱いてこの土地にたどりついたときには、もうその重みに疲れはてて咽喉《のど》もやけつくように渇いていました。ふと見ると谷間の底に、きれいな水をたたえたこの池がありました。そして何人かの村人たちがそこで柳や菅《すげ》を刈り集めていたのです。レートーさまは水際に近づき、膝をついてその冷たい水で咽喉の渇きをいやそうと思いました、しかし村人たちはそれをさせようとはしなかったのです。「あなたがたはなぜ私に水を飲ませてはくれないのですか？」とレートーさまは言いました。「水はだれが飲んでもいいはずです。自然は、誰にも日光や空気や水を一人占めにすることは許していません。私はすべてのものに与えられたこの自然の恵みを分けてもらいにきたのです。しかも私はあなたがたにお願いまでしているのです。体はくたくたに疲れていますけれども、その体をここで洗おうというのではないのです。ただ咽喉の渇きをいやすだけでいいのです。口の中はもうからからで、話もろくにできないほどです。一口の水も私には神酒《ネクタル》のように思えるでしょう。それで私は生きかえるのです。そしてあなたがたを命の恩人とも思うでしょう。どうかこの子供たちを見てかわいそうと思ってやってください。こうしてかわいい腕を伸ばして、まるで私にかわってお願いしているようではありませんか」。見ると子供たちはほんとうに小さな腕をさしのべていたのです。

レートーさまのこんなやさしい言葉に感動しないものがあったでしょうか？　それなのにこの愚かな農夫たちは、少しも自分たちの無礼を改めようとはしませんでした。それどころか、あれこれとののしり声を浴びせ、ここを立ち去らないとひどい目にあわすぞといって脅しさえしたのです。そしてそればかりではありませんでした。池のなかに足を踏み入れて、その水が飲めないように足で泥をかき立てたのです。レートーさまもとうとうお怒りになって、あまりのことに咽喉の渇きさえ忘れてしまいました。そしてもうこの愚か者たちに哀れを乞うなどということはせず、両手を高く天に向けて差しのべながら叫びました。「この者たちがけっしてこの池を離れることなく、一生をここで送りますように！」。するとたちまちその願いは事実となって現われました。それで今でも彼らは水のなかで暮らしているのです。ときどき体をすっかり水の中に沈めてはまた水面に頭をつき出したり、その辺を泳ぎまわったりします。時には岸にあがってくることもありますが、すぐにまた水の中に飛びこんでしまいます。彼らはいまでも下卑《げび》た声でののしりつづけています。池の水をみんな自分たちのものにしているのに、おくめんもなくその中で不平を言っているのです。声は耳ざわりな音で、咽喉はふくれあがり、口は年中ののしりつづけているために大きく裂けてしまい、首は縮んでなくなり、頭がすぐ胴にくっついてしまっているのです。背中は緑色をしており、不格好な腹はまっ白で、つまり彼らはいまでは蛙となって泥沼に住んでいるわけなのです』」

この物語を知っていると、ミルトンの十四行詩《ソネット》「わが論文（「離婚論」のこと）に対する誹謗《ひぼう》について」の中（第一一七行）の次の引喩がはっきりとわかります。

私はただ昔からある自由についての有名な法律によって
彼らの障害を取り除いてやろうと世人に呼びかけただけなのだ。
それなのに、ふくろうや、かっこうや、ろばや、さるや、いぬどもが
寄ってたかってわいわいと騒ぎたてている。
まるであの蛙にかえられた農夫たちが
レートーの双児の子供に毒づいたときのように。
だがのちにこの子供たちは太陽の神、月の女神となったのだ。

この物語の中ではレートーがヘーラーからうけた迫害のことがそれとなく述べられているわけです。伝説によると、レートーは、アポローンとアルテミスとを生む以前に、ヘーラーの怒りを逃れてアイガイオン海（エーゲ海のこと）にある島を一つ残らずたずねて安住の地を求めましたが、どの島もこの権勢ある天の女王ヘーラーを恐れるあまり、女王の恋仇《こいがたき》のレートーを助けようとはしませんでした。ところがデーロスの島だけは未来のアポローンとアルテミスの神々の生誕の地となることを承諾しました。当時この島は浮き島でしたが、レートーがそこへたどり着く

と、ゼウスはこの島を堅固無類の鎖でしっかりと海底に結びつけて、愛するレートーのためにそこを安全な落ちつき場所にしてやったということです。バイロンは「ドン・ジュアン」の中で（第三篇第八六節の一）次のようにこのデーロス島にふれています。

ギリシアの島々よ！　ギリシアの島々よ！
　燃える思いのサッポーが恋をし、詩をうたったところよ、
戦争と平和の芸術が育ったところよ、
　デーロスの島がそびえ立ち、ポイボスが生まれたところよ！

第5章

パエトーン

Phaëton.

パエトーンはアポローンと、ニュンペーのクリュメネーとのあいだに生まれた息子でした。ある日のこと一人の友人が、パエトーンがアポローンの息子だなんておかしい、と言って笑いました。そこでパエトーンは腹立たしさと恥ずかしさのあまり、母親のクリュメネーのところへ行ってそのことをいいつけました。「お母さん」と彼は言いました、「もしぼくがほんとうに神の血をひいているのでしたら、その証拠を何か見せてください。そしてぼくが神の子であると主張する権利をはっきりと与えてください」。そこでクリュメネーは天に向かって両手を差しのべて、こう言いました。「お母さんは、私たちをご覧になっていらっしゃるあの太陽の神《おとうさま》にかけて誓いますが、これまでおまえに話してきたことはみんなほんとうのことです。もし嘘をついているのなら、お母さんはもうこれきりおとうさまの光が見えなくなってもかまいません。けれども、おまえが自分で行ってたずねてきたいというのなら、それもたいしてむつかしいことではありません。おとうさまが空にお昇りになるところは私たちの隣の国にあるのです。行っておとうさまに、おまえを息子としてお認めくださるかどうか尋ねてごらんなさい」。パエトーンはこれを聞くと喜びました。そしてちょうど日の出の地方にあたるインドに向かって旅立ちました。希望と誇りに胸をふくらませながら、父アポローンがその運行を始める所へと近づいていったのです。

太陽神《アポローン》の宮殿は、円柱にささえられて天空高くそびえ立ち、黄金や宝石で光り輝いていました。天井は磨きたてた象牙《ぞうげ》でつくられ、扉は銀でできていました。しかしその[1]材料にもまして仕上げがまたいちだんとみごとでした。壁にはヘーパイストスが陸と海と空とを描いてそれぞれにその住民を配していたからです。つまり海にはニュンペーたちがいて、あるものは波間にたわむれ、あるものは魚の背に乗り、またあるものは岩の上に坐《すわ》って青い海の色をした髪の毛を乾かしたりしていました。そのニュンペーたちの顔[2]だちは、みな同じというわけではありませんでしたが、かといって全く違っているというのでもなく――ちょうど姉妹どうしのような顔だちをしていました。陸には町や森や河が描かれ、田野の神々が描かれていました。そしてそれらすべてのものの上空には壮麗な天界の姿が刻まれていました。そしてまた銀の扉には、左右それぞれ六つずつ、十二宮の星座が彫られていたのです。

　クリュメネーの息子は険しい坂を登って、問題の父が住む館へと入ってゆきました。そして父親の面前にすすみ出はしたものの、すこし離れたところで足を止めてしまいました。父の放つ強い光に耐えきれなかったからです。輝ける太陽神《ポイボス・アポローン》は深紅色の衣をまとって、金剛石をちりばめたように輝く玉座に坐っていました。そしてその左右には日の神と月の神と年の神が立っており、また、一定の間隔をおいて時の神々が立ち並んでいました。春の女神は頭に花の冠をいただいて立ち、夏の神は衣を脱ぎすてたまま、実った穀物の茎で編んだ花環をつけ、秋の神はぶどうの汁で足を染めたまま（桶に入れたぶどうを素足でふみつぶしてぶどう酒を作るから）、また氷のように冷たい冬の神は髪の毛を白い霜でこわばらせて、立っていました。このようなお付きの神々に囲まれた太陽の神アポローンは、あらゆるものを見渡すことのできる目をもっていましたから、すぐに、その場の珍しい壮麗な光景に目をくらませている若者の姿をみとめて、いったい何のためにここへやって来たのかと尋ねました。そこで若者は答えました。「おお、果てしない世界の光、輝ける太陽の神、そしてわが父上——もし父上とお呼びすることをお許しくださいますならば——どうか、私があなたの息子であることを認めさせるような何か証拠をお授けください」。そう言ってパエトーンは答えを待ちました。すると父親は、頭のまわりに輝く光の冠をぬいでかたわらにおくと、若者にもっと近くへ寄るようにと命じました。そして彼を抱擁しながら言いました。「わが子よ、おまえが私の息子でないなぞということはありえぬことだ。おまえのお母さんの話したことはたしかにそのとおりなのだ。おまえの疑いを晴らすために、何なりと望みを申してみるがよい、それをおまえへの贈り物としよう。私はあの恐ろしい河（冥界を流れるステュクス河のこと）にかけて誓おう。その河は私とてまだ一度も見たことはないのだが、われわれ神々がもっとも厳粛な約束をする場合はこれにかけて誓いを立てるのだ」。そこでパエトーンはさっそく、太陽の二輪車を御することを一日だけでいいから許してほしいと頼みました。父親は自分の約束を後悔しました。そして三度も四度もその輝く頭を振ってこう戒めました。「私は早まった約束をしてしまった」と彼は言いました、「おまえのこの望みだけはどうしても断わらねばならない。どうかそれだけは撤回してもらいたい。それは安全な願いごとではないし、またおまえの若さと力とに適した願いごとでもないからなのだ。おまえはもともと人間として生まれついているのだ、それなのに人間の力ではとても及ばぬことを望んでいる。おまえは何も知らないからこんなことを望んでいるのだが、これは神々でさえもできないことなのだ。私のほかには、あの燃える日の車を御しうるものは誰もいはしないのだ。ゼウスの大神といえども、その恐ろしい右腕で雷霆《いかずち》を投げつけることはできても、これだけはできないのだ。車の進む道は、初めは険しく、朝、元気だった馬でさえなかなか登りきれるものではない。道の中ほどは大空の天辺で、この私でさえもそこからは、眼下にひろがる陸や海を見下ろすときにはいつも不安な気持におそわれる。そして最後の道は急な下り坂で、これまで以上に慎重な手綱さばきが必要になってくる。テーテュースの女神は私を迎えようと待ちうけていてくれるのだが、この私がまっ逆さまに落ちはしまいかと震えることがしばしばあるのだ。さらにそのうえ、天空はつねに回転していて、星もいっしょに運んでいる。だから私は、あらゆるものをさらっていってしまうその運行の流れに、私までもさらわれないようにと、絶えず警戒していなければならない。もし私の二輪車を貸したら、おまえはいったいどうするつもりなのだ？　天球がおまえの下で回転しているなかを、正しく軌道を守っていけるとでも思っているのか？　たぶんおまえは、沿道には神々の住む森や街が、それに宮殿や神殿があるとでも思っているのだろう。ところがそれとは逆に、その道は恐ろしい怪物どものなかを通っているのだ。牡牛《おうし》（金牛座のこと。以下は天の獣帯、つまり十二宮をさす）の角のそばや、弓矢をかまえた半人半馬の怪物の前や、獅子《しし》の口の近くや、またさそりがその腕を内側にまげ、蟹《かに》がその腕を外側にまげているような所を通り抜けなければならないのだ。さらにまた、胸いっぱいに焔《ほのお》を燃えたたせ、それを口や鼻から吹き出させながら疾駆してゆくあの馬を御することも容易な業ではなかろう。馬どもがあばれだして手綱にもさからうような時には、この私でさえ手に負えぬくらいなのだ。息子よ、私がおまえの生命にかかわるような贈り物の贈り主にはならぬようよく気をつけて、取り消すことのできる今のうちに、おまえのこの望みを取り消してしまうがいい。おまえが望んでいるのは、おまえが私の血を受けた実の子であるという証拠であろう？　それならば、こうしておまえのために私が心配しているのが何よりの証拠だ。私の顔を見るがよい――おまえに私の心の中まで見てもらえたらと思うのだが、そうすれば、そこに父親としての心配がはっきりと見えることだろう。だから」とアポローンはなおも続けて言いました、「世界中をよく見渡して、陸や海がもっているもののなかで、おまえの欲しいと思う最も貴重なものがあったら何でも選びだすがよい、――そしてそれを私にねだるがよい、けっして拒まれる恐れはないのだから。ただ私の二輪車を御すことだけはどうか強請《せが》まないでもらいたい。おまえが望んでいるのは名誉ではなくて破滅なのだ。だがなぜおまえはそんなに私の首に腕をまきつけてなおもねだるのだ？　それほどまでに望むのなら、願いをかなえてやることにしよう――誓いを立てた以上は私もそれを守らなければならないのだからな――だが、私としてはどうかもっと賢い選択をしてもらいたいのだ」。

アポローンは口をつぐみました。しかしパエトーンはこうした戒めにはまるで耳をかさず、なおも頼みつづけました。そこで、輝く太陽神も説得に説得を重ねたすえ、とうとう息子を天界の二輪車の置いてあるところへと連れていったのです。

その二輪車は、黄金でできていて、ヘーパイストスから贈られたものでした。車軸も金でできていれば、轅《ながえ》も車輪も金で、輻骨《やぼね》だけが銀だったのです。御者台には橄欖石《かんらんせき》や金剛石がちりばめられていましたが、それが太陽の輝きを四方八方へ反射させるのです。向こう見ずのパエトーンがこれを感心して眺めているうちに、やがて早起きの曙《あけぼの》の女神が東方の深紅の扉をさっと開いて、ばらをいちめんに撒《ま》きちらした道を示しました。星は明けの明星に導かれて退き、その明星もみんなの後から最後に姿を消してゆきました。父親は、大地が紅く輝きだして、月の女神も退こうとしているのを見ると、時の神々に命じて車に馬をつけさせました。時の神々は命じられるがままに、天界の厩舎《うまや》から、神食《アンブロシア》を腹いっぱいに食べた駿馬《しゅんめ》を引き出してくると、それに手綱をつけました。そこで父親は息子の顔に、非常によく効く霊薬を塗って、炎の熱にも耐えられるようにしてやりました。それから頭に光の冠をかぶせてやりながら、凶事を予感するような溜息《ためいき》をもらして、言いました。「わが子よ、おまえがどうしてもと言うのなら、せめてこれだけの忠告はきいておくがよい。鞭《むち》はひかえめにして、手綱はしっかりと握っているのだ。馬は勝手気ままに突っ走ってゆく。それを制御するだけでもたいへんな仕事なのだ。五つの圏の間をただまっすぐ進んでゆくのではなく、左へ曲がらねばならないのだ。まん中の三つの圏から外へは出ないようにして、寒帯も熱帯も通らぬようにするのだ。私が前に通った車《あ》跡《と》がおまえの目にもつくことだろう。そうすればそれが道案内の役をしてくれる。それから、天と地がそれぞれ同じだけの熱を受けられるように、あまり高く昇らぬようにするのだ。さもないと天上の神々の住居を焼いてしまうことになるだろうからな。また、あまり低いところを駆けてもいけない、さもないと地上を火事にすることになるからだ。中道③がいちばん安全で、よい道なのだ。では、これでおまえを運命の手にゆだねることにしよう。おまえがこれまで自分の身を大切にしてきた以上に、運命がおまえのためにしてくれるよう願っている。いまや夜の女神が西方の門から姿を消そうとしている。われわれももうこれ以上ぐずぐずしているわけにはいかない。さあ、手綱をおとり。だが、最後におまえの気がひるんで、私の忠告をききいれてくれる気になったのなら、このままおとなしくここにいて、大地を照らし暖める仕事はこの私にまかせるがよい」。しかし敏捷《びんしょう》な若者は、二輪車にとび乗ると、ぐっと胸をはり、手綱を握りしめて顔を輝かせました。そして気のすすまぬ父親に、ただ繰り返し礼を述べるだけだったのです。
そうしている間にも、馬は鼻嵐と焔の息であたりの空気をみたし、もどかしげに地面を蹴《け》っています。やがて横木がとりはらわれると、行くてには果てしない宇宙の大平原が開けます。馬は勢いよく突進して、行くてをさえぎる雲を蹴ちらし、同じように東の空から吹きだした朝風を追いこしてゆきます。馬はすぐに、自分たちが引いている荷がいつもよりも軽いことに気がつきました。そして、底荷のない船が海上であちこちと荒波にもまれるときと同じように、この二輪車も、いつもの重みがないので、まるで空車のようにはねあがりました。馬はしゃにむに突っ走り、いつもの道からそれてゆきます。パエトーンはびっくりして、もう手綱をどうさばいてよいのかわかりません。かりにそれがわかっていたとしても、彼の力ではどうにもならないのです。そこで大熊座と小熊座は初めて熱に焦がされてしまいました。そして二人はできることなら（八三ページ、カリストーの項参照）海の中にとび込んでしまいたいと思いました。また北極にとぐろを巻いて、冬眠しながらおとなしくしている蛇（へび座のこと）も、だんだんと体がほてってきて、しだいに狂暴な性質が目覚めてくるのを感じました。牛飼い（牛飼座のこと）も、伝えるところによると、その犁《すき》（大熊座のこと）に引きとめられていたのに、そしてそのうえ機敏な動作には至って不慣れなくせに、いちはやく逃げだしてしまったということです。

　不運なパエトーンは地上に目をやりましたが、それはもうはるか下の方に広がっていたので、彼はまっ青になり、両膝《ひざ》も恐ろしさにがくがくと震えました。あたり一面にはまばゆいばかりの光があるのに、目はかすんでものが見えなくなってゆきました。父の馬などに手を出さなければよかった。自分の出生のことなど確かめてみたりしなければよかった、こんな願いなど無理じいしなければよかった、と彼は思いました。嵐に吹かれて飛んでゆく船のように、彼は運ばれてゆきます。こんなときには舵手《だしゅ》といえど、もうどうすることもできず、ただ神に祈るよりほかありません。いったい彼はどうしたらいいのでしょう？　天空の道ももうだいぶ先まで来てしまいましたが、この先はまだまだあるのです。彼は後を振りむき、前を見つめます。出発してきた東の方に目をやり、とても行き着けそうにない西の方を見つめるのです。そして自制を失ってしまい、もうどうしたらよいのか――手綱をきつくしめればよいのか、それとも弛《ゆる》めればよいのかもわかりません。馬の名前も思い出せないのです。天空のいたるところに散在している怪物たちの姿は見ただけでも恐ろしくなります。すぐ近くにはさそり（さそり座のこと）が二本の大きな腕をひろげて、尾と鉤爪《かぎづめ》とをのばして天の二宮（天秤座のこと）を襲おうとしているではありませんか。少年パエトーンは、さそりが毒汁をしたたらせ、その針をいまにもつきさそうとしているのを見ると、勇気がくじけて、思わず手綱を手から放してしまいました。馬は、背中に手綱がだらりとふれたのを知ると、とたんに速度を加え、自分たちを抑えるものがないのをいいことにして、天界の見知らぬ土地へと入りこみ、星の間を突っ走りながら、道なき道を、あるときは大空の高みに、そしてあるときはほとんど地上すれすれに、この二輪車を引きまわしました。月の女神は兄の二輪車が自分の馬車より下を走っていくのを見て驚きました。雲は煙を出しはじめ、山の頂も燃えはじめます。野原もじりじりと熱にあぶられ、草花もしぼみ、葉の生い繁った樹木も燃えだし、刈り入れの作物はすでに炎と化しているのです！　しかしこんなことはまだたいしたことではありません。いくつもの大きな町がその城壁や塔といっしょに焼け落ちました。国という国が、その国民もろともに焼きつくされて灰になったのです！

アトース、タウロス、トモーロス、オイテーなどの、森林におおわれた山々も焼けました。泉で名高いイーデー山もいまはすっかり涸《か》れてしまい、ムーサの女神たちの住むヘリコーン山も、またハイモスも、焼けました。アイトナ（エトナ火山のこと）は内側からも外側からも炎を吹き出し、パルナッソス山もその二つの峰とともに焼け、そしてロドペー山もとうとうその雪の冠を脱がされてしまいました。北国の寒さもスキュティアには何の役にもたちません、カウカソスの山も焼ければ、オッサの山もピンドスの山も焼けました。そしてこの二つの山よりも高いオリュンポスの山も焼けたのです。大空高くそびえたつアルプス山脈の峰も焼け、雲をかぶったアペニン山脈の峰々も焼けてしまいました。

さて、パエトーンはこうして世界中が火に包まれているのを見たのですが、その熱さに自分も耐えられなくなってきました。吸いこむ空気は、大きな炉から吹き出す空気のように熱く、まっ赤に燃える灰がいっぱいに混じっていました。そして煙はまっ黒な色をしていました。彼はその中をただやみくもに突っ走っていったのです。このときからアイティオピアーの人たちは熱のためにとつぜん体内の黒い血が皮膚の表面に圧し出されたので色が黒くなったのだと、そしてリビュア（リビアのこと）の砂漠も熱のためにすっかり干上がって今日のような状態になったのだと、信じられているのです。泉のニュンペーたちは、髪をふり乱して涸れた水を悲しみましたが、堤の下を流れる河もまた無事ではありませんでした。タナイス（ドン河のこと）も煙をあげ、カイーコス、クサントス、マイアンドロスも涸れてしまいました。バビュロニアのエウプラテース、ガンゲース（ガンジス河のこと）、砂金の出るタゴス、白鳥の住むカユストロスもそうです。ネイロス（ナイル河のこと）は逃げだしてその頭を砂漠の中に隠してしまいましたが、いまでもまだそこにそのまま隠しているのです。昔はこの河も七つの口から水を海に注ぎ込んでいたのですが、そこも今では七つの涸れはてた河床だけになってしまいました。大地は大きく割れて、その割れ目から冥界《めいかい》のタルタロスまで光が射し込み、冥府の国王と女王をびっくりさせました。海も干上がってしまいました。以前は海水のあったところが、今では乾ききった平原になってしまったのです。また波の下にある山は頭をもちあげて島になりました。魚はいちばん深い海底をさがし、海豚《いるか》はもはやいつものように海上に躍り出ることをやめてしまいました。海神ネーレウスとその妻のドーリスでさえ、ネーレーイスと呼ばれる娘たち（五〇人、あるいは一〇〇人いたと言われる）を連れて、海底の奥深い洞穴に逃げこみました。ポセイドーンは三度、頭を海面に出そうとしましたが、三度とも熱のために追いかえされてしまいました。大地の女神は、水に囲まれてはいましたが、頭と肩はむき出しになっていたので、手で顔をおおいながら天を見上げて、かすれた声でゼウスに呼びかけました。

「おお、神々の支配者よ、もし私がこうした仕打ちを受けねばならぬような過ちを犯しておりましたのなら、そして私が火によって滅びることがあなたの思召《おぼしめ》しであるのなら、どうしてあなたはご自分の雷霆《いかずち》をお使いにはならないのですか？　せめてこの私をあなたのお手にかけて滅ぼしてください。これが私の豊穣《ほうじょう》に対する報いなのでございますか、私の忠実なつとめに対する報《むく》いなのでございますか？　家畜には牧草を与え、人間には果実を与え、あなたの祭壇には乳香を捧《ささ》げてまいりましたが、その報いがこれなのでございますか？　しかし、かりに私がご好意に値するようなものではないとしても、私の弟の大洋神はどんな過ちをしたからといってこのような運命をうけねばならないのでございましょうか？　私たちだけではあなたの慈悲深い御心を揺り動かすことができないというのでしたら、どうか、あなたご自身の天空をお考えください、そしてあなたの宮殿を支えているあの二つの極柱が煙を吐いているさまをごらんください。あれが焼けてしまえば宮殿は崩れ落ちるに違いありません。アトラース（二八ページ参照）でさえも気が遠くなって、いまにもその重荷（天のこと）を落としそうです。もし海と地と天とが滅びてしまいましたら、私たちは昔のカオス（渾沌のこと）に陥ちていってしまいます。どうか、私たちに残されているものだけでもこの劫火《ごうか》からお救いください。おお、この恐ろしい瞬間に、私たちをお救いくださいますことをお考えください！』。

大地の女神はこのように訴えましたが、熱さとのどの渇きとにうち負かされて、もうこれ以上のことは何もいうことができませんでした。そこで全能の大神ゼウスは、神という神をすべて証人として呼び集め、二輪車を貸し与えたアポローンをもその中に含めて、一同に向かい、何か早く手を打たなければなにもかも滅びてしまうからと言いきかせてから、高い塔へと登ってゆきました。それはゼウスがいつもそこから地上に雲をまき散らしたり枝を差す雷霆を投げつけたりするところなのです。しかしもうその時には、地上を覆って熱を防ぐことのできるような雲は一つも見あたりませんでした。それにまた、蒸発しないで残っているような雨もないのです。そこでゼウスは雷鳴をとどろかせ、右手ににぎりしめた稲妻を打ち振ると、それを二輪車の御者めがけて投げつけました。そしてたちまちパエトーンをその御者台から、そしてこの世からほうり出してしまったのです！　パエトーンは髪の毛を炎々ともやしながら、まっさかさまに落ちてゆきました。それはまるで大空に光の尾を引いて落ちてゆく流れ星にも似ていました。大きな河の神エーリダノスは、落ちてくる彼を受けとめ、燃えているその身体を冷やしてやりました。そしてイタリアのナーイアスたち（泉や河のニユンペー）は、彼のために墓を立ててやり、その石に次のような言葉を刻みつけたのです。

太陽神《ポイボス》(4)の車を駆りしパエトーン。
ゼウスの雷霆に打たれて、この石の下に眠る。
父の火車《くるま》は意のままに御し得ざれど、
その高き望みはげにも尊し。

パエトーンの妹のヘーリアスたちは、兄の運命を嘆き悲しんでいるうちに、河岸のポプラの木になってしまいました。そして彼女らの流す涙は、たえず流れつづけ、河面に滴りおちながら、琥珀《こはく》の玉になったのです。

ミルマン（ヘンリー・H・ミルマン。イギリスの詩人。一七九一―一八六八）は「セイモー」という詩の中で（第一篇）、このパエトーンの物語に次のようにふれています。

それは詩人たちが詩《うた》っているように
太陽の子として生まれた若者が無理やり借りた父親の二輪車《くるま》を駆って
驚く天空の動物たちの間をめったやたらに突っ走ったとき
胆をつぶした宇宙が……ただ唖然《あぜん》として

眺めていたのにも似ている。
雷霆《ゼウス》の神はこの若者を天上から半ば黒こげの
エーリダノスの内海《うちうみ》へと撃ち落としたが
そこではパエトーンの突然の死を悼《いた》んで
木となった妹たちが今でも琥珀の涙を流しているのだ。

ウォールター・サヴィジ・ランダー（イギリスの詩人。一七七五―一八六四）の詩った次の美しい詩の中に、貝殻について描写しているところがありますが、そこには太陽神の宮殿と二輪車とについての引喩《いんゆ》があります。水のニュンペーがこう言うのです（「ジービア」第一篇第一五九―一六六行）。

……私は内側が真珠のような色をしたたくさんの巻き貝をもっています
その光沢は太陽《アポローン》の宮殿の玄関先で、
まだ馬をつながぬ二輪車が半ば海に浸っているとき
吸い込んだものなのです。
貝をひとつゆすってごらんなさい、目をさましますから、そしたら
その美しい唇をあなたの耳に近づけてじっときいてごらんなさい
あの宮殿を思い出して、大海原がささやくように
あなたの耳にささやいてくれるでしょう。

（1）下巻末「ことわざ集」1参照。
（2）同2参照。
（3）同3参照。
（4）同4参照。

第6章
ミダース、バウキスとピレーモーン

Midas.

ミダース

ディオニューソスは、あるとき、幼い頃の師でもありまた養父でもあったシーレーノスがいつの間にかいなくなっていることに気がつきました。老人は酒を飲んでいたのですが、そのうちに酔っぱらってついふらふらと歩きだし、それを見た農夫たちが彼らの王であるミダースのところへ連れていってしまったのです。ミダースはこの老人がシーレーノスだとわかると暖かく迎え入れ、一〇日にもわたって昼となく夜となくつづけざまに酒宴を張っては老人をもてなしました。そして一一日目になるとこの老人を送って無事にその教え子の許に返しました。そこでディオニューソスは、その礼として、ミダースに何でも望むものを選ぶようにと言いました。ミダースは、それなら自分の触れるものが何でもすべて黄金に変わるようにしていただきたいと望みました。ディオニューソスは、ミダースがもっと賢明な選び方をすればよいのにと残念に思いましたが、それでもその願いをききとどけてやりました。ミダースは、この新しく授かった力に大喜びをしながら帰ってゆくと、さっそくこの力を試してみました。樫《かし》の木から小枝を折りとると、たちまちそれが手の中で黄金の枝になったのを見て、彼は自分の目が信じられないほどでした。今度は小石を拾いあげてみました。するとそれも黄金になりました。芝土に触りました。これもまた同じです。次には木からりんごをもぎとってみました。するとそれは、まるでヘスペリスたちの園（この園には、ヘーラーがゼウスと結婚したとき記念に贈られた黄金のりんごのなる木が植えられてあって、ヘスペリスたちがその番をしていた）から盗んできたのではないかとさえ思えるほどでした。ミダースの喜びは尽きるところを知り意させました。そこで彼は家に帰りつくとすぐに召使たちに命じてすばらしいご馳走《ちそう》を食卓に用意させました。ところが、驚いたことには、彼がパンにさわっても、それは手の中で固くなってしまうし、また料理を口に持っていってもそれは彼の歯をうけつけようとはしませんでした。そこで彼はぶどう酒を飲みました。しかしそれもまた、まるで溶けた黄金のようにのどを流れ落ちていったのです。

こうした前代未聞の禍《わざわい》に胆をつぶしたミダースは、なんとかしてこの魔力から逃れようと努めました。そしてついさきほどまであれほど欲しがっていた贈り物を憎みはじめたのです。しかしいくら憎もうと、何をしようと駄目でした。餓死が彼を待っているように思えました。そこで彼は金色に輝く両腕を差しあげてディオニューソスに祈り、どうかこの光り輝く破滅からお救いくださいと哀願しました。ディオニューソスは、慈悲深い神でしたから、その声を耳にすると彼の願いをきき入れてやりました。「では」と神は言いました、「パクトーロスの河に行って、その源泉にまでさかのぼり、そこでおまえの頭と身体とを浸して、おまえの罪と罰とを洗いおとすがよい」。ミダースは言われたとおりにして、その水源の泉に手を触れると、たちまち黄金をつくりだす力は水の中に消えてゆきました。そして河砂が黄金に変わって、いまもなおそのまま今日に及んでいるのです。

このことがあってからというもの、ミダースは富も栄華もきらって、田舎に住むようになり、山野の神であるパーンの崇拝者になりました。あるとき、パーンは、自分の奏でる音楽をアポローンの音楽と較べてみよう、あの竪琴《たてごと》の神と腕だめしをしてみよう、などと臆面《おくめん》もなく言いだしました。そしてこの挑戦はうけ入れられることになって、山の神であるトモーロスが審判役に選ばれました。この老人は、審判席につくと、耳もとから樹をとりはらって、じっと耳をすませました。合図をうけてまずパーンが自分の葦笛《あしぶえ》を吹きならしました、そしてそのひなびた調べにわれながら大いに満足しました。そしてまた、そこに居合わせた彼の忠実な信者のミダースをも大いに満足させたのです。そこでトモーロスは今度は太陽神アポローンの方へ顔を向けました。すると森の木もみないっせいにそちらを向きました。アポローンはすっくと立ちあがりました。額にはパルナッソス山の月桂樹の冠をいただき、テュロス染めの緋色《ひいろ》の衣が大地をはらいます。彼は左手に竪琴を持ち、右手で絃をかき鳴らしました。その美しい調べに心を奪われたトモーロスは、ただちに勝利をこの竪琴の神へ与えました。そしてミダース以外のものはみんなこの判定に黙って同意したのです。ところがミダースだけは異議をとなえて、審判の公正にけちをつけました。そこでアポローンは、こんなふらちな耳にこれ以上人間の耳の形をさせておいてはいけないと考えて、その耳が大きくのびて、内側も外側もいちめんに毛が生え、つけ根のところが動くようにしてしまいました。つまり、ろばの耳とまったく同じものにしてしまったのです。

ミダース王はこの不幸な出来事にすっかり慢心を挫《くじ》かれてしまいました。しかしこの不幸だけはなんとか隠しおおせるだろうと考えて自らを慰めました。大きなターバンや頭巾《ずきん》をかぶってそれを人目につかぬようにしたのです。ところが、いつも王様の髪を刈る召使は当然のことながらこの秘密を知ってしまいました。そこで召使は、この秘密は人に話してはならぬぞと言いつけられ、もしこの命令にそむくようなことがあったら厳罰に処するからなとおどかされました。しかし召使はそのうちに、このような秘密をじっと守っていることはとても自分の力ではできないと考えるようになりました。そこで草原にでかけてゆくと、地面に穴を掘って、そこへかがみこみ、この話をそっと囁《ささや》いてからふたたびその穴に土をかけて埋めておいたのです。ところが、ほどなくしてその草原に葦が生えて、それが大きく成長すると、たちまちこの話を囁きはじめました。そしてその時から今日に至るまで、そよ風がこの葦の生えているところを吹き渡るたびに、この物語を囁きつづけているのです。

このミダース王の物語は、他にもいろいろと変わった形で語られています。ドライデン（ジョン・ドライデン。イギリスの詩人、劇作家。一六三一―一七〇〇）は、「バースの女房の話」（チョーサの「カンタベリ物語」からの抄訳）の中で、ミダース王の秘密をもらしたのは王の妻だとしています。

　これをミダースは知っていた、だから大きな耳のことは
　妻のほか誰にも教えはしなかった。

ミダースはプリュギアの王でした。彼の父親はゴルディアースという貧しい農夫でしたが、人々に推されて王になったのです。人々は神託の命令に従って彼を選んだのですが、その神託には未来の王は荷馬車に乗ってやってくるだろうとあったのです。そしてみんながこの神託の意味を考えているところへ、ゴルディアースが妻と息子とをつれて町の広場へ荷馬車を乗り入れてきたわけです。

ゴルディアースは、王に選ばれると、彼の荷馬車を、神託を下した神に献げ、その場にこの

車をつなぎとめて固い結び目をつくっておきました。これが有名なゴルディアースの結び目で、その後の言い伝えによれば、この結び目を解くことのできるものはアジア全土の王となるであろうといわれたものでした。それで多くの人々がこれを解こうと試みましたが、だれひとり成功したものはいませんでした。そのうち、ついにアレクサンドロス大王が遠征の途上このプリュギアにやってきました。大王も自分の業を試みましたが、他の人々と同様うまくいきませんでした。そこで大王はとうとう癇癪《かんしゃく》をおこして、いきなり剣をひき抜くとその結び目を断ち切ってしまいました。その後、大王がアジア全土を自分の支配下に置くことができたとき、人々はやっと悟りはじめました。この大王こそ神託の言葉に、その真の意味で従った人だったのだ、と。

バウキスとピレーモーン

プリュギアの或る丘の上に、低い壁にかこまれて、一本の菩提樹《ぼだいじゅ》と一本の樫《かし》の木が立っています。そこからあまり遠くないところに沼が一つあります。以前は立派に人の住める土地だったのですが、今ではくぼんで水が溜《た》まり、小鴨《こがも》や鵜《う》などの鳥が集まるような場所になっているのです。この土地を昔ゼウスが、人間の姿に身を変えて、訪れたことがありました。ゼウスといっしょに、息子のヘルメースも(例の杖だけはもっていましたが)翼ははずして同行しました。二人は疲れた旅人をよそおい、何軒もの家の戸口に立ちどまっては、憩いの場所を、雨露をしのぐ場所を、乞《こ》い求めました。ところがどの家も戸をかたく閉ざして開けてはくれません。

夜もふけていたし、それにここの不親切な村人たちにはわざわざ起きてきて表戸を開け、旅人を迎え入れるような気持ちはなかったのです。それでもやっとある一軒のみすぼらしい家が二人を迎えいれてくれました。小さな茅《かや》ぶきの小屋で、そこにバウキスという信心深い老婆とその夫のピレーモーンとが住んでいました。この老夫婦は若い頃に結ばれてそれ以来ずっとここで歳をとってきたのです。貧乏を恥ともせず、ほどほどの望みと、親切な気だてとで、その貧乏に耐えてきました。ですからこの家には主人もおらず、また召使もおりません。老夫婦二人だけが全家族で、おたがいが主人でもありまた召使でもあったのです。天上から訪れた二人の旅人がこの家の粗末な敷居をまたぎ、身をかがめて低い戸口をくぐると、老人はさっそく席をすすめました。こまめでよく気のつくバウキスは、その上に布を敷いて、これに腰をかけてくださるようにと言いました。それから灰のなかをかきまわして火種をみつけ出すと、枯れ葉や乾いた木の皮をくべ、かぼそい息を吹きつけてそれを燃えたたせました。そして部屋の片隅から裂け木や枯れ枝を持ってくると、それを折って、小さな釜《かま》の下にくべました。夫が庭にできた野菜をとってくると彼女はその茎をとり去って細かく刻み、釜に入れて煮る支度をしました。夫は二またになった棒の先で、炉の中につるしてあるベーコンの塊りをおろしました。そして一きれ切りとってそれを野菜といっしょに煮込むために釜の中へ入れると、残りはまた別の機会に使うためにしまいました。樵《ぶな》の木で作った鉢には客が旅の汚れを洗い落とすことができるように温かい湯がいっぱいに満たされました。そして、こうした用意をととのえている間にも、老夫婦はいろいろと話をしかけては客の退屈な時間をまぎらせるのでした。

客のために用意されたベンチの上には、海草を詰めたクッションが敷かれました。そしてその上には、よほど大事な時でなければ使わないような、かといって、それはずいぶんと古ぼけた粗末なものではありましたが、一枚のシーツがかけられました。前掛け姿の老婆は震える手で食卓の用意をしました。その食卓の脚は、一本が他のものより短くなっていたので、そこに薄板をあてがってうまく平らにしました。それがすむと、老婆はよい薫《かお》りのする薬草で食卓をごしごしと磨きました。それからその上に純潔の処女神アテーナーの聖木であるオリーヴの実と、酢に漬《つ》けたやまぐみの実を置き、さらに大根とチーズ、それに灰の中でかるく焼いた卵をそえました。それらのものはみな土器の皿に盛って出されましたが、そのわきにはこれもまた土器の水差しが、木のコップと並んで、置かれました。こうしてすっかり支度がととのうと、シチューが熱い湯気を立てながら食卓に運ばれてきました。酒も、そうたいして年代ものではありませんでしたが、そえて出されました。そしてデザートには、りんごと蜂蜜《はちみつ》が用意されました。そしてなおその上に、親切な二つの顔と、素朴なしかし真心のこもった歓待とがそえられたのです。

さて、食事が進んでいるあいだに、老夫婦がびっくりしたことは、目の前にある酒が、それをいくら注いでも注ぐそばからまたひとりでに酒瓶《さかがめ》に湧き出してくることでした。胆《きも》をつぶしたバウキスとピレーモーンは、自分たちの客が神さまであったことを知ると、二人とも地べたにひざまずいて両手を握りあわせ、自分たちの貧しいもてなしをどうかお許しくださるようにと懇願しました。

この家には一羽の鵞鳥《がちょう》がいて、老夫婦はそれを家の守り神のようにして飼っていました。そこで老夫婦は、この鳥を客のために供犠《いけにえ》として差しだそうと考えました。ところが鵞鳥の方は、脚と羽との助けをかりてそこらあたりを逃げまわるので、とても老夫婦の手にはおえません。鵞鳥は二人の追跡をかわしてとうとう客の足もとに逃げこんでしまいました。すると客は、この鵞鳥は殺してはならぬと言って、次のように申しました。「われわれは天の神である。われわれはこれからこの不届きな村に、神に対する不敬の罰を与える。おまえたちだけはその懲罰を免じよう。この家を出てわれわれと共にあの山の頂に来るがよい」。老夫婦はただちにこの言いつけに従い、杖《つえ》を手にして、けわしい坂道をよじ登ってゆきました。そして頂上へあと一息というところまで来たとき、二人は振り返って麓《ふもと》の方をみました。すると村はすっかり湖に沈んで、ただ自分たちの家だけがぽつんと残っているだけでした。老夫婦が驚いてこの光景に目を見はりながら、隣近所の人たちの運命を悲しんでいるうちに、二人のあの古ぼけた家は神殿に変わってゆきました。大きな円柱が片隅の柱にとって代わり、屋根の茅は金色に輝き出して黄金の屋根に姿を変え、床は大理石となって、戸口は彫刻や黄金の装飾器具で美しく飾りたてられていったのです。やがてゼウスは慈悲深い口調で言いました。「まれに見る徳高き老人よ、またその夫にふさわしき老婆よ、さあ、何なりと望みのものを申すがよい。いかなる恵みが欲しいか申してみるがよい」。ピレーモーンはしばらくの間、バウキスと相談しましたが、やがて話がまとまると二人の共通の願いを神に申しのべました。「私どもは祭司となって、あなたさまのこの神殿をお守り致しとうぞんじます。そしてまた、私どもはこれまでずっとこの世で仲むつまじく暮らしてまいりましたので、この世を去るときも二人が同時に去ることができるようにしていただきたいと思うのでございます。そうすれば私が生き残って妻の墓《これ》を見るような悲しいこともございませんし、また妻に私の墓《これ》を埋めてもらうような悲しい目にもあわずにすむわけでございますから」。二人の願いは聞き入れられました。そして命のあるかぎりこの神殿の宮守をつづけたのです。そして二人がすっかり年老いたある日のこと、神殿の階段《きざはし》の前に立ってこの土地についての昔話を語りあっていると、バウキスはピレーモーンの身体から木の葉が生えてくるのを見ました。そして年老いたピレーモーンもバウキスの身体が同じように変わっていくのを見たのです。そして次の瞬間にはもう、木の葉の冠が二人の頭に生い繁っていました。二人は口のきける間いつまでも別れの言葉をかわしあいました。「さようなら、いとしい人よ」と二人は声をそろえて言いました。するとその瞬間、同時に、木の幹が二人の口の上まで覆いかぶさって二人の姿を隠してしまいました。テューニア地方の羊飼いは、今でも、私たちをこの善良な老夫婦が身を変えて相並んで立っているその二本の樹のところへ案内してくれます（旧約聖書「創世記」第一九章参照）。

このバウキスとピレーモーンの物語は、スウィフト（ジョナサン・スウィフト。イギリスの諷刺作家。一六六七—一七四五）がこれを倣《ま》ねて戯作ふうに作り変えています。この中では、ゼウスとヘルメースは二人の旅の聖者になり、例の家は教会に変えられ、ピレーモーンはそこの牧師になっているのです。ご参考までに次にその数行をお目にかけましょう（「バウキスとピレーモーン」第五一—一〇六行）。

夫婦《ふたり》はあきれてだまっていたが
屋根がそろそろのぼりはじめた。
梁《はり》も棰《たるき》もみこしをあげて

重たい壁も後からゆっくり。
煙突はふとって背丈ものびると
とんがり屋根の尖塔《ぼうし》《せんとう》になった。

そのてっぺんへ茶釜《ちゃがま》がのぼると
ぺたりと梁にくっつきおった。
それでも頭はこっちへ向けて
おりてきたいの顔つきだったが
それがかなわぬ道理も道理
尻に働く不思議な力に
望みは断たれて運命《さだめ》の宙吊《づ》り
茶釜はいつしか塔の釣鐘。

肉やき車は暇をだされて
焙《あぶ》りの技《わざ》も忘れていたが
にわかに覚える身体の変化
それを募《つの》るは歯車、車、いつしかお腹にできたもの。
奇妙きてれつ、また、まか不思議
車の数が動きを変えて、回る速度も前よりゃ遅い。

はずみ車は鉛の足でも
めっぽう早くまわっていたが
今じゃ半時たっても一寸《いっすん》。
肉やき車と煙突の仲は、互いに手と手をとりあう仲で
ゆくすえながく離れぬ縁《えにし》。
煙突変じて尖塔となれば
なんで忍ぼう肉やき車
独り暮しはいやじゃといって
尖塔にのぼって時計となって
添いとげしゃんすの心意気。
世帯の苦労ももとから覚悟
昼どきゃ黄色い声はりあげて
料理女《おさんどん》へとひとこと注意
その焼き肉こがすでないぞえ、もうぐるぐる回らぬからの。

おんぼろ椅子も腰をあげると、でんでん虫のお化けのように
壁を伝ってのぼりはじめ
見晴しよろしきところでとまり
変化《へんげ》もわずかにできたが説教壇《たかだん》。

ご先祖さまのお使いなされた、
あの材木を沢山《ふんだ》に使って
がっしりと組み合わせた古風なベッド
それも今では信者の座席。
それでも昔の性《さが》は忘れず
坐《すわ》る人ごと眠りにさそう。

第7章
ペルセポネー、グラウコスとスキュラ

Proserpine.

ゼウスとその兄弟たちが、ティーターン神族を打ち破って彼らを冥界《タルタロス》に追放してしまうと、また新しい敵が神々に反抗して立ちあがりました。それはテューポーンとかブリアレオースとかエンケラドスとかといった巨人族《ギガンテス》でした。その中には腕が一〇〇本もあるようなものがいたり、火を吹き出すようなものもいました。しかし彼らも結局は鎮圧されてアイトナ山（エトナ火山のこと）の下に生き埋めにされてしまいました。そしてここで彼らはいまでもときどき、自由な身になろうとしてもがき、島ぜんたいを地震でゆり動かすのです。そして彼らが吐く息はアイトナ山を突きぬけて立ちのぼり、いわゆる火山の噴火となっているのです。

こうした怪物たちが落ちてきて大地を震動させたので、ハーデース（冥界の王）はびっくりして、自分の王国が日の光にさらされはしないかと心配しました。そうした懸念から、ハーデースはまっ黒な馬にひかせた二輪戦車に乗ってあちこちと視察してまわりましたが、たいした被害もなかったのでやっと安心しました。彼がこうして視察をしていたあいだ、アプロディーテーはエリュクスの山の上に坐《すわ》って息子のエロースと遊んでいたのですが、ハーデースの姿を目にすると息子にむかってこう言いました。「ねえエロース、誰をだって、たとえ相手がゼウスだって、うち負かすことのできるおまえの矢をつがえて、あそこにいるあの暗黒の王の胸に一本射込んでおやり、冥界の国を支配しているあの男の胸にね。あの男だけがおまえの矢から逃れられるなどということはないはずだからね。この機会を利用しておまえの領土と私の領土とを広げるのです。おまえにはまだわからないかもしれないが、天上においてさえ私たちの力を見くびるものがいるのだからね。知恵の女神のアテーナーや狩りの女神のアルテミスなどは、私たちをばかにしているのです。それにまたあのデーメーテールの娘（ペルセポネーのこと）ときたら、あの小娘までがこの二人の真似をしようとしているのです。さあ、矢を射っておやり、もしおまえがおまえ自身の利益と私の利益とを大切に思うのなら、あの娘とハーデースとを結びつけておしまい」。そこでエロースは箙《えびら》をあけるといちばん鋭い、そしていちばん狂いのない矢をえらびだしました。それから膝《ひざ》で弓を撓《た》めるとそれに絃《つる》を結びつけました。そしてすっかり用意がととのうと鏃《やじり》にさかとげのついた矢を、狙いたがわずハーデースの胸に射込んだのです。

さて、エンナの谷には、湖があって、それをこんもりとした森がとりかこんでいます。森は湖をおおって太陽のはげしい光をさえぎり、しっとりとした地面には草†花がいちめんに咲き乱れて、春の女神が一年中そこを支配しているのです。こうしたところにペルセポネーは友人たちとたわむれながら百合《ゆり》やすみれの花を摘んでは籠《かご》や前掛けをいっぱいに満たしていました。そのときハーデースはこのペルセポネーの姿を見つけて、たまらなく好きになり、彼女をさらっていってしまいました。ペルセポネーは大声をあげて母親や友人たちに助けを求めました。そして恐ろしさのあまり、前掛けの両端からそれを握っていた手をはなしてしまったので花はみんなこぼれてしまいました。彼女のあどけない心には、この花をなくしたことがまた一つ新しい悲しみのように感じられました。略奪者は、馬たちをせきたて、馬の名をそれぞれ呼びながら、そして錆色《さびいろ》の手綱を頭や首すじにあおりあてながら逃げてゆきました。そしてキュアネー河までやってきてその河が自分の行く手をさえぎっているのを見ると、手にしていた三叉《みつまた》の

ベルニーニ「ペルセポネーの略奪」ボルゲーゼ美術館

槍《やり》で河の堤を撃ちました。すると大地は口をあけて、冥界《タルタロス》へ通じる道を彼に与えたのです。

デーメーテールは、さらわれた娘を求めて世界中をさがしまわりました。金髪のエーオース（曙の女神のこと）が朝早く起き出たときも、またヘスペロス（宵の明星のこと）が夕方、星を導き出させたときにも、デーメーテールがまだあちこちと娘をさがしまわっている姿が見られました。しかしいくらさがしても何のかいもありませんでした。とうとう疲れはて、悲しみにうち沈んだデーメーテールは、石の上に腰をおろすと、そのまま九日九夜のあいだ、戸外で、日の光や月の光をあび、また降りそそぐ雨にうたれて坐りつづけたのです。そこはいまエレウシースの町（アテーナイの北西海岸にある）のあるところで、当時ケレオスという名の老人が住んでいたところでした。ケレオスはそのとき、野に出て椎《しい》の実や木苺《きいちご》や薪などを集めていました。彼の小さい娘は二頭の山羊《やぎ》を追って家に帰ってゆくところでしたが、老婆に身をやつしたこの女神《デーメーテール》のそばを通りかかったとき老婆に向かって言いました。「お母さん」——その呼び名はデーメーテールの耳にやさしくひびきました——「どうしてあなたはこんな石の上に一人ぼっちで坐っていらっしゃるの？」。老人も重い荷を背負っていましたが、その場に足をとめると、老婆にむかって、ほんとうにむさくるしい小屋だが私たちの家においでなさいとすすめました。老婆は遠慮したのですが、老人はしきりにすすめてやみません。そこで老婆は「どうか構わずにいてください」と答えました、「そしてあなたに娘さんのあることを幸福に思いなさい。私は自分の娘をなくしてしまったのです」。こう老婆が語るあいだにも涙が――あるいは涙に似たものが、と言った方がいいかもしれません、神々はけっして涙など流さないものですから――頬を伝って胸のうえに落ちました。情けぶかい老人とその娘は、老婆につられて涙を流しました。やがて老人は言いました。「私たちといっしょにおいでなさい。それに私たちの粗末な家を見くびらないでください。家へおいでになればあなたの娘さんが無事にあなたのもとへ戻されるかもしれませんよ」。「では、案内をしてください」と老婆は言いました、「その言葉には私も逆らうことができません」。そしてデーメーテールは石から腰をあげて、二人について行きました。歩きながら老人は、自分のたった一人の幼い息子がいま重い病にかかってふせっているのだが、熱がひどくて眠ることもできないでいるのですと老婆に話しました。すると老婆は腰をかがめて罌粟《けし》の実を少し集めました。一行が小屋に入ってみると、もうすべてが悲嘆にくれるような有様でした。子供はとても助かりそうにはなかったのです。それでも子供の母親のメタネイラは老婆を暖かく迎えました。そこで老婆は病気の子供のうえにかがみこむとその唇に接吻《せっぷん》しました。するとたちまち青白い色が子供の顔から消えて、健康な活力がその体によみがえってきました。一家のものはこぞって喜びました。――一家のものといっても、それは父親と母親と小さな娘だけで、それで、全部でした。この家には召使は一人もいなかったからです。彼らは食卓をひろげ、その上に凝乳や、りんごや、巣に入ったままの蜂蜜《はちみつ》をならべました。一同が食事をしているあいだに、デーメーテールは子供が飲むミルクのなかに罌粟の実の汁を混ぜておきました。夜がきてみんなが寝静まった頃、老婆は起きあがると、眠っている子供を抱きあげて、両手でその子の手足をこねまわすようにして、三度その子に厳かな呪文《じゆもん》をとなえて、それから炉の灰の中に子供を寝かせました。子供の母親は、さいぜんからこの客のすることをじっと見まもっていたので、このとき叫び声をあげながら飛びだしてくると、いそいで子供を火のなかから救い出しました。するとデーメーテールは自分のほんとうの姿を現わしました。天上の輝きはあたりを一面に照らしました。家族のものが驚きあきれていると、女神はこう言いました。「母よ、そなたはわが子かわいさのあまり、かえって酷《むご》いことをしてしまいました。私はこの子を不死身の体にしてやるつもりでいたのですが、そなたがその企てをだめにしてしまったのです。しかしそれでもこの子は立派な有能な人物にはなるでしょう。人々に鋤《すき》の使い方を教え、そしてそうして耕した土地から労働がかちとることのできる数々の報酬を人々に教えることになるでしょう」。そう言いながら女神は雲をまとうと、二輪車にのってその場を去ってゆきました。

デーメーテールはさらに娘の行くえをさがしつづけて、陸から陸へ、そしてまた海を渡り河を越えてゆくうちに、とうとう初めに出発したシケリア島にまでもどってきてしまい、キュアネー河の堤に立ちました。そこはハーデースが、略奪したペルセポネーをつれて自分の領土へと逃げ帰っていった所なのです。河のニュンペーは自分が目撃したことをすべてこの女神に話してやりたいと思ったのですが、ハーデースを恐れてそれを口にすることができませんでした。そこで彼女はせめてもと思い、ペルセポネーがさらわれてゆくときに落としていった腰帯をひろいあげて、それを母親の足もとへと浮かびあがらせてやりました。デーメーテールは、これを見て、娘が亡くなったことをもはや疑うわけにはゆきませんでした。しかしまだ事情がわからなかったので、なんの罪科もない大地にその罪を負わせました。「恩知らずの土よ」と彼女は言いました、「私はこれまでおまえに力を与え、牧草や、滋味豊かな穀物の衣服まで授けてやっていたが、もうこれからは私の恵みを享《う》けることはあるまい」。すると家畜は死んでしまい、鋤は畦《あぜ》を掘る間にもこわれ、種子は芽を出すことができなくなりました。はげしい日照りがつづくかと思うと、次には大雨が降りつづきました。鳥は種子をついばみ——はびこるものは薊《あざみ》や茨《いばら》ばかりになりました。これを見た泉のニュンペーのアレトゥーサは、大地のためにとりなしをしてやりました。「女神さま」と彼女は言いました、「大地をお咎《とが》めになってはいけません。大地はふしょうぶしょう口をあけてお嬢さまを通したのですから。お嬢さまの運命については私がお話いたしましょう。と申しますのは、私はお嬢さまをお見かけしたからです。ここは私の生まれた故郷ではありません。私はエーリスからこの地へやってきたものです。もとは森のニュンペーで、狩りが好きでした。みんなは私の美しさをほめたたえてくれましたが、私はそんなことにはいっこうかまいませんでした。それよりはむしろ狩りの手柄を自慢していたのです。ところがある日のこと、狩りに体をほてらせながら森からもどってきますと、静かに水の流れるある河のほとりにさしかかりました。流れは実によく澄みきっていたので、河底の小石さえかぞえられるほどでした。柳が河面に影をおとし、青草の生いしげる堤が水際までなだらかに傾斜しているのです。私は近よって片足を水にひたしました。それから膝まで入りましたが、それだけではものたりなくなって、着物を柳の小枝にかけると水のなかにとび込んだのです。そうして私が水のなかでたわむれていると、河の底からでも聞こえてくるような、かすかな囁《ささや》き声がきこえてきました。そこで私は急いですぐ近くの岸へのがれようとしました。

するとその声が言うのです。『なぜ逃げるのかね、アレトゥーサ？　私はこの河の神、アルペイオスだよ』。私が逃げだしますと彼は追ってきました。私より速いというわけではありませんでしたが、なにしろ体力は私いじょうでしたので、私の力が弱まるにつれてだんだんと追いついてきました。私はとうとう精も根もつきはててしまい、アルテミスさまに助けを求めました。『お助けくださいアルテミスさま！　あなたの崇拝者をお助けください！』すると女神はこれをお聞きになって、たちまち厚い雲のなかに私を包んでくださいました。河の神は、今はここ、今はかしこと探しまわり、二度も私のすぐそばまで来ましたが、私を見つけることはできませんでした。『アレトゥーサ！　アレトゥーサ！』と彼は大声で言いました。おお、私はどんなに震えおののいたことでしょう――それはまるで、囲いの外でうなっている狼の声をきくあの子羊にも似ていました。全身に冷や汗がにじみ出し、髪の毛は水滴《しずく》となって流れ落ちました。そして私の足の立っているところに水溜《みずた》まりができてきました。つまり、私は、いまこうしてお話しているよりももっと短い時間のうちに、泉になってしまったのです。ところがアルペイオスは、こんな姿の中でも私を見つけだし、彼の水を私の水と混ぜあわせようとしました。そこでアルテミスさまが地面を開いてくださったのです。私は彼から逃れたい一心で、そのほら穴にとび込みました。そして大地のお腹のなかをくぐりぬけて、このシケリアへ出てきたのでございます。そして私がこの地の底を通り抜けるとき、あなたのペルセポネーさまをお見かけしたのです。お嬢さまは、嘆き悲しんではいらっしゃいましたが、そのお顔にはもう恐怖の色は見うけられませんでした。ご様子は、女王さまにふさわしいもののようにお見うけいたしました――エレボス（「暗黒」の意）の女王、死者の国を支配する王者のお后《きさき》なのでございます」。

て二輪車を天上にむけて飛びたつと、急いでゼウスの玉座の前に進み出ました。そして娘の奪い去られた話を告げ、もう一度娘をとりかえせるよう仲立ちをしてほしいとゼウスに哀願しました。ゼウスは承知しましたが、一つだけ条件を出しました。それは、ペルセポネーが冥界にいるあいだいかなる食べ物も口にしていなかったならば、というのでした。もし口にしていたら、運命の女神たちが彼女を自由にすることを許さないからなのです。そこでヘルメースが使者として送られ、彼は春の女神をつれて、ハーデースからペルセポネーをもらい受けにゆきました。狡猾《こうかつ》な冥界の国王は承諾しました。しかし、ああ！　ペルセポネーはハーデースがすすめた柘榴《ざくろ》の実をとって、そのわずかな粒から甘い果汁を吸ってしまっていたのです。これではもう、彼女を完全に手放してもらうわけにはいきません。しかし妥協が成立して、彼女は一年の半分は母親と暮らし、残りの半分は夫のハーデースと暮らすことになったのです。

デーメーテールはこうした取り決めに自らの心を宥《なだ》め、ふたたび大地に彼女の恵みを与えてやるようになりました。さて、ここでデーメーテールはあのケレオスとその家族のことを、そして彼の幼い息子のトリプトレモスに与えた約束のことを、思い出しました。そこでデーメーテールは少年が成長すると彼に鋤の使い方や種のまき方を教えました。彼女はまた、翼を生やした竜がひく自分の二輪車に彼を乗せると、地上のありとあらゆる国をかけめぐって、貴重な穀物や、また農業の知識を人類に授けまわりました。トリプトレモスは戻ってくると、エレウシースの地に壮麗な神殿を建てて、これをデーメーテールに捧《ささ》げ、「エレウシースの秘儀」といわれる女神崇拝の秘教を創始しました。この秘教は、その儀式の輝かしさと荘厳さにおいて、ギリシア人のあいだに行なわれる他のいかなる宗教的儀式にもまさるものだったのです。

このデーメーテールとペルセポネーの物語が寓話《ぐうわ》であることにはほとんど疑う余地はありません。ペルセポネーは穀物の種子を意味しているのです。種子は地中に埋められるとそこにじっと姿を隠しています――つまり地下の神にさらわれているのです。それからふたたび姿を見せます――つまりペルセポネーはその母のもとへ戻されるのです。春の女神が彼女を日の光へと連れもどすからなのです。

ミルトンは「失楽園」の第四巻で（第二六八―二七五行）このペルセポネーの物語にふれています。

　あの美しいエンナの野で
ペルセポネーが花をつんでいると、彼女自身が
さらに美しい花だったので、陰気なハーデースにさらわれてしまい
そのためにデーメーテールは彼女を求めて
世界中を探す苦しみを味わったのだが、――
　……そのエンナの野でさえもエデンの楽園とは
競うことはできなかった。

フッド（トマス・フッド。イギリスの詩人。一七九九―一八四五）は、「憂鬱《ゆううつ》によせる頌詩《オウド》」の中で（第八四―八七行）、同じこの物語

を実に美しく使っています。

　ゆるしておくれ、あのペルセポネーがハーデースを見て驚き
　　おもわず手にした花を落としてしまった時のように
　いつか私がこの喜びを
　　悲しみのあまり忘れてしまう時があっても。

　アルペイオス河は、実際、その流れの一部が地下に消え、地中の水路を通ってふたたび地上に現われています。話によると、シケリアの泉アレトゥーサも同じ流れで、それは海の底を通ってふたたびシケリアに出てくるのだと言われていました。そこでアルペイオス河に杯を投げこむと、それはふたたびアレトゥーサの泉に現われるという話が伝えられました。コールリッジがその詩「クブラ・カーン」の中で次のようにふれているのはこのアルペイオスの地下の流れの話なのです。

　上都にクブラ・カーンは布告して
　　壮麗な歓楽殿を建てさせた。
　そこは聖なる河アルペイオスが流れていて
　人間にははかり知れぬ洞穴をいくつもくぐり
　　太陽のない海へと流れくだっていた。

ムアの「若き日のうた《ジューヴナイル・ポイムズ》」の中で（「ギリシアの少女が見た極楽島の夢」第六節）、彼は次のようにこの物語にふれています、そしてまた花輪とかその他の軽いものを河に投げ入れて沈めると、それが一度見えなくなって後でまた現われてくる現象にもふれています。

おお、いとしい人よ、同じ思いの心があい交わるとき
その純粋な喜びはなんと聖《きよ》らかに美しいことでしょう！
それはあの河の神《アルペイオス》が、愛というただひとつの明かりを頼りにして
下界の洞穴をくぐりぬけ、揚々として
花のリボンや祝いの花環を浮かびあがらせる時にも似ています。
オリュンポスの処女たちはその花環で彼の流れを飾り、
アレトゥーサの輝く足もとに捧げるそのふさわしい贈り物としたのです。
そしてついに彼が泉の花嫁《アレトゥーサ》に出あうとき
きっと純粋な愛が、溶けあったその水を震わせることでしょう！
互いが互いの中に没し、やがて一つに混りあい
二人の運命は闇にも陽の光にも変わることなく
真の愛の表象《しるし》となって、大海原へと流れてゆくのです。

次にあげるムアの「旅先にてよめる詩《うた》」からの一章《エクストラクト》は（第四章第二節）ミラノのアルバーノ（ソランチェス

コ・アルバーニのこと。一五七八―一六六〇）によって描かれた「エロースたちの踊り」（エロースは絵画ではよく複数で描かれる）と呼ばれる有名な画の意味を説明したものです（この画はイギリスの図解百科辞典 *I See All* に収録されている。また東京堂出版の「西洋美術辞典」に類似のものがある）。

この腕白《エロース》たちが陽気な踊りをおどっているのは
エンナの花が地上からさらわれて行ったからなのだ、
　緑の木を囲んで、ヒースの上を妖精《ようせい》のように踊る彼ら――
　　てまえの方にいるものは行儀よく明るい顔で手をつなぎ
花環の中のばらのつぼみのように頬をならべ、
向こうにいるものはかわいい明るいまなざしを
　　仲間の翼の下からのぞかせている。
そしてごらん！　雲の間には、いま舞いあがっていった
いちばん年上の仲間が、喜びの笑を浮かべて、
このハーデースの悪だくみを、聞きほれる母親の耳に告げようとすると
　母親はむきなおってその報せを接吻《くちづけ》でむかえようとしている。

グラウコスとスキュラ

グラウコスは漁師でした。ある日のこと彼が網を岸へ引きあげてみると、いろいろな種類の魚が実にたくさんかかっていました。そこで彼は網をはらって、草の上でその魚をより分けに

かかりました。彼が立っていたところは河のなかにある美しい島で、そこには人も住んでいなければ、家畜の牧場に使われることもなく、彼のほかには誰一人やってくるものもないようなさみしい場所だったのです。突然、彼の捕えた魚が、いままで草の上に置かれていたのに、まるで水の中にでもいるかのように元気づいて、鰭《ひれ》を動かしはじめました。そして彼があっけにとられて見ている間に、魚は一匹残らず水のある方へ移動していったかと思うと、そのまま飛び込んで逃げていってしまいました。彼はこれをどう考えたらよいのかわかりませんでした。どこかの神の仕業なのでしょうか、それともこの草がもっている何か秘密の力のためなのでしょうか。「こんな力を持っているのは何という草なのだろうか？」と彼は大声で言いました。そして少しばかりそれを摘みとって噛《か》んでみました。すると草の汁が口の中にひろがるかひろがらないうちに彼はたちまち水が恋しくてたまらないような気持ちになりました。もうじっと我慢していることができなくなって、彼は大地に別れをつげると、水に飛び込んでしまいました。すると河の神々はやさしく彼を迎えいれ、自分たちの仲間に彼が加わる栄誉を与えてやりました。そして神々は海の支配者であるオーケアノスとテーテュース（オーケアノスの妻）の許しをえて、グラウコスのもっている人間臭いものをみな洗い流すことにしました。すると彼がこれまでそなえていた感覚はすべて失われ、意識もすっかりなくなってしまいました。やがてわれに返ったグラウコスは、自分の姿も心も変わっているのを知りました。髪は海のように青くて、水の上に長くたなびいていました。肩幅はひろくなり、これまで腿《もも》と脚であったところは魚の尾の形になっていました。海の神々はグラウコスのこの新しい姿をほめました。そしてグラウコス自身も自分は立派な美しい神になったのだと思いこんだのです。

ある日のこと、グラウコスはスキュラという美しい乙女の姿を見かけました。彼女は水のニュンペーたちのお気に入りで、この日も岸辺を散歩していたのですが、人目をさけたある隠れ場を見つけると、そこの澄みきった水に体を浸して手足を洗いはじめました。グラウコスは彼女がたまらなく好きになって、水の上に姿を現わすと、彼女にむかって話しかけました。そして、これなら彼女をひきとめておけるだろうと思えるような話をいろいろとしました。というのは、スキュラは彼の姿を見るとたちまち背を向けて逃げだしてしまい、海を見おろす高い崖《がけ》の上まで逃げていってしまったからです。スキュラはここまで来ると立ちどまって、相手が神なのかそれとも海獣なのか見ようとして振り返りましたが、その形と色を見るとびっくりしました。グラウコスは、なかば水から身をのりだし、その体を岩に支えながらこう言いました。「お嬢さん、私は怪物でもなければ海獣でもありません。私は神なのです。そしてプローテウスもトリートーンも私ほどの高い身分ではないのです。昔は私も人間でした。そして海に出ては暮らしをたてていたのですが、今ではすっかりその海のものとなってしまったのです」。それから彼は、自分の姿がこのように変わった事情を話し、またどのようにして現在の高い地位にとりたてられたかを話しました。そしてさらにこう言いました。「しかし、こんな話をいくらしても、あなたの心を動かすことができなければ、なんになろう？」。彼はこんな調子で話をつづけようとしたのですが、スキュラはくるりと背を向けて、逃げていってしまいました。

グラウコスはすっかり望みを失いました。しかしふと、キルケーという魔法使の女神に相談してみようと思いつきました。そこで彼はこの魔法使のいる島へでかけてゆきました。――ここは後にオデュッセウス（ユリシーズのこと）が上陸したのと同じ島ですが、そのことについてはもっと後の章でお話しましょう。さて、二人が互いに挨拶《あいさつ》をすませると、グラウコスは言いました、「キルケーさん、どうか私を哀れんでください。私のこの苦しみをやわらげてくれることができるのはあなただけなのです。あの薬草の力は誰よりも私がよく知っています。あの草のおかげで私は姿が変わったのですからね。私はスキュラがたまらなく好きなんです。そのスキュラに私がどのように言いより、誓いの言葉を与えたか、そしてそういう私を彼女がどのようにさげすんであしらったか、そんな話は恥ずかしくてとてもできません。どうかお願いです、あなたの呪文《じゅもん》をとなえてください、それとも薬草の方がもっと効きめがあるというのでしたら、その強い薬草を使ってください、私の恋をいやすためではなく――そんなことは私の望むところではありません――あのスキュラにも恋心をいだかせ、私を同じように愛させるために」。彼のこの言葉に対してキルケーはこう答えました。「あなたは向こうにもその気があるような相手を求めたほうがよろしいでしょう。あなたほどの方なら、いたずらにお求めにならなくとも、向こうから求めてくるはずです。そんな自信のないことではいけません、ご自分の真価をお知りになるべきです。私などは、女神の身でありながら、そしてまた薬草や呪文のもつ魔力にも通じている身でありながら、この私でさえあなたを思う気持ちをどうすれば抑えることができるかわからないほどです。もしその女がさげすむのなら、あなたもさげすんでおやりなさい。そしてあなたと近づきになりたいと望んでいる相手を迎えて、すぐにやさしい言葉をかけてやるべきです」。こうした彼女の言葉に対してグラウコスは答えました、「海の底に木が生え、山の頂に藻がしげろうとも、私の愛は変わらないでしょう、この愛はスキュラだけのものなのです」。

女神は非常に腹だたしく思いましたが、さりとてこの男を懲らしめてやることもできず、またそうしたい気持ちにもなりませんでした。キルケーはそれほど彼が好きでたまらなかったのです。そこで女神は自分のその怒りをことごとく恋仇《こいがたき》の哀れなスキュラに向けました。彼女は毒のある薬草をいくつか取って、呪文をとなえながらそれを混ぜあわせました。それから、自分の術の犠牲になってとびはねている野獣たちの群れのあいだを通りぬけて、スキュラの住んでいるシケリアの海辺へでかけてゆきました。その岸辺には小さな入江があって、ここへはよくスキュラが日盛りの暑いときなどにやって来ては海辺の空気を吸ったり水浴びをしたりするのです。そこで女神はこの入江にあの混ぜあわせた毒液を注ぎこんで、強い魔力をもった呪文をとなえました。やがてスキュラがいつものようにやってくると、腰のあたりまで水につかりました。毒蛇や吠《ほ》えたてる怪物の群れが自分をとりまいているのに気づいたときの彼女の恐ろしさはどんなだったでしょう！　はじめのうち、彼女はそれらの怪物が自分の身体の一部であるなぞとは想像もできませんでした。ですから、それから逃げようとしたり追い払おうとしたりしました。しかし彼女が走ればそれらのものもいっしょになってついてくるのです。そして彼女が自分の手足にさわろうとすると、その手に触れるものは怪物たちのかっと開いた口だけであることに気がつきました。スキュラはその場に根が生えたように立ちすくんでしまいました。そして彼女の気性は、その姿と同じように醜くなって、不運な船乗りたちが手の届くところへやってくるとそれを貪《むさぼ》り食うことに楽しみをもつようになったのです。こうしてスキュラはオデュッセウスの仲間を六人も食べてしまい、またアイネイアースの船を難破させようともしたのです。そしてついに彼女は一つの岩に変えられてしまいましたが、それでもまだ今でも船乗りたちに恐れられているのです。

キーツは、「エンデュミオーン」†のなかで（第三巻、第二一八―八〇六行）、この「グラウコスとスキュラ」の物語の結果に、新しい話をつけ加えています。――つまり、グラウコスはキルケーの甘い言葉に従うのですが、やがてふとしたことから彼女の獣たちに対するむごい仕打ちを目撃してしまうのです。そしてキルケーの不実と残忍さに愛想をつかして彼女から逃れようとするのですが、捕えられて連れもどされてしまいます。彼女はさんざん彼を責めたあとで、彼に一〇〇〇年を老衰と苦痛のうちに過ごせと申しわたして追放するのです。グラウコスは海へ帰ると、そこでスキュラの身体を見つけます。女神は彼女の姿を変えたのではなくて、彼女を溺死《できし》させてしまったのです。そこでグラウコスは自分の運命を悟るのです。つまり、自分が一〇〇〇年のあいだ、溺れて死んだ恋人たちの身体を一つのこらず拾い集めて暮らしていれば、やがてそのうちに、神々の寵愛《ちょうあい》をうけた若者が現われてきて自分を救ってくれるだろう、と。そしてエンデュミオーンがこの予言を実現して、グラウコスにふたたび若さを与え、スキュラやその他の溺死した恋人たちを一人のこらず生きかえらせてくれるのです。

次の引用は、グラウコスがその「変貌《シー・チェンジ》」の後で自分の気持ちを詩ったものです。

私は生死を賭《と》して飛びこんだ。人間の五官を
あんなにも濃い呼吸物（海水のこと）と結びつけるなんて

苦しい業だと思われたかもしれない。だから私は
今もなお感嘆しつくせないのだが、なんとそれは
水晶のように滑らかに感じられ、私の体のまわりに
ただよっていたのだ。初めのうち私は
来る日も来る日もただ驚きあきれて暮らしていた、
自分の意志など全く忘れて、
ただ力づよい潮の満干に身をまかせて動いていたのだ。
それから私は、ちょうど初毛のはえそろったばかりの小鳥が、
はじめてその翼を朝の寒気に向かってはばたくように、
おそるおそる私の意志の翼をためしてみた。
それは自由自在だった！　そこで私はすぐに訪れたのだ、
この大洋の底の絶え間なく続く驚異の世界を、
……

キーツ（「エンデュミオーン」第三巻、第三八〇—三九二行）

第8章
ピュグマリオーン、ドリュオペー、アプロディーテーとアドーニス、アポローンとヒュアキントス

Pygmalion.

ピュグマリオーン

†ピュグマリオーンは、女には非常に多くの欠点があるのを見て、とうとう女性を忌み嫌うようになってしまい、一生独身でくらそうと決心しました。彼は彫刻家で、すばらしい腕をふるって象牙《ぞうげ》の立像を彫っていたのですが、その作品の美しさは、生きた女など誰ひとりそばにも寄せつけぬほどのものでした。それはまったく申し分のない乙女の姿で、ほんとうに生きているように見えました。そして動かないでいるのは、はにかみのためなのだとしか思えないほどの出来栄えだったのです。彼の技術は実に完璧《かんぺき》でしたから、人工の跡も残さず、できあがったものはまるで大自然の手になるものかとも思えました。ピュグマリオーンは自分自身の作品に見とれ、そしてとうとうこの作りものの女性を恋するようになりました。彼は、この像がほんとうに生きているかどうか確かめでもするかのように、何度も手を触れてみました。そしてそれでもこの像が象牙にすぎないのだと信じこむことができませんでした。そこでこの像を抱きしめたり、若い娘たちがよろこぶような贈り物を――つまり、美しい貝殻や滑らかな小石や、かわいい小鳥や色とりどりの花や、じゅず玉や琥珀《こはく》などを、贈りました。また体には着物をきせ、指には宝石をはめ、首には首飾りをかけてやりました。耳にも耳飾りをつけ、胸にも真珠のくさりをかけてやったのです。着物はよく似合って、彼女は裸でいたときにもおとらぬほど美しく見えました。彼はテュロス染めの布を張った臥床《ふしど》に彼女を寝かせ、彼女を自分の妻と呼び、彼女の頭をすばらしく柔らかな羽根枕の上にのせてやりました。それはまるで彼女がその

柔らかみを喜ぶことができると思っているかのようでした。

そのうちにアプロディーテーの祭りが近づいてきました――キュプロスの島で盛大に祝う祭りです。供犠《いけにえ》が捧《ささ》げられ、祭壇には香が焚《た》かれ、その香の匂いがあたり一面にひろがりました。ピュグマリオーンは祭礼での自分の務めを果たしおえると、祭壇の前に立って、はにかみながら言いました、「神々さま、あなたがたがどんなことでも叶《かな》えてくださいますなら、どうかお願いです、私にお授けください、私の妻として」――彼もさすがに「私の象牙の乙女を」とは言えず、そのかわりにこう言いました――「私の象牙の乙女に似た女性を」。この祭りに臨席していたアプロディーテーは、その言葉を聞くと、彼が言いたかった心の内を悟りました。そこで彼に対する恩寵《おんちょう》のしるしとして、祭壇に燃えている炎を三度、空にむけて鋭くもえたたせたのです。ピュグマリオーンは家に帰ると、自分の作った像のところへ会いに行き、臥床に身をかがめて、乙女の口に接吻《せっぷん》しました。するとその唇はなんとなく暖かいように思えました。そこで彼はもういちど唇を押しあて、自分の手を乙女の体の上に置いてみました。すると象牙はその手に柔らかく感じられました。そして指で押してみるとヒュメトスの山の蜜蠟《みつろう》のようにへこみました。彼は驚き喜びながらも、半信半疑で、自分が思いちがいをしているのではなかろうかと心配して、いくどもいくども恋にもえる熱い手で、この憧《あこが》れの対象に触れてみます。ところが像はたしかに生きていたのです！　血

ファルコネ「ピュグマリオーン」ルーヴル美術館

管は、押えてみると指の下でへこみ、放すと元どおり円くなりました。そこでようやく気のついたこのアプロディーテーの崇拝者は女神に感謝のことばを捧げました。そして自分の唇を自分と同じように血のかよっている唇の上に押しあてました。乙女はその接吻を感じると、さっと顔を赤らめ、内気な両の目をこの世の光に向けてあけると、同時に、恋人をじっと見つめました。アプロディーテーは自分のまとめたこの結婚を祝福しました。そしてこの二人の結びつきからパポスが生まれました。あのアプロディーテーに捧げられたパポスという町は、この子に因《ちな》んで名づけられたものなのです。

シラーは、彼の「理想」（一七九五）という詩の中で、このピュグマリオーンの物語をかりて、青年の心の中の自然愛について詩《うた》っています。次の引用は私の友人がそれを英訳してくれたものです。

むかし、あふれる情熱に願いをこめて
　ピュグマリオーンが石を抱きしめ、
ついにその冷たく光る大理石から
　感情の光が彼のうえに輝きだしたように、
私も若い情熱をこめて
　輝く自然を私の詩人の胸に抱きしめた。
そしてついに息も温《ぬく》みも生命の動きも

その自然の像《すがた》の中からほとばしり出たように思われた。
そして、私のすべての熱情をわかちもって
　この無言の像は語るべき言葉を見つけだし
年若い大胆な私の接吻にも応《こた》え
　あの高鳴る胸の鼓動をも悟ってくれたのだ。
あの頃は、輝く自然も私のために生き、
　しろがねの谷川も歌に満ち
木々もばらも感情をわかちもっていた。
　それは私の限りない命のこだまだったのだ。

S・G・B（実はトマス・ブルフィンチの弟。一八〇九―七〇）

ドリュオペー

ドリュオペーとイオレーとは姉妹でした。ドリュオペーはアンドライモーンの妻で、夫に愛され、初めての子供も生まれて幸福に暮らしていました。ある日のこと、姉妹は河の堤へ散歩にでかけました。堤は水際までなだらかな傾斜をなしていて、岸の上の方にはぎんばいか《マートル》が生い繁っていました。二人はここで花を摘みそれを花環にしてニュンペーたちの祭壇に供えるつもりでした。それでドリュオペーは胸に大切な荷物である自分の子供を抱きかかえて、その子をあやしながら歩いていったのです。水の近くまでくると、そこには一本のなつめの木《ロートス》が緋色《ひいろ》の花をいっぱいに咲かせていました。ドリュオペーはその花を少し摘みとって赤ん坊にやりました。そこでイオレーも同じように花を摘もうとしましたが、ふと見ると、姉が花を摘みとった枝のところから血がしたたり落ちているではありませんか。この植物こそ、誰あろう、ニュンペーのローティスだったのです。卑しい男に追いまわされて、ついに自分をこのなつめの木に変えてしまったあのローティスだったのです。この話を二人が土地の人たちから聞いて知ったときにはもう手《て》後《おく》れでした。

　ドリュオペーは、自分のしたことに気がつくと、すっかり怖ろしくなって、いそいでその場を立ち去ろうとしました。ところがいつの間にか足に根が生えて地面にくっついているのです。彼女は足を引きぬこうとしてみましたが、上半身しか動かすことができません。木のような感じが体の上の方まで這《は》いあがってきて、しだいに全身をつつんでゆきました。彼女は苦しさのあまり髪の毛をかきむしろうとしましたが、その手にはもう両方とも葉がいっぱいに生えているのです。幼な子は母親の胸が固くなって、乳が出てこなくなるのを知りました。イオレーは姉のこの悲しい運命をただ見つめているだけで、姉を助けてやることもできないのです。姉が木に変わっていくのを、まるでくいとめようとでもするかのように、彼女は大きくなっていくその幹を抱きしめました。そしてまた、できることなら自分も同じこの樹の皮に包まれてしまいたいと思いました。と、ちょうどそのとき、ドリュオペーの夫のアンドライモーンが、妻の父親といっしょにやってきました。そしてこの二人からドリュオペーの行方を聞かれるままに、イオレーは今できたばかりのなつめの木を指さしました。二人はまだ温かい木の幹を抱きしめ、その葉に接吻《せっぷん》の雨をそそぎました。

ドリュオペーは、もはやその顔のほかには彼女の面影を残しているところはありませんでした。涙はなおも流れて、葉の上に落ちました。そして彼女は口のきけるあいだに、こう言いました。「私には罪はありません。こんな非運をうけるいわれはないのです。私はこれまでに誰ひとり傷つけたこともないのですから。嘘だというのでしたら、私はこの葉が日照りに枯れ、この幹が伐《き》りたおされて焼かれてもかまいません。どうかこの子を連れてかえって乳母にあずけてやってください。そしてこの子をときどきここに連れてきて、私の枝の下で乳を飲み、私の葉蔭《はかげ》で遊ぶようにさせてやってください。そしてこの子が大きくなって、ものが言えるようになったら、私をお母さんと呼ぶように、そして悲しい心で、『ぼくのお母さんはこの木のなかに隠れているのだ』と言うように、教えてやってください。でも、河岸には気をつけるように、そして花を摘むときにはよく注意するように、と言ってください。目の前の茂みは、みな女神さまが姿を変えていらっしゃるのだということを忘れないようにと。ではさようなら、いとしい夫《あなた》、それに妹、そしてお父さま。あなたがたがまだ少しでも私を愛していてくださるのでしたら、斧《おの》で私を傷つけるようなことはなさらないでください。また鳥や獣たちにこの枝をむしらせたり引きちぎらせたりさせないでください。私はもうあなたがたの方へ身をかがめることができませんから、ここまで登ってきて私に接吻してください。それから、私の唇がまだ感じるあいだに、坊やをここにあげて、私がその子に接吻できるようにさせてください。私はもうこれ以上口をきくことができません。樹皮がもう首まで伸びてきて、すぐに私を覆いつくしてしまうからです。私の目を閉ざしてくださる必要は（近親者が死者のまぶたを閉ざすこと）ありません。お手をかりなくとも樹皮がかわりにやってくれますから」。やがて唇が動かなくなり、人の命は消えてしまいました。しかしその枝は、まだしばらくのあいだ命のぬくもりを留《とど》めていたのです。

キーツは「エンデュミオーン」の中で（第一巻、第四九一—四九五行）、このドリュオペーにふれて、こう詩っています。

彼女は竪琴《リュート》をとった、そこからは生き生きとした前奏曲が
脈うちながら流れ出して、道をつくっていった。
そしてその道を彼女の声がそぞろに歩いていったのだ。
それは、ドリュオペーがわが子をあやすあのさみしい子守唄よりも
もっと妙なる調べの、もっと森の野趣にとんだ歌だった。

アプロディーテーとアドーニス

†アプロディーテーは、ある日、息子のエロースと遊んでいるうちに、エロースのもっていた矢で自分の胸を傷つけてしまいました。彼女はすぐにわが子を押しのけたのですが、傷は思ったよりも深いものでした。そしてその傷がまだ癒《い》えないうちに彼女はアドーニスを見てしまったのです。するとたちまち彼のとりこになってしまいました。そのため、いままでよく行っていた場所にももう何の興味もなくなってしまいました。——パポスの町も、クニドスの島も、

それに鉱物が豊富なアマトゥース（以上はいずれもアプロディーテーの崇拝が盛んな土地として知られている）にもです。彼女は天上に昇ることさえしなくなりました。天上よりもアドーニスの方が大切だったからなのです。それで彼女はアドーニスの後を追っては、いつもいっしょに歩きまわりました。これまでは好んで木《こ》蔭《かげ》に身を横たえ、自分の美しさを磨くことばかり気にしていた彼女でしたが、いまでは森をぬけ、山を越え、狩りの女神のアルテミスのような装いで、歩きまわっているのです。そして犬を呼び集めて、野兎や鹿や、そのほか安心して狩りのできる獣たちを追いまわしているのです。しかし狩り手に立ち向かってくるような狼とか熊とかには近づきはしません。彼女はアドーニスにもこのような危険な動物には注意するようにと言ってきかせました。「臆病《おくびょう》な動物には勇敢にふるまいなさい」と彼女は言いました。「しかし勇ましい相手にむかっての勇気は安全とはいえません。ご自分の身を危険にさらしたりして、私の幸福をだいなしにしてしまうようなことのないよう注意してください。自然が武器を与えている獣には、かまってはいけません。私はあなたの栄誉をこの上なく高くかっているのですから、そのような危険に身をさらしてまであなたが栄誉を求めることに同意するわけにはゆきません。あなたの若さも、またこのアプロディーテーを魅惑するその美しさも、獅子《しし》や毛の逆立つ猪どもの心は捉《とら》えることがないでしょう。あの恐ろしい爪やとほうもない力をお考えなさい！　私はこういう類《たぐい》の動物はみな嫌いです。なぜかとおっしゃるのですか？」と、そこで彼女はアタランテーとヒッポメネースの話（三〇五ページ以降参照）をして聞かせました。アプロディーテーの恩に背いたために獅子の姿に変えられてしまったあの二人の話をしたのです。

　アプロディーテーはこうした戒めの話をアドーニスにすると、やがて白鳥のひく二輪車にの

ピオンボ「アドーニスの死」ウフィッツィ美術館

って天空を翔《か》けてゆきました。しかしアドーニスはあまりにも気高い心の持ち主だったので、そのような忠告には少しも頓着《とんちゃく》しませんでした。そこで犬たちが猪を隠れ穴から駆り出すと、この若者は手にしていた槍《やり》を投げて、野獣の脇腹にぐさりと突き立てました。すると猪はその槍を自分の口で引きぬくが早いか、アドーニス目がけて猛然と突進してきました。そこで彼は踵《くびす》をめぐらして逃げだしました。しかし猪はたちまち彼に追いついて、その脇腹に牙《きば》を埋めたのです。アドーニスは瀕死《ひんし》の傷を負って野原に倒れました。

アプロディーテーは、白鳥のひく二輪車にのって空を飛んでいましたが、まだキュプロスの島までこないうちに、恋人の呻《うめ》く声が空気を伝って聞こえてきました。そこで彼女は白い翼の鳥たちをふたたび地上へ向かわせました。そして近くまでやって来て、空の高みから、血にまみれたアドーニスの死体を目にすると、彼女は急いで地上におり立ち、そのなきがらの上にかがみ込んで、自分の胸をたたき、髪をかきむしりました。そして運命の女神たちをうらみながら、こう言いました。

「しかし私は何もかも運命の女神たちの勝利にはさせはしない。私の悲しみの記念だけはいつまでも残るようにしよう。そして私のアドーニスよ、私は、あなたの死と私のこの嘆きとのすがたが、年ごとに新たにされるようにするつもりです（アドーニス祭のこと）。あなたの流した血は花に変えてあげましょう。こうしたせめてもの慰めをしたからといって、その私を嫉《ねた》むことのできるものは誰もいますまい」。こう言いながら、彼女はその血の上に神酒《ネクタル》を注ぎました。そして、この二つのものが混じりあうと、ちょうど池の中に雨水が滴りおちた時のように、泡が立ちはじめました。そして一時間もすると、柘榴《ざくろ》の花のような、血の色をした花が咲きだしました。しかしこの花の命は短いのです。風が花を開かせたかと思うと、もう次の風はその花びらを散らしてしまうと言われているのです。それで人は、この花をアネモネ、つまり、「風の花」と呼ぶのですが、それはこの花が咲くときにもまた散るときにも風が手助けをするからなのです。

ミルトンは「コウマス」の中で（第九九八－一〇〇二行）、このアプロディーテーとアドーニスの物語にふれて、こう詩っています（詩中のアッシリアの女王とはアプロディーテーのこと）。

　ヒュアキントスとばらの花咲く園《しとね》、
若いアドーニスがしばしば憩い、
やわらかなまどろみに、あの深い傷もしだいに癒《い》えたところ、
そしてその土の上にアッシリアの女王が

悲しげな顔をして坐《すわ》っているところ。

……

アポローンとヒュアキントス

アポローンはヒュアキントスという名の少年を非常にかわいがっていました。そこでいろいろな運動にこの少年を連れてゆき、漁に行くときにも彼のために網を持ってやり、狩りに行くときにも犬をひいてやり、山々を歩くときにも供をしてやったりして、自分の竪琴《たてごと》や矢のことなどはこの少年のためにすっかり忘れていました。ある日のこと、二人はいっしょに円盤投げの遊びをしていました。アポローンは円盤を頭上たかく振りあげ、力に技を加えて、それを高く遠くへ飛ばしました。ヒュアキントスは円盤の飛ぶ様子をじっと見つめていましたが、この遊びに心を躍らせて、つい自分も投げてみたい一心から、その円盤を捕えようと駆けよりました。その時この円盤が地面からはねかえり、ヒュアキントスの額に当たったのです。彼は気を失って倒れました。アポローンは、少年と同じようにまっ青な顔をして、彼を抱きおこすと、その傷口から流れ出す血を止めて彼の去り行く命をなんとかとりもどそうと、自分のもっているあらゆる術を試みたのですが、すべてが徒労に帰してしまいました。その傷はあの薬草の力さえ及ばぬものだったのです。そして、人が庭に咲く百合《ゆり》の茎を折るとその百合が頭をたらして地面に花を向けるように、瀕死《ひんし》の少年の頭も、彼の首には重すぎるとでもいった様子で、一方の肩の上にのけぞってしまいました。「ヒュアキントス」とポイボス（アポローンのこと）は言いました。「おまえは私のために青春を奪われて死んでゆく。おまえの得たものは苦しみで、私の得たものは罪だ。できることなら私はおまえに代わって死んでやりたい！　しかしそれもかなわぬことゆえ、おまえを記憶と歌との中で私といっしょに暮らせるようにしてあげよう。私の竪琴におまえを褒め讃《たた》えさせ、私の歌におまえの運命を語らせよう。そしてまたおまえ自身は、私の嘆きを印した花にしてあげよう」。アポローンがこう話している間にも、どうでしょう、いままで地面に流れて草を染めていた血潮はもう血ではなくなってきました。そしてテュロス染めの衣よりももっと美しい色をした花が咲きでてきたのです[1]。その花は百合に似ていましたが、百合の花が銀白色であるのに、この花は深紅色をしていたのです。そしてポイボスはこれだけでは満足せず、さらに大きな名誉を与えるために、その花びらに自分の悲しみの印をつけました。そして今日私たちが目にするとおり、その花びらに「ああ！　ああ！」という文字（ギリシア文字で αι αι と綴る）を書きしるしたのです。この花には今日ヒュアキントスという呼び名がついていて、毎年、春がめぐってくると、この少年の運命の悲しい想い出をよみがえらせているのです。

一説には、ゼピュロス（西風の神）もこのヒュアキントスが好きだったのですが、少年がアポローンの方に惹《ひ》かれるのをうらんで、あの円盤が針路をはずれてヒュアキントスにあたるようにわざと風を吹かせたのだともいわれています。キーツは「エンデュミオーン」の中でこの話にふれていますが、そこではこの円盤投げを側で見る者たちについて詩《うた》っているのです。

あるいはまた、彼らはあの円盤の投手たちに目をやって両者を一心に見守ることもできたろう、そしてヒュアキントスの悲しい死をば哀れんだことであろう、ゼピュロスの残酷な息が彼を殺したあの時に。――そのゼピュロスも悔い改めて、今では、ポイボスが大空に昇るまえに、すすり泣く雨の中でこの花を撫《な》でているのだ。

ヒュアキントスについての引喩《いんゆ》は、ミルトンの「リシダス」†の中（第一〇六行）にもまた見られます。

あの血の色をした花のように、悲しみの印をつけて

（1）ここに述べられている花が今日のヒアシンスと同種のものでないことは明らかです。これはたぶんあやめ科の一種か、さもなければおそらく、ひえんそう、あるいはパンジーの一種なのでしょう。

第9章

ケーユクスとアルキュオネー、かわせみの話

Ceyx and Halcyone.

ケーユクスはテッサリアの王でした。彼はこの国を、暴力や不正などによることもなく、平和に治めていました。暁の明星、ヘスペロス（ヘオースポロスとの混同）の子でしたから、その輝くばかりの美しさは父親を思い起こさせるほどでした。そしてアイオロス（風の支配者）の娘アルキュオネーが彼の妻で、心から夫を慕っていたのです。さて、ケーユクスは兄（ダイダリオーンのこと）の死を深く悲しんでいましたが、その兄の死にひきつづいて起こった数々の怖ろしい不思議な出来事のために、彼は神々が自分に敵意をもっておられるのではなかろうかと考えるようになりました。そこで、船にのってイオーニアのクラロス（アポローンの神託所で有名）に出かけて行きアポローンの神託を伺うのがいちばんよかろうと考えました。しかしこの話を妻のアルキュオネーに打ち明けると、そのとたんに彼女の体が震えて、顔はまっ青になってゆきました。「ねえあなた、私にどんな落度があるからといって、あなたのお心が私から離れていってしまったのでございましょうか？　私をあんなにも愛してくださいましたそのお心はいまどこにあるのでございます、これまでは何をおいてもまず第一に私のことをお考えくださいましたのに？　あなたはもうこのアルキュオネーといっしょでなくても平気でいられるようになったのでございますか？　私と離れている方がむしろよいとでもお思いなのでございますか？」。彼女はなんとか夫に思いとどまらせようと、風の力の恐ろしいことなども話してきかせました。この風については、彼女は嫁に来る以前から父親の屋敷でよく会って知っていたのです。というのは父親のアイオロスは風の支配者でしたから、父親は風どもを思いのままに抑えつける権力をもっていたのです。「風がぶつかりあうときには」と彼女は言いました、「それはもう恐ろしい勢いで、そのため、たがいに火花を散らすほどなのです。でもあなたがどうしてもおいでになるとおっしゃるのなら」と彼女はさらにつづけて言いました、「どうぞあなた、私もいっしょにおともをさせてくださいまし。さもないと、私はあなたがきっとお遇《あ》いになるあの風のことばかりでなく、その他にもあれこれと心配してはこの胸をいためることでございましょうから」。

こうした言葉はケーユクス王の心に重くのしかかりました。それに王自身もまた彼女の願いに劣らず彼女をいっしょにつれていってやりたかったのですが、彼にとっては、妻を海の危険にさらすなどということは忍びがたいことだったのです。そこで意を尽くして妻をなだめながら、彼はそれに答え、そしてこう自分の言葉を結びました。「私はわが父、暁の明星の光にかけて約束するが、もし運命が許すならば、月が二度みちるまでに帰ってこよう」。こう言い終えると彼は、家来のものに船を造船所から引き出し、櫂《かい》や帆をとりつけて出発の用意をととのえるようにと命じました。アルキュオネーはこうした準備を目にすると、悪い予感に襲われでもしたかのように、身を震わせました。そして涙と嗚咽《おえつ》のなかから別れの言葉を告げると、その場に気を失って倒れてしまったのです。

ケーユクスは船に乗り込みはしたもののなお出発をおくらせたい気持ちでいたのですが、若者たちは早くも櫂をにぎりしめ、長い、調子のそろった漕《こ》ぎ方で、力強く波をけたてて漕ぎ出しました。アルキュオネーが涙ながらに目をあげると、夫は甲板に立ってこちらに向かって手を振っていました。彼女もそれに応《こた》えて、船が遠ざかり夫の姿が他の乗組員たちと区別がつかなくなるまで手をふりました。そして船そのものの姿が見えなくなると、彼女は消えてゆく帆影の最後のきらめきを見ようと瞳《ひとみ》をこらしましたが、ついにそれさえも見えなくなってしまいました。やがて彼女は部屋に帰り、ひとりきりの寂しい臥所《ふしど》に身を投げだしたのです。

一方、船はすべるようにして港の外に出ると、そよ風が帆綱にたわむれます。水夫たちは櫂をあげて帆をはります。こうして航程の半ばほどにさしかかったとき、夜が近づくにつれて、海は大きくうねりだして、白波をたてはじめ、東風もしだいに強くなってきました。船長は帆をおろせと命令しましたが、強風が服従を許しません、荒れ狂う風と波の怒号のためにその命令が聞きとれないのです。そこで水夫たちは、めいめい自分の判断で、櫂をしまったり、船を補強したり、帆をたたみこんだりして目まぐるしく立ち働きます。こうしてみんながそれぞれいちばんよいと思う仕事をしている間にも、暴風はますますその力を増してきます。水夫たちの叫び、索具のはためき、波のくだけ散る響き、これらが雷鳴のとどろきとまざり合います。ふくれあがる海は天にもとどき雲間にその白い泡をまきちらすかとも思えます。そしてまた海の底まで沈みこんで、その泥と同じ色に――ステュクス（冥界の川のこと）のどす黒い色に、変わるのです。

船はこれらといっしょになってさまざまに変化してゆきます。あるときは猟師たちの槍《やり》先に突進してゆく野獣のように思えるのです。そのうちに篠突《しのつ》く雨が降りだします。そのさまは、いまにも空が落ちてきて荒海といっしょになるのではなかろうかと思えるほどです。稲妻が一瞬やむと、夜はその暗やみをさらに暴風雨の暗やみにつけ加えるかとも思えます。そしてふたたび稲妻が光ると、それは暗やみを八つ裂きにして、すべてのものを鋭い光で照らしだすのです。水夫たちのあのきたえた腕もおとろえ、勇気もくじけて、死は一波ごとに迫ってくるような気がします。みんなは恐怖のあまりただ茫然《ぼうぜん》とするばかりです。それでも家に残してきた親兄弟や妻子のことがふと心に浮かんできます。ケーユクスはアルキュオネーのことを考えます。その口には彼女いがいの名はのぼりません、そして彼女を恋い慕いはするのですが、それでも妻がこの場にいないことを喜ぶのです。そのうちに帆柱が雷に撃たれてめちゃめちゃになり、舵《かじ》もこわれてしまいます。すると勝ち誇った波はしばらくのあいだ逆巻きながらこの難破船を見おろしているのですが、やがてその上に襲いかかって船を粉微塵《こなみじん》にうちくだいてしまいます。水夫たちのある者は、この衝撃に気を失って、そのまま沈んでしまうと、二度と浮かびあがってはきません。またある者は、難破した船の破片にしがみつきます。ケーユクスも、日頃は笏《しゃく》をとる手で、船板にしがみつき、父や舅《しゅうと》にむかって――ああ、むなしく――救いを求めます。しかし彼の口にいちばん多くのぼるのは、やはりアルキュオネーの名でした。彼の心は彼女にすがりついているからです。彼は、波が自分の遺骸《なきがら》を妻の目のまえに運んでいってくれるようにと、そしてその遺骸が妻の手によって埋葬されるようにと、祈ります。そのうちに、とうとう波は彼を呑《の》みこんでしまい、彼は沈んでゆくのです。その夜あけ、暁の明星は、おぼろげに光ってみえました。この星は空を離れることができないので、その悲しみの顔を雲で覆っていたのです。

一方、アルキュオネーは、こうした怖ろしい出来事を少しも知らず、ただ夫の約束した帰りの日を指折り数えて待っていました。今はもう夫の着る着物もちゃんと用意ができ、夫の出迎えに自分が着てゆくものもでき上がっているのです。彼女はあらゆる神々に何度も香を捧《ささ》げ、とりわけヘーラー（この女神は夫婦愛の守護神でもあった）には香を絶やすことがありません。そして、もうこの世にいない夫のために、それとも知らず祈りつづけました。夫が無事でありますように、生きて帰ってきますように、旅先で私よりも好きな女に逢《あ》いませんようにと。しかしこれらの祈りの中で、最後の祈りだけがかなえられることになったのです。女神のヘーラーもとうとう、もうすでに死んでしまっている者のために懇願されたり、葬式にこそふさわしい手が自分の祭壇に向かって差しのべられたりすることにもはや堪えられなくなりました。そこでイーリス（虹の女神。天地を結ぶ虹として神々の使者と考えられていた）を呼んで、彼女は言いました、「私の忠実な使者であるイーリスよ、おまえはヒュプノス（眠りの神）のいる眠りの館へ行って、アルキュオネーのためにケーユクスの姿をかりた夢を送ってほしいと伝えておくれ、そしてあの出来事を彼女に知らせてやるようにと」。

イーリスは七色の衣を身にまとうと、大空を虹《にじ》で染めながら、眠りの王の館さしてでかけます。キムメリオス人のいる国の近くに、山の洞穴があってそこが怠けもののヒュプノスの館なのです。ここへはポイボスも来ようとはしません、空にのぼりはじめるときも、中天にあるときも、また沈むときも来ないのです。雲と影とが地面から立ちのぼり、光はおぼろげに明滅しています。そこでは頭にとさかをつけた暁の鳥（にわとりのこと）がエーオース（曙の女神）に大声で呼びかけることもなく、目ざとい犬も、またもっと敏感な鵞鳥も静けさをかきみだすことがありません。野獣も、家畜も、風にゆれる枝も、また人の話し声も、ここの静けさを破ることがありません。静寂がここを支配しているのです。しかし岩の底からはレーテー河（忘却の河のこと）が流れだして、そのささやきですべてのものを眠りに誘うのです。洞穴の入口にはたくさんの罌粟《けし》や薬草が生えていて、それらの汁から夜の女神は眠りをあつめて、それを暗くなった地上にまきちらすのです。ヒュプノスの館には門がありません、蝶番《ちょうつがい》が音をたてるといけないからです。また番人などもいません。ただ館のまん中に、まっ黒い黒檀《こくたん》でできた長椅子が一つ置いてあって、黒い羽根蒲団《ぶとん》が敷かれ黒い垂れ幕がかけられているだけなのです。そこに眠りの神は身を横たえ、手足をだらりとのばして眠っています。彼のまわりには、さまざまな姿をした夢が横たわっています。その数は秋の麦穂の数にも、また森の木の葉や浜辺の真砂《まさご》の数にも等しいのです。

イーリスの女神が入っていって、自分のまわりにまといつくその夢たちを払いのけると、たちまち彼女の輝きが洞穴をすみずみまで照らし出しました。眠りの神は、かろうじて目をあけはしたものの、時々あごの鬚《ひげ》を胸におとしてはこくりこくりといねむりを続けていましたが、そのうちにやっとわが身をふりきって目をさまし、片肱《かたひじ》でなかば身をささえながら彼女の用向きをたずねました。彼女が神々の使者であることを知っていたからです。そこで彼女は答えました。「ヒュプノスよ、神々の中でいちばんもの静かな神よ、心の鎮め役、悩みつかれた胸の慰め役よ、ヘーラーさまのご命令です。あなたはトラーキンの町（テッサリアにある）にいるアルキュオネーのところに夢を送って、彼女の亡くなった夫と遭難の模様とを教えてやってください」。

イーリスは命令を伝えおわると、いそいで立ち去りました。その場のよどんだ空気にそれ以上は耐えられなかったからです。それで彼女は眠気が全身に忍びよってくるのを感じると、そこを逃げだし、来たときと同じように虹の橋を渡って帰っていったのです。ヒュプノスは大勢の息子たちの中から一人を――それはモルペウス（夢の神で「造形者」の意）といいましたが――呼びました。人間の姿に身を変えるのが実にじょうずで、歩きぶりといい、顔つきといい、それにまた話し方といい、さらに着物や姿勢までも実によく個性をつかんでまねるのです。しかしその彼も、まねるのは人間だけで、鳥とか獣とか蛇とかは他のものにまかせているのです。そのほうはイケロス（一名ポベートルとも言い「威嚇者」の意）と呼ばれているものなのです。そしてパンタソス（「仮像者」の意）が三番目で、彼は岩や水や木や、そのほか生命のないものに身を変えるのです。またあるものは国王や貴族が眠っている間その枕もとについていたり、またあるものは一般の人々のあいだを動きまわっていたりします。ヒュプノスはこうした兄弟たちすべての中からモルペウスを選んで、イーリスの伝えた命令を果たすようにと言いつけました。そしてふたたび枕に頭をのせると快い眠りに身をまかせたのです。

モルペウスは自分の翼に音一つさせずに飛んでゆくと、まもなくハイモニアの町（テッサリアの古名）に来ました。ここで彼は翼をはずすとケーユクスの姿に身を変えました。そしてその姿で、しかし顔は死人のように青ざめ、体はむきだしのまま、彼はあわれな妻の寝ている寝床の前に立ちました。鬚は水をふくみ、びしょぬれの髪からは水がしたたり落ちていました。彼は、寝床のうえにかがみこんで、涙を流しながら言いました、「おまえにこのケーユクスがわかるかね、不幸な妻よ、それとも死のために私の顔は変わりはててしまったかね？　私をごらん、いいかね、これはおまえの夫ではなくてその影なのだ。おまえの祈りも、アルキュオネーよ、私には何の役にもたたなかった。私は死んでしまったのだ。だから私が帰ってくるなどという空《むな》しい望みでこれ以上おまえ自身をあざむいてはいけない。暴風がエーゲ海で私の口をふさいでしまったのだ。そして私が大声でおまえの名を呼ぶあいだにも波が私の船を沈めてしまったのだ。このことはけっして怪しい使者がおまえに語っているのではない。おぼつかぬ噂がこれをおまえの耳に運んでいるのでもない。私は、こうして難破した男の姿で、直接おまえのところにきて、私の運命を話しているのだ。さあ起きておくれ！　そして私のために涙を流しておくれ、私のために嘆き悲しんでおくれ、誰からも悲しまれずに冥界《タルタロス》に落ちてゆくなどということをさせないでおくれ」。こうした言葉をモルペウスは彼女の夫とそっくりな声で言いました。そしてほんとうの涙を流しているように見えました。手つきもケーユクスそっくりだったのです。

アルキュオネーは夢の中で、涙を流しながら、呻《うめ》き声をあげ、両手をさしのべて、夫の体をだきしめようとしました。しかしつかむのはただ空気ばかりでした。「待ってください！」と彼女は叫びました。「あなたはどこへ飛んでゆかれるのです？　私もいっしょにおともさせてください」。彼女は自分の声に目をさましました。そして立ちあがると、夫がまだその辺にいはしまいかと、あたりをしきりに見まわしました。というのは召使たちが、彼女の声にびっくりして、明かりをもってきていたからです。そして夫がその場にいないことがわかると、彼女は自分の胸をたたき、着ているものを引き裂きました。髪さえも、それをほどこうともせずに、いきなりかきむしるのです。そこで乳母は悲しみの原因は何かと尋ねます。「アルキュオネーはもうこの世のものではありません」と彼女は答えます、「夫のケーユクスといっしょに消えてしまったのです。慰めの言葉などかけないでおくれ、あの方は難破して、おなくなりになってしまったのだから。私は見たのです、あの方だとわかったのです。手をのばしてつかまえ、そしてひきとめようとしたのです。するとあの方の姿は消えてしまいました。でもあれはほんとにあの方の姿だったのです。いつものお顔ではなく、むかしのあの美しさもなく、まっ青なお顔をして、体もむきだしで、髪は潮水《しおみず》にぬれたまま、このあわれな私の前にお姿を見せたのです。ほら、ちょうどここのところに、あのおいたわしいお姿が立っていたのです」。――そう言って彼女は夫の足跡を見つけでもしたような顔つきをしました。「これだったのです、私の予感が知らせたのはこのことだったのです、だからあのとき私はあの方に私を一人のこして波に身をまかせるような旅には出ないでほしいとお願いしたのです。おお、あのときどうしてもあなたがお出かけになるとおっしゃった以上、私もいっしょに連れていってくださっていたらよかったのに！　そのほうがずっとよかったのです。そうすれば私はあなたなしにこれからの毎日を送らねばならぬというようなこともなく、また離ればなれに死なねばならぬようなこともなかったでしょうに。もし私が生きながらえようとして耐え、そしてまた堪えようとしてあがくことのできるような女でしたら、海が私にとって残酷である以上に、私は自分自身に対して残酷なものになってしまうでしょう。けれども私はあがきはしません。お気の毒なあなた、私はけっしてあなたから引き離されはいたしません。せめて今からでもあなたのお伴をさせていただきます。死んでから、たとえ二人が一つのお墓に入れられなくとも、墓碑銘だけはいっしょです。私の遺骨があなたの遺骨に並んで置かれなくとも、せめて私の名前だけはおそばを離れはいたしません」。彼女は悲しみのあまりもうこれいじょう話すことができませんでした。そしてこれらの言葉さえも、涙と嗚咽《おえつ》とでとだえがちだったのです。

やがて朝になりました。彼女は海岸に行って、船出のとき夫を最後に見送った場所をさがしました。「あの方はここでためらう足をとめ、そして綱具をお解きになりながらも私に最後の接吻《くちづけ》をしてくださったのだわ」。こうして彼女はそのあたりにあるものを一つ一つじっと見つめ、あのときのことを一つ一つ思いおこそうとしていましたが、ふと海の上に目をやると、何か得体の知れぬものが水に浮いているのが見えるのです。はじめは彼女もまさかと思っていましたが、だんだんと波に運ばれて近づいてくるのをみると、それはやはり人間の体でした。誰の死体かはまだわかりませんでしたが、それでも難破した人のものだったので、彼女は深く心を動かされて、そのもののために涙を流しながら言いました、「ああ！　お気の毒なおかた、そしてあなたに奥さまがおありとしたら、そのかたもお気の毒に！」。死体は波に運ばれてなおも近くに来ました。近くにそれを見れば見るほど、彼女の体は激しく震えます。死体はとうとう岸辺のすぐそばまで来ます。そして、彼女にもそれとわかるようなものが見えるのです。死体は彼女の夫なのです！　彼女はふるえる手をのばして叫びます、「おお、いとしいあなた、帰って来るとおっしゃいましたのはこんな姿になってのことでございますか？」。

海岸からは防波堤が突き出ていました。海の襲撃を砕き、その荒々しい侵入を食いとめるために築かれたものです。彼女はこの堤防のうえにとびのり、そして（彼女にそのようなことができたのは不思議なことでしたが）飛んだのです。その瞬間に生えた翼で空気をうちながら、不幸な鳥となって、海の上をかすめて飛んだのです。そして飛びながらも彼女の喉《のど》はたえず悲しみに満ちた音を、人間の嘆き悲しむ声にも似た音を、たてつづけました。そして彼女はもの言わぬ血の気の失せた夫の体にふれると、そのいとしい体を生えたばかりの翼で包み、かたい嘴《くちばし》で何度も何度も接吻しようとしました。ケーユクスがそれを感じたか、あるいはそれはただ波の動きにすぎなかったのか、かたわらで見ていた人たちにはわかりませんでしたが、彼の体は頭をもたげたように思われました。しかしほんとうは、ケーユクスにはそれが感じられたのです。そして二人とも、この二人をふびんに思う神々によって、姿を鳥に変えられたのでした。二人はいまでも連れそい、子供をもうけています。冬の静かな七日のあいだ、アルキュオネーは海に浮かぶ自分の巣にこもって卵を抱きます。この時は船路も水夫たちにとって安全です。アイオロスが風をおさえて、海を乱さぬようにするからです。そして海もまたそのあいだ、孫たちのためにおとなしくしているからなのです。

バイロンの「[†]アビュードスの花嫁」から引いた次の一節は（第二篇、第二六節）この物語の最後の部分から借りたもののように思えるかも知れません。しかしほんとうを言うと、この箇所のヒントは作者が波間にただようある死体の動きを見て得たものなのです。

休息のない枕の上に揺られるように、
彼の頭は起伏する波といっしょに上下している。
揺れ動くその手にももはや生命はないのだが
しかもなおそれはかすかに戦いをいどんでいるように思える
打ちよせる波に高くはねあげられては
また水面に落とされて——

ミルトンは「キリストの降誕によせる讃歌」の中で（第五節）次のようにこのかわせみ《アルキュオネー》の話にふれています。

その夜は平和であった

光の王子がこの地上に
　平和の御代を始められたその夜は。
風も、静かな驚きにふるえながら
やさしく海に接吻《くちづけ》をよせ
　穏やかな大洋に新たなる喜びをささやいていた。
その大洋も今はもう荒れ狂うことなどすっかり忘れて
平穏の鳥が静まりかえった波の上で卵をかえしているのだ。

キーツもまた「エンデュミオーン」の中で（第一巻、第四五三―四五五行）こう詩っています――

おお魔法の眠りよ！　おお快い鳥よ、
心の荒れ狂う海をかき抱いて、やがてはそれを
静かにそして穏やかにさせてしまうものよ！

第10章
ウェルトゥムヌスとポーモーナ

Vertumnus and Pomona.

ハマドリュアデスは森のニュンペーたちでした。ポーモーナはこのニュンペーたちの一人で、誰も及ばぬほど深く果実の園とその栽培とを愛していました。森や川にはむとんじゃくで、みごとなりんごの実る耕作した土地と樹とを愛したのです。ですから彼女の右手には得物として、投げ槍《やり》ではなくて刈り込み刀をもっていました。そしてこの刀で、ある時は伸びすぎた木を刈り込んだり、脇にはみ出した枝を切りつめたり、またある時は、小枝を裂いてそれに接ぎ木をして、その枝にほんとうの子ではない養い子を育てさせたりしながら、忙しく暮らしていました。彼女はまた、自分のお気に入りのこれらのものが日照りに苦しめられないようにと心を配って、木の根のそばに水をひいてやり、のどの渇いた根がそれを飲めるようにもしてやりました。こういう仕事が彼女の求めるものであり、彼女の情熱だったのです。ですからアプロディーテーが吹き込むようなことがら（恋愛のこと）に彼女がわずらわされることはありませんでした。ただこの土地のものたちに対しては不安の念がないわけでもありませんでしたので、果樹園にはいつも鍵《かぎ》をかけて、男たちの入ってくるのを許さぬようにしていました。ファウヌスたちやサテュロスたちは自分の持ち物を全部あたえてもいいから彼女を自分のものにしたいと望みました。また年の割には若く見えるシルウァーヌス老人も、そして松の葉の冠をかぶったパーンも同じことを望みました。しかし中でもウェルトゥムヌス（季節の神）は誰よりも彼女を愛したのです。とはいえ、彼が他のものよりもうまくいっていたというわけではありません。おお、何度、彼は刈り手に身を変え、穀物を籠《かご》に入れては彼女のもとへ運び、そして刈り手そっくりの様子をまねていたことでしょう！　干し草で鉢巻をした姿を見れば、彼がいま草の手入れをしてきたばかりのように思えました。時には牛追いの棒を手にしてやって来ることもありましたが、そんな時には、いましがた疲れた牛からくびきをはずして来たばかりとも言えるほどの様子だったのです。それから刈り込みばさみをもってぶどうのつるの剪定師《せんていし》になりすますこともあれば、また梯子《はしご》を肩にして、これからりんごの採り入れにゆくところだといった様子をすることもありました。時には除隊兵のようにとぼとぼと歩いて来たり、また竿《さお》をかついで魚釣りに行くような格好もしてみせたのです。このようにして彼はたびたび彼女の園へ立ち入ることを許され、彼女の姿を見ては燃える心を慰めていました。

ある日のこと、彼は一人の老婆に身を変え、灰色の髪に帽子をかぶり、杖《つえ》をつきながらやって来ました。そして果樹園に入ってくるとその果実を褒めたたえました。「これはまたみごとなできばえでございますな、お嬢さん」と言いながら老婆は彼女に接吻《せっぷん》しました。それは年寄りには似合わぬほどの激しい接吻でした。それから老婆は土手の上に腰をおろすと、果実をいっぱいにつけた枝を見あげました。枝は老婆の頭上にまで垂れさがっていました。向かい側を見ると、楡《にれ》の木が一本あって、それには、はちきれんばかりの実をつけたぶどうのつるが巻きついていました。老婆はその木とそれに巻きついているぶどうとをそれぞれ同じように褒めました。「だがそれにしても」と彼女は言いました、「もしこの木がたったひとりで立っていて、この木にすがりつくぶどうのつるがなかったとしたら、この木は、何の役にも立たぬ葉っぱの他には私たちをひきつけるものも、私たちにくれるものもないじゃろう。そして同じように、このぶどうも、もしそのつるが楡の木に巻きつかせてもらえなかったなら、地べたの上を這うだけのものになってしまうじゃろう。お嬢さんはどうしてこの木とぶどうとから教訓を学びとって、ご自分を誰かと結びつけようとはなさりませんのじゃ？　私はそうしてほしいと思うとりますのじゃ。ヘレネーにもこんなに多くの求婚者はいなかったし、またあの機略に富んだオデュッセウスの嫁御《よめご》ペーネロペーにだっていはしなかった。お嬢さんがああしてにべもなく断わっておいでなさる時でさえ、みんなはお嬢さんをわがものにしようといっしょうけんめいですのじゃ――田野の神さまたちも、またこのあたりの山にすむあらゆる種類の神さまたちもな。だが、お嬢さんが大事をとって、よい縁組をなさりたいと申されるのなら、そしてまたこの年寄りに一つ忠告をさせてくださされるならば、――と申すのは、私はお嬢さんの思いも及ばぬほど深くお嬢さんを愛しておるからなのじゃが――他の者はみんな断わって、この私のお世話するウェルトゥムヌスをお選びなさるがよい。あの方のことなら、本人と同じくらいよく存じておりますでの。あの方は宿なしの神さまなどではなく、ちゃんとこの山に家を持っておられますのじゃ。それに近頃の多くの恋人たちとは違って、女と見れば手あたり次第に好きになるといった男ではございません。あの方はお嬢さんを、あなただけを、愛しておりますのじゃ。そのうえ年は若く、美しく、おまけに自分の身を、思うとおりの姿に変える術を心得ていますのじゃ。だからお嬢さんが命令すれば、どんなものにでも姿を変えることができますのじゃ。そのうえまた、趣味はお嬢さんと全く同じで、果樹園の仕事を楽しんでやるし、りんごの扱いもそれはあざやかなものですじゃ。だが今あの方が関心をもっておるのは、果実でもなく花でもなく、その他のものでもなく、ただお嬢さんのことだけなのじゃ。あの方を憐れんでやってくだされ、そしていま私の口を借りてあの方が話をしているのだと思うてやってくだされ。つれない仕打ちは神々のおとがめを受けるということを思い出してくだされ。そしてあのアプロディーテーさまも、無情な心はお憎みになりますじゃから、こうした過失《あやまち》には遅かれ早かれ報いをおくだしになるじゃろうということを思い出してくだされ。それが嘘でない証拠に、キュプロス島で実際にあった有名な話を一つ話して進ぜよう。この話をきけば、お嬢さんの心もいっそう憐《あわ》れみぶかくなってくださるじゃろうからの。

「イーピスは貧しい生まれの若者じゃったが、テウクロスの旧家の娘でアナクサレテーという乙女ごを見るとたまらなく好きになってしもうた。イーピスは長い間この胸の思いと戦うたのじゃが、どうしてもあきらめることができないと悟ると、この娘の館に哀願しにやって来ましたのじゃ。初めは娘の乳母に思いを打ちあけ、あなたもお嬢さんを愛しているからにはどうか私の願いがかなえられるよう力を貸してほしいと頼みましたのじゃ。それから召使たちを味方にひき入れようと試みもした。時には誓いの言葉を手紙に書いたこともあり、また涙にぬれた花環《はなわ》を娘の戸口に掛けたことも何度かあった。玄関先に身を投げだして、つれないしめ釘《くぎ》やかんぬきにうらみごとを言うたこともあった。ところが娘の方は一一月の疾風《はやて》にさわぐ大波よりもまだ耳がきこえず、ノリクム（今のオーストリア）の鉄工場で作る鋼よりも、また、生まれながらの絶壁にまだしがみついている岩よりも、ずっと固い心をしていましたのじゃ。それで、つれない仕打ちに加えてむごい言葉を浴びせかけ、この若者をあざけり、笑い物にして、これっぽっちの望みさえも与えてはやらなかったのじゃ。

「イーピスは望みをなくしたこの恋の苦しさに、もう耐えることができなくなっての、娘の家の戸口に立って、こう最後の言葉を言うたのじゃ。『アナクサレテーよ、あなたは勝ちました、ですからもう私のうるさい願いを我慢して聞く必要もありません。あなたの勝利を喜びなさい！　喜びの歌をうたいなさい、額に月桂樹を巻きなさい――あなたは勝利を得たのですから！　私は死にます。石のような心よ、さあ喜ぶがよい！　せめて私は死んであなたを満足させ、そしてどうしてもあなたに私を褒めたたえさせてみせます。こうして死ねば私は、あなたへの私の愛が私の命よりも先には消えなかったことを証明することになるでしょうからね。私の死については、それを噂に託したりしてあなたにお知らせするようなことはしません。私自身ここへ来ます。そしてあなたに直接お目にかけ、その光景であなたの目を楽しませてあげましょう。しかし、おお神々よ、人間の悲しみをみそなわせたもう神々よ、私のこの運命をとくとご覧ください！　私はただこれだけをお願いいたします、どうか、末代までも私が人々の記憶にのこるようにしてください。そしてその年月を、あなたがたが私の人生からお取り上げになった私の名声につけ加えてください』。若者はこう言いましたのじゃ、そして青白い顔と嘆き悲しむ目とを娘の館に向けたまま一本の綱を門の柱に、若者がこれまで何度となく花環をかけてきたあの柱に、結わきつけましたのじゃ。そして自分の首をその綱の輪に入れて、こう小声で言いましたのじゃ。『せめてこの花環ならあなたも喜ぶことだろう。つれない乙女よ！』。そして足をふみはずすと、首の骨は折れて若者は宙づりになった。足をふみはずしたとき、若者の体は門にぶつかっての、その音は人の呻《うめ》く声にも似ておった。そこで召使たちは戸をあけて、そこに若者の死体を見つけたのじゃ。口々に哀れみの言葉を唱えながら、召使たちはその死体を抱きあげ、若者の母親のもとへとどけてやった。父親の方はもうこの世を去っておったからじゃ。母親は息子の遺体を受けとるとその冷たくなった遺骸《なきがら》を胸に抱きしめた。そうしている間にも、その母親の口からは、子供に先だたれた世の母親たちのあげるあの悲痛な言葉がほとばしり出ておった。それから悲しい葬式の列は町を通っていった。そして青白い遺骸は棺《ひつぎ》台にのせられて火葬場へと運ばれていった。たまたまアナクサレテーの家はその葬列の道筋にあたっておったので会葬者たちの嘆き悲しむ声はこの娘の耳にも入ったのじゃが、その時すでに復讐《ふくしゅう》の神はこの娘を処罰しようとねらっておりましたのじゃ。

『この悲しそうな行列を見てやりましょう』と娘は言って塔にのぼってゆき、そこから、開けはなした窓を通して葬列を眺めたのじゃ。ところがその目が棺台の上に横たわっているイーピスの遺体にとまるかとまらぬうちに、娘の目は固くなってゆき、体の中に流れる温かい血も冷たくなっていった。娘は後じさりしようとしたが、もう足を動かすこともできなかった。顔をそむけようとしてもだめなのじゃ。そして娘の全身はだんだんと、その心と同じように石になっていったのじゃ。みんながこの話を疑うことがないようにと、いまでもその石の像は残っておりますじゃ。そしてその像はサラミースにあるアプロディーテーさまの神殿に、この娘の姿そのままで立っていますのじゃ。さて、お嬢さんもこうしたことをよく考えて、さげすみやひきのばしの心は捨てて、恋人の願いをききいれておやりなされ。どうか神さま、春さきの霜がお嬢さんの若い果実を傷つけたり、はげしい風がお嬢さんの花を散らしたりしませぬように！」

ウェルトゥムヌスはこう言いおえると、老婆の変装をすてて、もとの自分にかえり、美しい青年の姿になってポーモーナの前に立ちました。それは雲をつきやぶって輝き出た太陽のようにも見えました。彼はもういちど哀願しようと思いました。しかしその必要はありませんでした。彼の論証とその美しいほんとうの姿とが勝利をかち得たからです。そしてこのニュンペーはもはや彼をこばむことなく、互いに愛の焔《ほのお》をもやしつづけたのでした。

ポーモーナはりんご園を守る特別な神さまでした。ですから「りんご酒」（一七〇八）という詩の作者フィリップス（ジョン・フィリップス。イギリスの詩人。一六七六―一七〇九）はその無韻詩の中で彼女をそのように詩いました。トムスン（ジェイムズ・トムスン。スコットランドの詩人。一七〇〇―四八）はこのフィリップスについて「四季」の中で（『秋』の部）次のようにふれています。

フィリップスよ、ポーモーナの詩人よ
押韻の足伽《あしかせ》を取り去った詩形で、イギリスの自由の心に燃え、
イギリスの歌を雄々しくも詩った詩人よ。

しかしポーモーナはまた他のいろいろな果実をも司っていると考えられていました。ですからトムスンはまたそのようにも詩っているのです（「四季」『夏』の部、第六六三―六六八行）。

ポーモーナよ、おまえのシトロンの木立ちへ連れていっておくれ、
あのレモンや鋭いライムが
緑の葉かげに輝く深い色のオレンジといっしょに

明るい輝きを溶けあわせているところへと。そして私を
技をひろげたタマリンドの木の下に横たわらせておくれ、
そよ風に吹かれながら、涼を呼ぶその木の実をふるわせているところへと。

第11章
エロースとプシューケー

Psyche, in terror of Venus.

むかしある国の王さまと王妃さまとの間に三人の娘がありました。姉娘たち二人のきりょうも人なみ以上のものでしたが、末娘の美しさは、実にもうすばらしいもので、この世の貧しい言葉などではとてもその美しさを語りつくすことはできません。噂は四方にひろまって、近くの国々から大勢の人々がその美しさを見ようと群れをなしてやってきました。そして彼女の姿を仰天せんばかりにうち眺めては、本来アプロディーテーに対してのみはらうべき敬意をこの王女さまにはらいました。それで事実上、アプロディーテーの祭壇は誰ひとりかえりみる者もなくなり、人々はみなこの若い娘を崇拝するようになったのです。そして娘が通りかかると、人々は口々に彼女をほめたたえ、その足もとに花冠や草花をまきちらしました。

こうして、神々に対してのみ捧《ささ》げられるべき敬意が曲げられて人間が尊敬されだしたのを見ると、ほんとうの美の女神であるアプロディーテーは非常に腹をたてました。そこで芳《かぐわ》しい頭髪を怒りにふるわせながら女神は叫びました、「それならば私の名誉はその光を人間の娘によって奪われてしまうというのだろうか？　それならばあの気高い羊飼い（トロイアの王子パリスのこと）の審判はうそだったとでもいうのだろうか、あの審判はゼウスさえも認めたではないか、そして羊飼いは、その輝かしい競争相手のアテーナーやヘーラーよりも私の方が美しいといってこの私に勝利の棕櫚《しゅろ》をくれたではないか（第27章参照）。あんな娘にそうやすやすと私の名誉を横取りされてたまるものか。いまにあの不法な美しさを後悔するようにさせてみせるから」。

ジェラール「エロースとプシューケー」ルーヴル美術館

そこでさっそく彼女は翼をはやした息子のエロース†を呼びます。この子は生まれつきたいへんにいたずら好きでしたので、母親も自分の不平をいろいろと並べたてては その心をいっそう刺激したり駆りたてたりします。そしてこの子にプシューケー（末娘の名）を指し示してこう言うのです、「ねえ、エロースや、あのふらちな娘をこらしめておくれ。お母さんの恨みを存分にはらしておくれ、お母さんが受けたこの大きな傷にまけぬくらい存分にね。あの高慢な娘の胸に、どこかの下等な卑しいくだらぬ男を恋いこがれるような激情をそそぎ込んでおくれ、いま味わっているあの喜びや勝利感と同じくらい大きな屈辱をあの娘が味わうようにね」。

そこでエロースは母親の命令に従うために準備しました。アプロディーテーの庭には泉が二つあって、一つは甘い水が湧き、もう一つはにがい水が湧いています。エロースはこの泉から二つの琥珀《こはく》の瓶《かめ》にそれぞれ水をくみとると、それを箙《えびら》の先端につるして、急いでプシューケーの部屋へ行きました。見ると彼女は眠っています。そこでエロースはにがい泉の水を二、三滴、彼女の唇のうえにふりかけました。彼女の姿を見ると心がぐらついてかわいそうにと思いかけたのでしたが、思い切ってやったのです。それから娘の脇腹を矢の先でつつきました。するとたちまち娘ははっとして目をさまし、エロースの方をじっと見つめました（しかし彼の姿は人間には見えません）、娘のその様子にエロースはひどく驚いて、そのためまごまごしているうちに手にしていた矢で思わず自分を傷つけてしまいました。しかし彼はそんな傷など少しも心にとめず、自分のやったいたずらをなんとか取りつくろおうとばかり考えて、彼女の絹のような巻き毛に芳しい悦びの水をふりかけてしまったのです。

プシューケーは、その後アプロディーテーの不興がたたって、せっかくの美しさをもちながらもその美しさから何一つ利益を得ることがありませんでした。事実、あらゆる人々の目は熱心に彼女にそそがれ、どの人の口も彼女の美しさをほめたたえはしましたが、国王も貴族の若者もまた平民さえも彼女と結婚したいと申し出るものがいなかったのです。二人の姉は彼女ほどのきりょうではなかったのに、もうずっと以前に二人ともある国の王子と結婚していました。しかしプシューケーだけは、寂しい部屋にとじこもったまま、自分の孤独をなげき悲しみ、多くの人々の賞賛を得ながらも愛の心を目覚めさせることのできない自分の美しさに愛想をつかしていました。

彼女の両親は、自分たちが知らぬ間に神々の怒りをかっていたのではなかろうかと考えて、アポローンの神託を伺い、次のようなお告げを得ました。「この処女は人間の花嫁にはなれぬ運命にある。未来の夫は山の頂にて彼女を待っている。彼は、神々も人間も逆らうことのできぬ怪物である」。

この恐ろしい神託にみんなはびっくりしました。そして彼女の両親は悲嘆にくれました。しかしプシューケーは言いました、「お父さま、お母さま、なぜ今になって私のためにお嘆きになるのです？　みんなが私の上に分外な名誉を限りなくふりそそぎ、口をそろえて私を新しいアプロディーテーと呼んだ時にこそお嘆きになるべきだったのです。今やっとわかりましたが、私はこのアプロディーテーという名の犠牲になったのです。是非もありません。さあその岩山とやらに連れていってください、私の不幸な運命が私に定めたその岩山へ」。そこで準備がすっかりととのうと、王女は行列の中に入りました。しかしそれは婚礼の行列というよりはむしろ葬式の行列と言った方がふさわしいものでした。彼女は両親につきそわれ、人々の嘆き悲しむ声を周囲にききながらその山にのぼってゆきました。そして山の頂につくと一同はその場に彼女を一人だけ残して、悲嘆にくれる心をいだきながら帰っていったのです。

プシューケーが山の背に立って、怖ろしさに激しく胸を高鳴らせ、涙にくれていると、優しいゼピュロス（西風のこと）が彼女をその場からもちあげて、花の咲き乱れる谷間へとそっと運んでゆきました。そのうちにだんだんと心も落ち着いてきましたので、彼女は草の生い茂る堤に身を横たえて眠りました。やがて気分もさわやかに目をさますと、彼女はあたりを見まわしました。そしてすぐ近くに高い立派な木々の生い繁る心地よさそうな森を見つけました。そこで中へ入っていってみると中央に泉があって、そこからは澄みきった水晶のような水が湧き出していました。そしてすぐ近くには立派な宮殿が立っていて、その威風あたりを払う姿は見る者に、それが人間の手になるものではなくきっと誰か神さまのお作りになったその幸福な隠れ家にちがいないという印象を与えました。感嘆と驚嘆とに心をひかれて彼女はこの建物に近よると、とうとう中へ入ってしまいました。目につくものはどれもこれも彼女の心を喜びと驚きで包むものばかりでした。黄金の柱が円天井の屋根を支えていました。あたりの壁は、猟獣の姿や田園の風景やらを描いた彫刻や絵画で飾られて、見る者の目を喜ばせました。さらに奥へ進んで行くと、儀式用の大広間のほかに部屋がいくつもあって、それがみんな、ありとあらゆる種類の宝物で満たされ、天然や人工の美しい貴い産物で満たされていたのです。

こうして彼女が見とれていると、どこにも姿は見えないのにどこからか人の声がして、こう言いました。「女王さま、いまご覧になっていらっしゃるものは、ひとつ残らずあなたさまのものでございます。そして、今おききになっていらっしゃいますこの声の持ち主である私どもはあなたさまの召使で、どのようなご命令にもこの上ない注意と勤勉とをもってお従い申し上げるのです。ですからまずお部屋においでになって、しばらく綿毛の寝床でおやすみください、そして頃合いをみてお好きな時に湯浴《ゆあ》みをなさってください。お食事は、もし隣の小部屋にお席をとった方がよろしければ、そのように用意いたしましょう」。

プシューケーは、この声だけしか聞こえぬ召使のすすめに従いました。そしてひと休みしてから湯浴みをしてさわやかな気分になると、小部屋に腰を落ち着けました。するとすぐに食卓が給仕のたすけも召使のたすけもかりずにひとりでに出てきました。そして食卓のうえには実においしそうな食べ物やこの上なく香りのよい飲み物がいっぱいに並べられました。そして彼女の耳は、目に見えぬ楽人たちの奏でる音楽が楽しませてくれました。ある者は歌をうたい、またある者は琴《リユート》をひき、そして最後には全員がすばらしいハーモニーで合唱したのです。

プシューケーは運命の夫をまだ一度も見たことがありませんでした。彼女の夫は真夜中にだけやってきては夜のあけぬうちに行ってしまうからなのです。しかしその言葉は愛情に満ち、同じ思いを彼女の心にも吹き込みました。彼女は彼に、どうか帰らずにいてその姿を見せてほしいと何度も頼みましたが、彼はどうしてもそれをきき入れようとはしませんでした。それどころか、自分を見ようなどとしてはならぬ、姿を隠していることがどうあっても私の望みなのだから、と言うのでした。そして「どうして私を見たいなどと言うのだね？」と彼は言いました。「私の愛が信じられぬとでもいうのかね？　おまえの望むもので何かかなえられないものがあるのかね？　おまえは私の姿を見たらおそらく私を怖れるだろう、また崇拝もするだろう。しかしおまえはただ私を愛してくれさえすればよいのだ。私は神として崇拝されるよりは同じ人間として愛してもらいたいのだ」。

こうした言葉にプシューケーの心もしばらくのあいだはいくぶんやすらぎました。そして物珍しさが続いているあいだは幸福な思いにひたっていました。しかしそのうちにふと両親のことが心に浮かんできて、二人が自分のこうした運命を知らずにいることや、姉たちがこのすばらしい喜びを自分といっしょに味わうことができないでいるということを思うと、それが気になって、この宮殿もただきらびやかな牢獄《ろうごく》のようにしか感じられなくなってきました。そこである夜、夫が来たときにその悲しみを訴え、やっとのことで夫からしぶしぶながらも許しを得て、姉たちをここへ会いにこさせることにしました。

そこで彼女はゼピュロスを呼んで夫の命令を伝えました、するとゼピュロスはすぐさまそれに従い、程なくして山のかなたから二人の姉をこの谷間につれてきました。二人は妹を抱きしめました。そしてプシューケーも姉たちの抱擁に応《こた》えました。「さあ」とプシューケーは言いました、「私といっしょに私の家にお入りください、そしてあなたがたの妹に何なりと言いつけておくつろぎください」。それから姉たちの手をとると黄金の宮殿の中に案内してゆきました。そして大勢いならぶ声だけの召使たちに二人の世話をさせて、湯浴みをさせたりご馳走《ちそう》をしたりしてもてなし、また自分の宝物を一つのこらず見せたりもしました。姉たちはこうした天上のものとも思えるようなすばらしさを見ているうちに、いつしかその胸に嫉妬《しっと》心がわいてきました。妹のくせに私たちをはるかにしのぐようなこんなにも豪華で贅沢《ぜいたく》な暮らしなんかして、と思ったのです。

そこで二人は数限りない質問を妹にあびせました。とりわけ、旦那《だんな》さまというのはどんな人なのかと尋ねました。プシューケーは、夫は美しい青年でいつも昼間は山で狩りをしているのだと答えました。二人はこんな答えでは納得せず、やがて無理やり妹に打ち明けさせて、実は彼女もまだ夫の姿を見たことがないのだということを知りました。そこで、二人は妹の胸を暗い疑念でいっぱいに満たしはじめたのです。「ほら思いだしてごらん」と二人は言いました、「あのピューティアーの神託（アポローンの神託のこと）を。おまえは怖ろしい、ものすごい怪物と結婚することになっているというお告げだったじゃないか。この谷間に住んでいる人たちの話によると、おまえの夫というのは恐ろしい、怪物のような大蛇で、おまえにおいしいものを食べさせてしばらく養っておいてから、そのうちにおまえを食べてしまうということだよ。だから私たちの忠告をおききよ。そしてランプと鋭いナイフとを用意おし。それは夫に見つからないようにかくしておくのだよ。そして夫がぐっすりと寝こんだころ、そっと寝床からぬけだしてランプをだし、噂がほんとうかどうか自分の目ではっきりとたしかめてごらん。もしほんとうだったら、迷わずにその怪物の首を切り落としておしまい、そして自分の自由をとりもどすのだよ」。

プシューケーはこうした説得に対しても可能なかぎり抵抗しましたが、二人が仕組んだ企ては抜かりなく妹の心に効いてきました。そして彼女は二人が帰ってしまうと、この姉たちの言葉と自分の好奇心とがあまりにも強い力をもちはじめて、とうとうそれに逆らうことができなくなっていました。そこでランプと鋭いナイフとを用意すると、それらを夫の目につかぬところへかくしました。そして夫が寝入りばなの深い眠りに落ちていったとき、そっと起きあがってランプをとりだし、夫の姿を見たのです。それは恐ろしい怪物などではなく、神々の中でも最も美しい魅惑的な神さまでした。金色の巻き毛が雪のように白い首すじと紅色の頰とにふりかかって、肩にはみずみずしい二枚の翼が雪よりも白く、またその光り輝く羽毛は春のやさしい花かとも思えるほどだったのです。彼女はもっとまじかに顔を見ようと、手にしたランプをかしげました。するとそのとたんに、燃えている油が一滴、エロースの肩の上に落ちてしまいました。彼ははっとして目をさますと、じっと彼女を見つめました。それから一言も言わずにまっ白な翼をひろげるとそのまま窓から飛んでいってしまいました。プシューケーも懸命にその後を追おうと努めたのですが、その甲斐《かい》もなく窓から地上におちてしまいました。エロースは、塵《ちり》にまみれてたおれている彼女の姿を見ると、しばらくのあいだ飛ぶのをやめて、こう言いました、「おお愚かなプシューケーよ、これが私の愛に対するおまえの仕打ちなのか？　私は母の命令にそむいておまえを妻にしてしまったのだが、その私を怪物と思いこみ、この私の首をはねようというのか？　だが行くがよい。姉たちのもとへ帰るがよい、おまえは私の忠告よりあの二人の忠告の方がよいと思っているようだからな。私は、おまえに対して他になにも罰は与えないが、おまえのもとからは永久に去ることにする。愛は疑いといっしょに暮らしてはゆけないからだ」。そう言うと彼は、哀れなプシューケーが地上にうちふし、はげしいむせび泣きでその場を満たしているのもかまわず、そのまま飛び去っていったのです。

彼女はいくぶん落ち着きをとりなおすと、あたりを見まわしました。しかしあの宮殿もなくなっていて、自分は姉たちの住んでいる町からあまり遠くない野原の中にいました。そこで彼女は町にゆき、二人の姉にこの不幸なできごとを一部始終はなしました。その話をきいて、うわべは悲しみを装いながら、この底意地の悪い姉たちは心の中で喜びました。「だって今度は」と二人は心の中で言いました、「おそらく私たちのどちらかをあの方は選んでくれるでしょうからね」。こうした考えを抱くと、二人の姉は自分の下心については一言も言わずに、次の朝それぞれ早くから起きだして例の山へのぼってゆきました。そして項上につくとさっそくゼピュロスの名を呼び、私を受けとめておまえの主人のところへ運んでいっておくれと頼みました。そして岩の上から身をおどらせて飛んだのですがゼピュロスがそれを受けとめてくれなかったので、そのまま断崖《だんがい》を落ちてゆき体はめちゃめちゃにつぶれてしまいました。

一方プシューケーは寝食を忘れ、昼夜もわかたずに方々を歩きまわって夫の行方をさがしました。そしてある高い山の峰のあたりに立派な神殿が立っているのを見ると、そっと溜息《ためいき》をつきながらつぶやきました、「もしかすると私の夫は、私の主人は、あそこにいるのかもしれない」。そこで彼女は足をその方へ向けました。

彼女が神殿に入ってゆくかゆかぬうちに、たくさんの小麦が目につきました。その刈り穂も、あるものはまだ束ねておらず、あるものは束ねかけたままで、大麦の穂といっしょにまざりあっていました。あたりには鎌もくま手も、ありとあらゆる刈り入れ道具が、雑然とちらかっていて、まるで暑い日盛りに、疲れきった農夫たちが投げやりにほうりだしたとでもいった様子でした。

プシューケーはこうした見苦しい乱雑ぶりを始末しようと、それらのものを選りわけ、それぞれしかるべき場所や種類におさめました。彼女は、どんな神さまもなおざりにすることなく、自分の信心深い行ないによってすべての神さまからそのお慈悲を得るように心掛けねばいけないと思っていたのです。そこで聖なるケレース（豊穣の女神デーメーテールのこと）は、実はこの女神がその神殿に祭られていたのですが、心をこめて仕えているこのプシューケーの姿をみて、彼女にこう言葉をかけました。「おお、プシューケーよ、真に私たちの同情に値する者よ、この私にはおまえをアプロディーテーの不興から護ってあげることはできないが、どうすれば女神の怒りをいちばんじょうずに静めることができるか、その方法を教えてあげることはできます。おまえはこれからおまえの女王（アプロディーテーのこと）のところへ行って、自分からすすんで女王に身をゆだねるがよい。そして、しおらしく、またうやうやしい態度で、女神から許しを得るように努めるのです。そうすればおそらく女神も機嫌をなおして、おまえの失った夫を返してくれるでしょう」。

　プシューケーはこのケレースの言葉に従ってアプロディーテーの神殿へと向かいました。そして道々、心をひきしめようと努めたり、いったい何と言ったらいいのだろうか、どうすれば女神の怒りをもっともじょうずに和らげることができるだろうかと思案にくれたり、結果はやはり駄目でおそらく命とりともなるだろうなどと心配したりしながら行きました。

　アプロディーテーは気色ばんだ顔つきでプシューケーを迎えました。「召使の中でもいちばんふらちで不誠実な女よ」と女神は言いました、「おまえは今頃になってやっと自分にも女主人があったことを思いだしたのかい？　それとも、病気の夫に会いたくてやってきたのかい、かわいい妻から受けた傷がもとでまだふせっている夫にね？　おまえはそのように醜く、いやらしい女なのだから、おまえが夫をとりかえせるただ一つの道は、精励と勤勉の力による以外にはないのだよ。だからおまえの家政ぶりを私が試してやろう」。そこで女神はプシューケーを神殿の穀物倉に連れてゆかせました。そこにはたくさんの小麦や、大麦や、きびや、からすのえんどうや、大豆や、ひらまめが鳩（アプロディーテーの寵愛する鳥の一つ）の餌として貯わえられているのです。そして女神は言いました、「この穀物をみんな選りわけて、それぞれ同じ種類のものを一粒のこさずそれぞれの山にしてごらん。そしていいかい、それを夕方までにやってしまうのだよ」。そう言うとアプロディーテーは立ち去り、プシューケーをその仕事にあたらせました。

しかしプシューケーは、この法外な仕事にすっかり胆《きも》をつぶして、ただその場に茫然《ぼうぜん》と声もなく坐《すわ》るばかりでした。そして指いっぽん動かすこともできずにこのたいへんな山を眺めていたのです。

こうして彼女が望みもなくその場に坐っていると、エロースが、あの野原の住い手である小さな蟻の心を動かして彼女に同情をよせさせました。そこで蟻の丘の王は六本足の家来たちを全部ひきつれてこの穀物の山へと近づいてきました。そしてみんな実に勤勉に、穀物を一つぶ一つぶ運びだしてはこの山を選りわけ、それぞれの種類をそれぞれの小山にまとめてくれたのです。そして仕事がすっかりかたづくと、みんな一瞬のうちにその場から姿を消してしまいました。

アプロディーテーは、夕暮れが近づくころ、はく息もかぐわしく、頭にはばらの冠をかぶって神々の饗宴《きょうえん》から帰って来ました。そしてプシューケーに言いつけておいた仕事ができあがっているのを見ると、女神は叫びました、「これはおまえのやった仕事なんかであるものか、この性わる女め、これはあの子がやったのだ。おまえ自身の不幸にばかりか、あの子の不幸にまでもおまえが誘いこんだあの子の仕業だ」。そういうと女神は夕食に黒パンを一ちぎり投げ与えただけでそのまま行ってしまいました。

翌朝、アプロディーテーは召使に命じてプシューケーを呼びだすと、彼女に言いました、「あそこの森をごらん、水辺にそって長くのびているだろう。あそこへ行くと羊たちが羊飼いもなしに草を食べているが、みんな金色に輝く毛皮を体につけている。おまえはそこへ行って一頭ずつその毛皮から集めたその高価な羊毛の見本を私に持ってきておくれ」。

プシューケーはこの命令をなしとげるためにとにかく最善をつくしてみようと覚悟して、言われたとおり素直に河岸へゆきました。ところが河の神がそこに生えている葦《あし》を吹きならしてそれらの葦にいっせいにささやかせました。それはこう言っているように聞こえました、「おお、厳しい試練をうけているお嬢さん、みだりにこの危険な河を渡ろうとしてはいけない、また向こう岸のあの恐ろしい牡羊《おひつじ》の中に入っていこうとしてはいけない。羊たちは、昇る太陽の影響を受けている間は、残忍な怒りに燃えたって、その鋭い角や荒い歯で人を殺そうとするからなのだ。しかし真昼どきになると太陽が羊たちを木蔭《こかげ》に追いやり、この河の静かな精が羊たちをなだめて休ませてくれるから、その時には安全に渡ってゆくことができる。そしてあんたは、金色の毛がその辺の藪《やぶ》や木の幹にくっついているのを見るだろう」。

こうして憐《あわ》れみ深い河の神はプシューケーにいろいろとその務めを果たす方法を教えてくれました。そして彼女もその指図をよくまもって、間もなくアプロディーテーのところへ、金色の羊毛を腕いっぱいにかかえて帰って来ました。しかしそれでもまだプシューケーは執念深い女主人の満足が得られず、女神はこう言うのでした、「私はね、この仕事をおまえが無事にやりとげたといっても、それはおまえが自分でやったのではないことぐらい、ちゃんとわかっているんだよ。だから私はおまえがいくらかでも能力のある役にたつ女だなどということにはまだ納得がいかないのだ。しかしもう一つおまえにさせることがある。さあ、この箱をもって冥《よ》界《み》の国へお行き、そしてこの箱をペルセポネー（冥界の王ハーデースの后）に渡してこう伝えてごらん、『私の主人のアプロディーテーさまがあなたの化粧品を少しわけてほしいと申しております。病気のご子息さまをご看護あそばされているうちに、少しおやつれになったからでございます』とね。使いにあまり手間どるんじゃないよ。私はそれでお化粧をして今夜、神々や女神たちのパーティーに出なくてはならないのだからね」。

プシューケーにはいよいよ自分の死が間近にせまってきたことがよくわかりました。自分の足でまっすぐエレボス（「暗黒」の意で冥界のこと）におりてゆかねばならないからです。それゆえ彼女は、もう避けられぬ運命ならばいっそひと思いにと、ある高い塔の頂にのぼってゆくと、そこからまっさかさまに身をなげ、こうして冥界へのいちばん近道をくだって行こうとしました。しかし塔の中から一つの声がして彼女にこう言いました、「哀れな不幸な娘よ、なにゆえに汝《なんじ》はそのような恐ろしい方法で生涯をとじようとするのか？　またなんたる臆病《おくびょう》な心がこの最後の危険な仕事の下に汝を沈めようとするのか、汝はこれまでにもあれほど奇跡的に援《たす》けられてきたではないか？」。そしてその声は、ある洞穴を伝ってハーデース（冥界の王）の国へ行ける方法を彼女に教えてくれました。そしてまた、途中のあらゆる危険をさけ、頭の三つある犬のケルベロス（冥界の入口にいる番犬）のわきを通り、渡し守のカローン（冥界の河の渡し守）を説きふせて、まっ黒な河を渡してもらい、帰りにもまた同じように渡してもらう方法を教えてくれたのです。しかしその声はこうつけ加えました、「ペルセポネーがその箱に化粧品を入れてよこしたとき、とりわけ汝が気をつけて守らねばならぬことは、一度たりともその箱をあけたり、中をのぞいたりしてはならぬということだ。そしてまた、好奇心のあまり女神の美の秘宝をせんさくしてはならぬということだぞ」。

　プシューケーはこうした助言にはげまされて、すべて言われたとおりにしました。そして道々よく気をつけながら無事にハーデースの国にたどりついたのです。ペルセポネーの宮殿に通されると、彼女はすすめられた美しい椅子にも坐らず、みごとなご馳走《ちそう》にも手をふれずに、食事はただ粗末なパンだけで満足して、すぐにアプロディーテーからの伝言を伝えました。やがて例の箱が、かたく閉ざされたその中にあの高価な品を納めて彼女の手に返されました。そこで彼女は来たときと同じ道をひきかえして、嬉《うれ》しいことにはふたたび日の光の中に出てきました。

　しかし危険な仕事がこれほどまでに首尾よくいったのを見ると、彼女の心は強い欲望にとらえられて、箱の中身を調べてみたくなりました。「どうしてこの私が」と彼女は言いました、「神さまの化粧品の運び手であるこの私が、これをほんの少しばかりもらって悪いことがあろうか、自分の顔につけて愛する夫の目に私をもっと美しく見せてあげたいのだもの！」。そうして彼女はそっと箱をあけてしまったのです。しかし中には化粧品などなにも入ってはおらず、あるのはただ冥界の、まぎれもない地獄《ステュクス》の眠りだけでした。そしてその眠りは、今までとじこめられていたところからこうして自由の身になると、彼女におそいかかってきたのです。そして彼女は道のまんなかに倒れて、眠る屍《しかばね》となり、知覚も動きもなくなってしまったのです。

しかしエロースは、ようやくやけどの傷も癒《い》えて、また愛するプシューケーと離ればなれになっていることにこれ以上たえられなくなっていたので、閉じこめられていた部屋の窓のわずかな隙間からすべり出て、というのはちょうどその窓だけが開けっぱなしになっていたからなのですが、プシューケーの倒れている所へ飛んでゆきました。そして彼女の体にまといついている眠りをかきあつめると、ふたたびそれを箱の中にとじこめてから、矢の先でかるくプシューケーをつついて起こしました。「またしても」と彼は言いました、「おまえは例の好奇心から身を滅ぼすところだった。だが、とにかく、私の母から課せられた仕事だけはきちんとやってしまうがいい。あとのことはこの私が始末するから」。

そこでエロースは天の高みを通る電光のような速さで、ゼウスの前に進みでると、彼に哀願しました。ゼウスは好意の耳を傾け、この恋人たちのためにいろいろと熱心にアプロディーテーを説きふせてくれたので、彼女もやっと承知しました。そこでゼウスはプシューケーを天上の会議に列席させるためにヘルメースを使いにやりました。そして彼女が到着すると、その手に神饌《アムブロシアー》の杯を渡して、こう言いました、「これをおのみ、プシューケーよ、そして不死の身となるのだ。そうすればエロースも、結ばれた絆《きずな》から解きはなたれることはなく、この婚礼は永遠のものとなるであろう」。

こうしてプシューケーはついにエロースと結ばれるようになったのです。そしてやがて二人の間に女の児が生まれましたが、その児は「喜び」と名づけられたのでした。

エロースとプシューケーの伝説はふつう、寓話《ぐうわ》と考えられています。蝶にあたるギリシア語がプシューケーで、その同じ言葉が霊魂という意味をもっているのです。霊魂の不滅を説明するのに蝶《ちょう》ほど印象的で美しいものはありません。なぜなら蝶はのろのろとした、腹で這《は》いまわる毛虫の生活を終えたのち、自分が横たわっていた墓（さなぎのこと）の中から美しい羽根をはばたかせながら飛びたつと、白昼の光の中をひらひらと舞ったり、春のこのうえなく香り高い、甘美な産物を口にしたりするからなのです。ですからプシューケーは人間の霊魂というわけで、それは数々の苦しみや不幸によって清められた後、このように真の純粋な幸福の喜びを味わうことができるわけなのです。

絵画や彫刻の中ではプシューケーは蝶の羽根をつけた処女として描かれたり刻まれたりしています。そしてそのかたわらにはエロースがいて、二人はさまざまな様子で寓意を示しているのです。

ミルトンは「コウマス」の最後の部分（第一〇〇四―一〇一一行）でこのエロースとプシューケーの物語にふれています。

天上に昇って行った名高い彼女の息子のエロースが、
あの長いさすらいの苦役のあとで
恍惚《こうこつ》として失神しているいとしいプシューケーをかき抱いている。
やがて神々もやさしく願いをきき入れて
彼女を彼の永遠の花嫁とするのだ。
そして彼女の美しい汚れのない体からは

「若さ」と「喜び」という幸せな双子が生まれてくるはずなのだ、
　そのように、ゼウスは誓って言われたのだから。

エロースとプシューケーの物語の寓意はT・K・ハーヴィ（スコットランドの詩人。一七九九—一八五九）の美しい詩の中によく描かれています。

むかし、理性が空想の描く翼を借り、
　真理の澄みきった川が黄金の砂床を流れていたころ
人々は美しい物語を綴《つづ》っては
　その気高い神秘にみちた事柄を詩にうたっていた！
あの美しく荘厳な彼女《プシューケー》の話もそうだ。
　放浪の霊、夢を与えられ
世界中をさまよう——エロースの崇拝者——
　天上に住家をもつ彼をいたずらに地上に求めようとした者の話も！

あの町のなかに——あの泉のほとりに——
　薄暗い洞穴の石の網目の間からも
松の神殿の中にも、静寂が腰をおろして星に耳を傾ける
　あの月の光を浴びた山の上にも、

ひな鳥を抱く鳩の住む蔭《かげ》深い小径《こみち》にも、
　色どり豊かな谷間や、芳わしい空気の中にも
彼女はエロースの呼ぶ声のはるかなこだまを聞き、
　至る所に彼の足跡を見つけた。

だがその二人は二度とけっして会うことがなかった！
　あの地上に出没しては害をなす
幽霊のような疑惑と不安が、罪と涙との子である彼女と
　神の子であるあの輝ける精霊《エロース》との間に入ってからというものは。
しかし、やがて彼女の恋い慕う魂と涙にあふれたまなざしとが
ようやく彼を天上にのみ探し求めるべきことを知ったとき、
そのやつれはてた心に翼が授けられて、
彼女はついに天国でエロースの花嫁となることができたのだ！

　エロースとプシューケーの物語は紀元二世紀の作家アープレーユス（ルーキウス・アープレーユス。ローマの文学者。一二三―？）の作品（「メタモルポーセース」、一般に「黄金のろば」で知られている）にはじめて現われています。ですから今みなさんがお読みになっておられるこの本の中の大部分のお話よりもずっと新しいわけです。キーツが「プシューケーによせる頌歌《オウド》」の中で言及しているのはこのことです（詩中のポイベーの星とは月のこと。またヘスペロスとは宵の明星のこと）。

おお、オリュンポスの光うすれた系図の中で
　もっとも新しく生まれたこの上なく愛らしき幻よ！
御身《おんみ》はサファイアの空に浮かぶポイベーの星よりも、
　また空にまたたく恋の土蛍のヘスペロスよりも、美しいのだ。
たとえ御身に神殿はなくとも、
　花にうもれた祭壇がなくとも、これらのものより美しいのだ。
そして真夜中に甘い嘆きをうたう
　処女の聖歌隊がいなくとも。
また声もなく、琴もなく、笛もなく、鎖にゆれる香炉から
　たちのぼる芳しい香《かぐわ》がなくとも。
そしてまた祠《ほこら》もなく、森もなく、神託所もなく、夢みるような
　青ざめた唇の予言者の興奮がなくとも。

ムアの「夏祭り」の中にはある仮装舞踏会のことが描かれていますが、そこに登場する人物の一人にプシューケーがいます。

……今夜われわれの若い女主人公は
その輝きを黒いヴェールに包んではいなかった――
なぜなら見よ、彼女の地上を歩く様を、それはエロースの妻なのだ、

彼の娶《めと》った花嫁なのだ、この上なく聖《きよ》い誓いによって
オリュンポスで結ばれ、そしていま
その雪のような額にきらきらと垂れている飾りによって
人間たちにも知られているものなのだ。
霊魂を意味する（しかしそう考えるものはほとんどいないが）
その蝶こそ、その神秘の飾りこそ、
そしてまっ白な額にこのように輝く光こそ
今夜ここにプシューケーが来たことを教えるものなのだ。

第12章
カドモス、ミュルミドーン

Cadmus.

カドモス

ゼウスはある時、牡牛《おうし》に姿を変えて、フェニキアの王アゲーノールの娘のエウローペーをさらってゆきました。そこでアゲーノールは息子のカドモスに妹を探しに行くよう、そして妹といっしょでなければ帰ってきてはならぬと命令しました。カドモスは出発して、長いあいだ遠く諸国を探し求めましたが、妹を見つけだすことができませんでした。それでそのまま空しく帰国することもならず、アポローンの神託を伺って自分がどこの国に身を落ち着けたらよいかたずねました。神託の告げるところによると、彼は野原で牝牛《めうし》を一頭みつけるであろうから、それが行くとおりにどこまでも従《つ》いてゆき、牝牛が足をとめたところに町を建ててそれをテーバイと名づけるように、とのことでした。そこでカドモスが、この神託を受けたカスタリアの洞穴から出ようとすると、自分の前をゆっくりと歩いてゆく若い牝牛の姿が目に入りました。そのすぐ後についてゆき、行きながらもポイボス（アポローンのこと）に感謝の祈りをささげました。牝牛は歩みつづけて、やがてケーピーソス河の浅瀬をわたり、パノペーの野に出ました。すると牝牛はここでぴたりと足をとめ、ひろい額を空にむけて、その鳴き声であたりの空気を満たしました。カドモスは感謝しました、そして大地にひざまずくと、この見知らぬ土地に接吻《せっぷん》をし、それから目をあげて周囲の山々に挨拶《あいさつ》をおくりました。彼はゼウスに犠牲《いけにえ》をささげたいと思い、家来たちに命じて献酒の式につかう清水をくみにやらせました。近くにまだ斧《おの》を入れたこともないような古い森があって、そのまん中に洞穴が一つありました。生い繁った灌木《かんぼく》に厚くおおわれたその洞穴の屋根は低い丸天井を形づくっていて、その下から実に清らかな泉の水が湧き出ていました。しかしこの洞穴には黄金のように光り輝く前立てをつけた頭と鱗《うろこ》とをもった大蛇がひそんでいました。目は焔《ほのお》のように光り、体は毒液でふくれ、口は三叉《みつまた》の舌を震わせ、そして三列に並ぶ歯をのぞかせていました。テュロスの人々（カドモスの家来のこと）がその泉に水瓶《みずがめ》をひたして湧きでていた水が音をたてたかと思うと、このぎらぎらと光る大蛇が洞穴の奥から頭をもたげて、しゅうしゅうと恐ろしい声をたてはじめました。水瓶は手から落ち、血の気も頬から去って、人々は手足をわなわなと震わせました。大蛇は、鱗の生えた体を大きなとぐろに巻いて、森のいちばん高い木さえもしのぐほどに鎌首を高くもちあげました。そしてテュロスの人々があまりの怖ろしさに戦うことも逃げだすこともできないでいると、そのある者を毒牙《どくが》にかけ、ある者はとぐろに巻きこみ、またある者は毒の息をふきかけてこれを殺してしまいました。

　カドモスは家来たちの帰りを待っていましたが、昼になってもまだもどって来ませんので、彼らを探しにでかけました。彼の身を守るものはライオンの毛皮を張った楯《たて》でした。そして手には投げ槍《やり》のほかにもういっぽん手槍をもち、胸にはその二つの槍よりももっと頼みになる勇敢な心を持っていました。彼は森の中に入ってゆき、家来たちの変わりはてた姿と、顎《あご》を血に染めた怪物の姿とを目にすると叫びました、「おお、忠実な友たちよ、きみたちの仇《かたき》はきっととってやるぞ、さもなければ私もきみたちと死を共にしよう」。そう言いながら彼は大きな石を差しあげ、全身の力をこめてそれを大蛇めがけて投げつけました。これほどの大きな石なら砦《とりで》の壁でさえぐらつかせただろうと思われたのですが、この怪物はびくともしませんでした。

カドモスは次に投げ槍を投げました。そしてそれは前よりも首尾よくゆきました。というのは、その槍が大蛇の鱗を貫いて腹わたにまでも突きささったからです。痛みに狂いたった怪物は頭をねじまげて傷口を見ました。そしてその槍を口にくわえて引き抜こうとしました。ところが槍は途中から折れて、鉄のやじりは体の中でなおも苦痛を与えました。首は怒りにふくれ、血の泡は顎をおおい、鼻から吹く息はあたりの空気をその毒で汚しました。そして今とぐろを巻いたかと思うと、次には切り倒された大木のように大地に体をなげだすのです。そして大蛇がカドモスに向かってくると、彼はその前に立ってあとじさりをしながら手にした槍を怪物のかっと開いた顎に向けてかまえました。大蛇はその槍にとびかかって鉄のやじりを嚙《か》もうとしました。やがてカドモスは、すきをみつけて槍を突き出しました。それはちょうど怪物が頭を引いた時にその頭が後ろの木の幹に触れた瞬間だったのです。それで彼は首尾よく大蛇をその木の腹に串刺《くしざ》しにすることができました。大蛇は自分の重みでその木をたわめながら死の苦しみにのたうっていました。

カドモスが、征服した敵のかたわらに立ってその大きな体をじっと見つめていると、一つの声が聞こえてきました（それがどこからなのか彼にもわかりませんでしたが、はっきりと聞こえてきたのです）。そして彼に、その大蛇の歯をとって大地に播《ま》けと命令しました。彼はそれに従いました。地面にみぞをつくって、その歯を、一群の人間を生みだす定めのその歯を、植えたのです。彼が植えおえるかおえぬうちに、その土が動きだして、槍の穂先が地面に出てきました。次に兜《かぶと》が羽飾りを前後にゆらせながら出てきました。そして次には肩、そして胸、そして手足といった具合に、武装した人間たちが出てきて、たちまち一軍の兵隊が穫《と》れたのです。

カドモスはびっくりして、この新しい敵にたちむかおうとしました。するとそのうちの一人が彼に向かって言いました、「われわれの内輪の争いに手出しは無用」。そう言ったかと思うとその兵隊は土から生まれた兄弟の一人を剣で打ち殺してしまいました。そして彼自身もまた別な兵隊から矢を受けて倒れました。矢の兵隊は四番目の兵隊の手にかかって倒れ、こうして大軍をなす兵隊は次々と戦い、ついにはすべての者がたがいに傷を受けて倒れ、ただ五人だけが生き残りました。そのうちの一人は武器をすてて言いました、「兄弟たちよ、われわれは平和に暮らそうではないか！」。そしてこの五人はカドモスといっしょになって彼の町を築き、それをテーバイと名づけたのです。

カドモスはハルモニアー（「調和」の意）を花嫁として得ました。アプロディーテーの娘です。そこで神々はその結婚を祝うためにオリュンポスを後にして式に参列しました。ヘーパイストス（アプロディーテーの夫。しかしハルモニアーはアプロディーテーとアレースの密通によってできた子ともいわれる）は花嫁に並はずれて美しい首飾りを贈りました。彼みずからの手で作り上げたものです。しかしカドモス一家のうえには不幸な運命がたれこめました。それはカドモスが殺したあの大蛇は、実はアレースに捧げられたものだったからなのです。それでカドモスの娘のセメレーもイーノーも、それに孫のアクタイオーン（八八ページ以降参照）もペンテウスも、みんな不幸な死に方をしました。そしてカドモスとハルモニアーも今ではテーバイの人々にとって忌むべき存在となったので、この町をすてるとイリュリアのエンケレイス人の地へ移住しました。彼らは礼をもって二人を迎え、カドモスを自分たちの王にしました。しかし子供たちの不幸なできごとがまだ二人の心には重くのしかかっていました。そこである日カドモスは叫んだのです。「もし蛇の命が神々にとってそれほどまでに大切なものなら、私も蛇になりたいものだ」。彼がこの言葉を言い終えたかと思うと、彼の姿は変わりはじめました。ハルモニアーはそれを見ると、自分も夫と運命を共にさせてくださいと神々に祈りました。そして二人は蛇になってしまったのです。今でもこの二人は森に住んでいますが、自分たちが以前なんであったかを憶《おぼ》えていますから、人が行っても逃げようとはせず、またけっして人を傷つけることもないのです。

伝説によるとカドモスは、フェニキア人によって発明されたアルファベットの文字をはじめてギリシアに輸入したと言われています。このことはバイロンも言及していますが、その詩の中で彼は現代のギリシア人に呼びかけてこう言っています(「ドン・ジュアン」第三篇、第八六節の一〇)。

きみたちはカドモスが与えた文字をもっている
それは奴隷のためにくれたとでも思っているのか?

ミルトンは、イヴを誘惑した蛇について描くとき、この古代神話の蛇を思いだして、こう詩っています(「失楽園」第九篇、第五〇三—五〇七行)。

——その形は好ましく
また愛らしかった。それいらい蛇の種類で
これ以上に愛らしいものはなかった。イリュリアでハルモニアーとカドモスが
身を変えた蛇も、またエピダウロスの神でさえも。

最後の引喩《いんゆ》についての説明は「エピダウロス」(下巻一六七ページ)を参照してください。

ミュルミドーン

ミュルミドーンはトロイア戦争の時アキレウスが率いて行った軍隊でした。この種族の名を元として、今日でも、政治上の首領に対して熱狂的に節操もなく盲従する者はすべてミュルミドーンと呼ばれています。しかしこの種族の起源を見ると、獰猛《どうもう》な血なまぐさい種族という感じではなく、むしろ勤勉で平和な種族という感じを人に与えるのです。

アテーナイの王ケパロスは、彼の旧友でもありまた同盟者でもあるアイアコス王の助力を得ようとアイギーナの島にやってきました。クレーテーの王ミーノースと戦争をしていた頃のことです。ケパロスはこの上なく親切に迎えられ、望んでいた援助もすぐに約束されました。「私は」とアイアコスは言ったのです、「自分を守り、しかもご必要な兵力をあなたにお与えするのに充分な数多くの国民をもっております」。「それを知って私も嬉《うれ》しく存じておるのです」とケパロスは答えました、「それにつけても、実はさいぜんから不思議に思っているのですが、私の周囲にこんなにも数多くの若い人々がおられ、お見うけするところ、みなほぼ同じ年輩のように思われます。しかも以前私がご面識を得た多くの方々は、今こうして探してみますと一人もおられないようですが。あの方々はどうなさったのですか?」。するとアイアコスは呻《うめ》き声をあげました、そして悲しみをこめた声でこう答えたのです、「さきほどからお話しようとは存じておりましたが、それではここで、とりあえずお話いたしましょう。初めはこの上なく悲しいことでも、時にはそこから幸福な結果が生じるものだという事情がおわかりいただけると思います。以前ご面識をいただいた者たちは今はもう塵《ちり》と灰になっているのです！　ヘーラーの怒りによって送られた疫病《ディスオーダー》がこの国を荒廃させてしまったのです。ヘーラーがなぜこの国を憎んだかといいますと、それはこの国が彼女の夫の寵愛《ちょうあい》する女の名（アイギーナはゼウスの寵愛をうけてアイアコスを生んだ）をつけていたからなのです。この病気が普通の原因から起こったものと考えられていた間は、われわれも普通の治療でできる限りくいとめようとしていました。ところが間もなく、この悪疫がわれわれの力にはとても及ばないことがわかり、われわれもとうとう屈してしまったのです。初めは空が地上に腰をすえたのかとも思えました。幾重にもかさなった雲が熱い空気を閉じこめました。まる四カ月というもの死のような南風が吹きまくりました。疫病は井戸や泉を襲いました。そのため何千という蛇が地上に這《は》いだしてきて水源に毒を流したのです。疫病はその猛威を最初、下等な動物たち、つまり犬や牛や羊や鳥などの上にふるいました。あわれな農夫は牛たちが仕事の途中で倒れてしまい、犂《す》きかけの畦《あぜ》の中で手のほどこしようもなく死んでゆくのを見て驚きました。苦しげに鳴く羊の背中から毛が抜けおち、その体もやせおとろえてゆきました。かつては競馬で先頭を走っていた馬も、もはや勝利を争うこともなく、厩《うまや》の中でうめきながらみじめな死にかたをしました。猪は自分の狂暴さを忘れ、牡鹿《おじか》も速さを忘れ、熊ももはや牛の群れを襲わなくなりました。すべてのものがうちしおれていったのです。死骸《しがい》は道にも野原にもまた森にも横たわりました。空気はその毒のある臭いで汚れました。とても信じられぬようなことをお話するようですが、野犬も猛禽《もうきん》も死体にふれようとはしないのです。飢えた狼も同様です。そして死体の腐肉はこの疫病をなおも遠くへまきちらしました。次にそれは村の者たちを、そしてそれから町に住む者たちを襲ったのです。初めは頰がまっ赤になり、それから呼吸が苦しくなってゆきました。舌もざらざらになってふくれあがり、乾いた口はかっとあいて、ふくれあがった血管をのぞかせながら、はあはあとあえぎました。人々は衣類や寝具の熱さにたえられず、むき出しの地べたに寝ようとしました。ところが地面は彼らを冷やすどころか、逆に、彼らがその寝ている地面をこがしたのです。医者もみんなを助けることができませんでした。疫病は医者さえも襲ったからです。そして病人に近づけばすぐに感染したので、忠実な医者ほど早くその犠牲となりました。そしてとうとう助かる望みも消えて、死こそこの疫病からの唯一の解放者と考えるようになりました。そこで人々はもう何事もなるがままにまかせて、どうしたらいいのかなどということは考えなくなってしまいました。自制心もすっかりすてて、彼らは井戸や泉のまわりに群がりよると、その水を死ぬまで飲みつづけましたが、それでものどの渇きは癒《い》やすことができませんでした。多くの者は水辺から身をどける力もなくて、そのまま流れの中で死にました。それなのにまたその水を飲もうとする者もいたのです。病床での苦しさがあまりにもひどいので、ある者はふらふらと出てこようとしました。そして立ちあがる力のない者でも、せめて地面の上で死にたいと願いました。彼らは身内の者さえ憎んで自分の家から逃げだそうとしているようでした。それはまるで、病気のほんとうの原因がわからないので、彼らの住んでいる家そのものが彼らを苦しめているのだと考えているかのようだったのです。そこである者は歩けるあいだはよろよろと路上をさまよい歩いていました。そしてまたある者は、地上に身を横たえて、この世の見おさめにとあたりを見まわし、それから目を閉じて死んでいったのです。

「こうした出来事のあいだ私はどんな気持ちだったでしょう、あるいはどんな気持ちにならなければいけなかったのでしょう、自分の生命を憎み、国民といっしょに私も死にたいと願う以外に？　どちらを向いても私の民が横たわっていました、熟しすぎて木から落ちたりんごや、嵐にゆり落とされたどんぐりのように、転がっていたのです。あの高いところに神殿が見えるでしょう。あれはゼウスを祭ったものなのです。おお、どんなに多くの人々があそこで祈りを捧《ささ》げたことでしょう、夫は妻のために、父は息子のために、そしてその祈りを口にしながらどんなに多くの人々が死んでいったことでしょう！　神官が生贄《いけにえ》を用意するあいだにもその生贄の牛が倒れてしまう例は何度もありました。殺されるのを待たずに、その疫病に襲われて死んでしまうのです。それでとうとう神聖な事物を敬う習慣もすっかり失われてしまいました。死体は埋葬もされずに投げすてられ、薪も火葬のためには不足がちで、人々はそれを一人じめにしようと互いに争いました。そしてついに、後に残って嘆き悲しむ者さえもいなくなりました。息子も夫も、年寄りも若者も、みんな誰ひとり弔ってくれる者もなく死んでいったのです。

「私は祭壇の前に立って天を仰ぎました、『おおゼウスよ』と私は言ったのです、『もしあなたがほんとうに私の父ならば、そしてあなたの子を恥とは思し召さぬなら、私に私の民をお返しください。さもなければ私の命をもお召しください！』。するとこの祈りとともに雷鳴が起こりました。『前兆をお受けします』と私は叫びました、『おお、どうかそれが私にとってよき御意《みこころ》のしるしでありますように！』。たまたま、私が立っていた場所の近くに一本の樫《かし》の木が枝をひろげて生えていました。それはゼウスに捧げられたものです。見るとたくさんの蟻が忙しそうにたち働いていました。小さな穀物を口にくわえて、一列になって次々とその木の幹をのぼってゆくのです。そのおびただしい数に見とれながら、私は言いました、『おお父よ、この蟻と同じほど多くの国民を私にお与えください、そして人気のなくなった私の国をもう一度みたしてください』。するとその木はゆれて、風もないのに枝がざわざわと音をたてはじめました。私は手足がふるえましたが、それでも大地とその樫の木に接吻《せっぷん》しました。自分が希望を抱いたことを私は自分自身にも打ち明けたくはありませんでしたが、しかしほんとうに希望を抱いたのです。やがて夜がやってきて、眠りが心配事にうちひしがれた私の体をとらえました。するとあの樫の木が夢の中で私の前に現われました。その無数の枝には一面に何やら生命のある動きまわるものがいるのです。そしてその木は枝をふるわせながら地上にあのおびただしい数の勤勉な穀物集めの動物たちをふるい落としているようなのです。そして地上に落とされたその蟻たちは、大きさを増して、みるみる大きくなり、やがてまっすぐに立ちあがると余分な脚や黒い色をすてて、とうとう人間の姿になりました。と、そこで私は目がさめてしまったのです。ですから私の最初の衝動は、私から美しい夢を奪い、そこに何一つほんとうのものを与えてくれなかった神々をうらんでやりたいということでした。しかし私が神殿の中でまだぐずぐずしていると、そのうち外から聞こえてくる大勢の人声に私は注意を奪われました。近ごろ聞きなれぬ声なのです。まだ夢を見ているのだろうかと思いかけているうちに、息子のテラモーンが神殿の門を押しあけながら叫びました、『お父さん、ここへ来てごらんなさい、そしてお父さんの望み以上のものを見てごらんなさい！』。そこで私も行ってみました。するとそこには大勢の人がいるではありませんか。私が夢で見たとおりなのです。そして同じように列をつくって行進してくるのです。驚くやら喜ぶやらして見ていますと、彼らは近づいてきて、膝《ひざ》をつき、私を彼らの王と呼んで敬礼しました。私はゼウスに誓いをたて、人気《ひとけ》のない町をこの新しく生まれた種族に割りあて、田畑も分け与える仕事にとりかかりました。そして彼らを、その生まれてきた蟻ミュルメクスにちなんでミュルミドーンと名づけました。あなたがさきほどからご覧になっておられるのはこの者たちなのです。その性質は以前、蟻のときにもっていた性質とよく似ています。精励で勤勉な種族です。いっしょうけんめいに働き、そして働いたものは無駄には使いません。彼らの中からあなたの軍隊を補充なさるがよい。あなたに従ってよろこんで戦場におもむくでしょう、年も若く心も勇敢なこの兵士たちは」。

この疫病についての話は、ギリシアの歴史家であるトゥーキュディデース†（前四六〇頃—前四〇〇頃）がアテーナイに起こった疫病について書いたもの（『歴史』（ヒストリアイ）第二巻、第四七—五四節）からオウィディウスが書き変えたものです。トゥーキュディデースはこの事件を実際の体験をもとにして描きました。ですから、後の詩人や小説家たちは、同じような場面を描かなければならなくなると、みなその細かな部分を彼の歴史書から借用したのです。

第13章

ニーソスとスキュラ、
エーコーとナルキッソス、クリュティエー、
ヘーローとレアンドロス

ニーソスとスキュラ

クレーテーの王ミーノースはメガラの町と戦争をしました。ニーソスはメガラの王でスキュラはその娘でした。包囲攻撃はもう六カ月も続いていたのですが、町はまだもちこたえていました。というのは、これは運命によって定められていたことなのですが、ニーソス王の髪の中に輝いている一房の緋《ひ》色《いろ》の毛がこの王の頭にあるかぎり町は攻略されないということになっていたからなのです。町の城壁には塔が一つあって、そこからは、ミーノースとその軍隊が陣営を張っている平野を見わたすことができました。スキュラはよくこの塔にのぼっては敵軍のテントの方を眺めていました。そして包囲があまりにも長くつづいたので、敵方の将軍たちの顔や名を一人一人おぼえてしまいました。中でも特にミーノースが彼女の賞賛をかきたてました。兜《かぶと》をかぶり、楯《たて》をもつ彼の優雅な姿を彼女は賞賛したのです。彼が投げ槍《やり》を投げれば、その瞬間に技が力に結びつくように思われました。弓をひきしぼれば、アポローンでさえもそれいじょう優美にはひけなかったでしょう。しかし彼が兜をぬぎすてて緋色の衣に身をつつみ、華やかに盛装した白馬にのって、泡をふくその轡《くつわ》を御するときには、ニーソスの娘はもう自分を抑えていることができませんでした。感に打たれて狂わんばかりの有様なのです。そして彼の手にしている武器が、彼のにぎっている手綱が、自分であったならと、それらのものを妬《ねた》ましく思いました。できることなら敵軍の中を通り抜けて彼のところへとんでゆきたい気持ちでした。この塔の上から彼の陣営のまっただなかに身を投げたいような、さもなければ彼のために城門をあけてやりたいような、ミーノースを喜ばせるためだったらそのほかどんなことでもしてやりたいような衝動にかられました。そして塔に坐《すわ》りながらこんなふうに独りごとを言ったのです。「私にはこの痛ましい戦争を喜んでいいのか悲しんでいいのかわからない。ミーノースが私たちの敵なのはうらめしいことだけれど、あの方のお姿が拝めることならどんな理由でも私は嬉《うれ》しい。たぶんあの方ならこころよく和睦《わぼく》に応じて、この私を人質にとってくれるだろう。できることなら私は翼にのってあの方の陣営に舞いおり、私たちはみなあなたのお慈悲に身をゆだねますとお伝えしたい。でもそんなことをすれば、お父さまを裏切ることになる！　いけないわ！　それよりはいっそ私が死んでミーノースをもう二度と見ない方がいい。でも、時には、町も征服された方がいちばんしあわせということだってあると思うわ、征服する人が情けぶかくまた寛大な人であったならば。ミーノースのほうに正義のあることは確かよ（この戦は、ミーノースの息子の仇討ちが目的であった）。だから私たちはいずれ征服されてしまうと思うわ。そしてそれがこの戦争の結果に違いないのだとすれば、どうして愛の力があの方のために城門をあけてはいけないのだろう、どうせそのうちには武力によって押しあけられるのだもの？　無益に時を送ったり、血を流したりすることは、できることなら避けた方がいい。それにおお、もし誰かがミーノースを傷つけたり、殺したりするようなことがあったとしたら！　まさかそんなことをしようなどという気持ちになる者は一人もいないでしょうけれど、でも、あの方とは知らずに、何かのはずみでしないとも限らない。だから私は、思いきって、あの方に身をゆだね、この国を持参金にして、そうすることでこの戦争をおわらせましょう。でもそれにはどうしたらよいのだろう？　門には見張りの者がいるし、その鍵《かぎ》はお父さまが持っていらっしゃる。お父さまだけが私の望みの邪魔になる。おお、神々の思し召しで父を連れ去ってくださいましたらいいのだけれど！　でもなぜそんなことを神々にお願いするのだろう？　他の女《ひと》だったら、私のようにこんなに激しい恋をしていたら、自分の手で恋の邪魔ものを、たとえそれが何であろうと、取り除くだろう。そして、それを私いじょうに思い切ってできる女《もの》が他にいるだろうか？　私は火や剣と戦っても望みのものは手に入れるわ。でも今は火も剣も要《い》りはしない。私にとってただ必要なのはあのお父さまの緋色の髪の毛。私には黄金よりももっと尊いものなのだわ。あれこそ私の望みをすべてかなえてくれるのだもの」。

彼女がこうして自分を納得させているうちに夜が訪れ、そして間もなく城はすっかり眠りの中に埋もれました。そこで彼女は父親の寝室に忍び込み、その運命の髪の毛を切りとったのです。それからそっと町をぬけ出すと敵の陣営に入ってゆきました。そして自分を王のところへ連れていってほしいと要求し、その面前に出ると王にこう言いました。「私はニーソスの娘のスキュラです。私はあなたにこの国と父の家とを捧《ささ》げます。その報酬としてはあなたご自身のほかには何も望みません。私はあなたに対する恋ゆえにこんなことをしたからです。この緋色の髪の毛をごらんください！　この髪の毛とともに私は父とその王国とをあなたに差し上げるのです」。そう言いながら彼女は運命の略奪品をもった手を差しのべました。しかしミーノースは後じさりをして、それに触れることをこばみました。「神々がおまえを滅ぼされるとよい、この邪悪なる女よ」と彼は叫びました。「われらの時代の恥辱だ！　地も海もおまえに休息の場を与えることがないように！　必ずや、わがクレーテーの地を、かのゼウスの揺籃《ようらん》の地を、かかる鬼畜のごとき女にけがさせてはならぬぞ！」。そう彼は言いました。そしてこの征服した町に公正な条件を与えるよう部下の者に命令し、また艦隊もただちにこの島から引きあげるよう命令したのです。

スキュラは狂いたちました。「この恩知らず」と彼女は叫びました、「あなたはこんなふうに私を捨ててゆくのか？——勝利を与えてあげたこの私を——あなたのために親も国も犠牲にしたこの私を！　なるほど私は罪を犯した、だから私は死にも値する、だがそれはあなたの手にかかってなどではない」。艦隊が岸をはなれていこうとすると、彼女は海に飛び込みました。そしてミーノースを乗せた船の舵《かじ》にしがみついて、一行の招かれざる道づれとなって運ばれてゆきました。すると空高く飛んでいた鶚《みさご》が——それは身をその鳥の姿に変えられた彼女の父親だったのですが——彼女を見つけると、とびかかってきてくちばしと爪とで彼女を襲いました。彼女は恐ろしさのあまり船から手をはなしました、そして、そのままでしたら海中に落ちていったはずなのですが、ある慈悲深い神さまが彼女を鳥（白鷺）の姿に変えてやったのです。鶚は今日でもなお、昔のうらみを心にいだいています。それで、空高く飛んでいるとき彼女（鳥のこと）を見つけると必ず、それは皆さんもよくご覧になることと思いますが、くちばしと爪とで襲いかかっては、昔のうらみを晴らそうとするのです。

エーコーとナルキッソス

エーコーは美しいニュンペーでした。森や丘が好きで、そういう場所で狩りなどをしては森の遊びにふけっていました。彼女はアルテミスのお気に入りでしたから狩りにはいつもお供をしました。しかしこのエーコーには一つの欠点がありました。話が好きで、雑談にしろ議論にしろ、いつもへらず口をたたくのです（原文の"have the last word"には「最後の言葉を言う」という意味と、「へらず口をたたく」という意味があって、この物語の中ではその両義にかけて使っている）。ある日ヘーラーは夫（ゼウスのこと）を探していましたが、それは夫がまたニュンペーたちに囲まれて遊びたわむれているのではないかと思ったからです。そこでエーコーは例のおしゃべりでうまいことこの女神を引きとめて、その間にニュンペーたちを逃がしてやりました。ヘーラーはこの計略に気がつくと、エーコーに罰をくだしてこう言いました。「もうおまえには、私をだましたその舌を使えなくさせてやる、ただおまえのたいそう好きな使い道——つまり答える場合にだけは許してやろう。おまえには相変わらずへらず口をたたかせてやるが、おまえの方から最初に口をきく力は持たし†てやるわけにはゆかないからね」。

こういう罰を受けたエーコーがある日ナルキッソスという美しい青年の姿を見かけました。彼が山の中で獲物を追っていたときのことです。エーコーはこの青年がたまらなく好きになり、その跡を追いました。おお、どんなに彼女は、あの美しい声で彼に呼びかけ、話がしたかったことでしょう！　しかしそれはかなわぬことでした。そこで彼女は、彼が先に話しかけてくれるのを今か今かと待ちながら、自分の答えを用意していました。ある日のこと青年は狩り仲間の者たちからはぐれてしまったので、大声で呼びました、「誰かいるかい《フーズ》、この辺に《ヒヤ》？」。エーコーは答えました、「ええいるわ《ヒヤ》」。そこでナルキッソスはあたりを見まわしました。しかし誰も見えませんので、また呼びました、「来ておくれ《カム》」。エーコーは答えました、「いま行く《カム》わ」。ところが誰ひとり来ませんのでナルキッソスはもう一度呼びました、「どうして私を避けるんだい？」。するとエーコーも同じ質問をしました。「さあいっしょになろう」と青年は言いました。処女は心をこめて同じ言葉を答えました。そしていそいで彼のいるところに走りよって、その首にしがみつこうとしたのです。ところが彼ははっとして後じさりしながら叫びました、「手をはなしてくれ！　私はいっそ死んじまった方がいい、へん、おまえなんかに抱かれるくらいならな《ハヴ・ミー》！」。「私を抱いて《ハヴ・ミー》」と彼女は言いました。しかしそれもすべて甲斐《かい》のないことでした。彼は立ち去ってしまったのです。そこで彼女は恥ずかしさをかくすために森の奥へ入ってゆきました。そしてその時から彼女は洞穴や、山奥の崖《がけ》の間に住むようになりました。姿かたちも悲しみにやつれて、とうとうその肉体はすっかり縮みあがってしまいました。そして骨は岩に変わり、残るものはただあの声だけになったのです。そういう姿になりながらも彼女は今もなお、自分を呼ぶものには誰にでもすぐ返事をします。そしてまた、あのへらず口をたたく昔のくせをいまだに持ちつづけているのです。

　こういう時のナルキッソスの冷酷な仕うちは、一例だけにとどまりませんでした。彼は、哀れなエーコーを撥《は》ねつけたと同じようにして、他のあらゆるニュンペーたちを撥ねつけたのです。そこである日のこと、以前ナルキッソスの心をひこうとむなしい努力をしたことのある一人の処女が、神に祈りを捧げて、ナルキッソスもいつか相手がたまらなく好きになり、しかもその愛に報いられないような思いをさせてやってほしいと願いました。復讐《ふくしゅう》の女神（ネメシスのこと）はその祈りをきくと願いを容れてやることにしました。

　あるところに澄みきった泉があって、その水はまるで銀のように輝いていました。そこへは羊飼いたちも羊の群れを近づけたことがなく、山に住む山羊たちも寄り集まることなく、森の獣たちも一頭として訪れたことがありませんでした。また木から落ちる葉や小枝などで乱され

「ナルキッソス」ポンペイ壁画

ることもなく、その周囲には青草がいきいきと生い茂り、いくつもの岩が太陽の光を遮っていたのです。この泉へある日のことナルキッソスが狩りと暑さと喉《のど》の渇きとに疲れ果ててやってきました。そして身をかがめて水を飲もうとしたのですが、その時、水に映る自分の姿が目に入りました。彼はそれがこの泉に住む何か美しい水の精だと思いました。そして感嘆しながら見つめていました。その光り輝く両の目、ディオニューソスやアポローンの髪の毛のような巻き毛、ふっくらとした頰、象牙《ぞうげ》のような白い首すじ、わずかにひらいた唇、そしてそれらすべての上に輝く健康と運動の明るい光。彼は自分がたまらなく好きになりました。接吻《せっぷん》しようと唇を近づけました。そして愛する相手を抱きしめようと腕を水の中に差し入れました。するとそのとたんに相手は逃げてしまい、またしばらくしてもどってくるとさらに新しい魅力を見せたのです。彼はその場から思いきって立ち去ることができませんでした。食べることも寝ることもすっかり忘れて、いつまでも泉のふちにしがみついて自分の姿を見つめていました。そして、水の精とばかり思い込んでいる自分の影と話をしたのです。「美しい人よ、きみはなぜ私を避けるのだ？　まさか私の顔がきみを追い払うような顔だというわけでもあるまい。ニュンペーたちも私をたまらなく好きになるし、きみだってよそよそしい素振りで私を見ているようでもない。私が腕を差しのべればきみも同じように腕をのばす。それに私にほほえみかけもし、私の手招きにも手招きで応えてくれるではないか」。彼の涙が水におちて、その姿を乱しました。彼はその姿が消え去ってゆくのを見ると叫びました、「待っておくれ、お願いだ！　きみに触れることが許されないのなら、せめて見つめることぐらいは許しておくれ」。こう言いながら、そしてさらにまたいろいろとそれに似た言葉を口にしながら彼は身を焼く恋の焔《ほのお》を胸にもえたたせました。そのためにだんだんと顔の色も、活力も、またかつてはあのニュンペーのエーコーをあれほどまでに魅惑した美しさも、失っていったのです。しかしエーコーは今もなお彼の近くにいて、彼が「ああ！　ああ！」と叫ぶと、彼女も同じ言葉でそれに答えました。やがて彼は痩《や》せ衰えて死にました。そして彼の亡霊はステュクスの河（冥界を七巻きして流れている河）を渡るときも、水に映った自分の姿を見ようと船べりから身をのりだしたのです。ニュンペーたちは彼のために嘆き悲しみました。とくに水のニュンペーたちがそうでした。そして彼女らが胸をたたくと、エーコーも同じように自分の胸をたたきました。一同は火葬のための薪を用意して、ナルキッソスの死体を焼いてあげたいと思いましたが、死体はどこにも見つかりませんでした。しかしその代わりに一輪の花が、中が緋色《ひいろ》で、まわりに白い葉をつけた花が、見つかりました。それは今日でもナルキッソス（水仙のこと）の名をつけて、彼の思い出を残しているのです。

ミルトンは「コウマス」の、姫の歌の中で（第二三〇—二四二行）このエーコーとナルキッソスの物語にふれています。姫は森の中で自分の弟たちを探しているのですが、その二人の注意をひくためにこの歌をうたうのです（詩中の天球の音楽とは、ピュータゴラースの天球はいくつもの層から成っており、各層の回転運動によって妙なる音楽が生じるという説によっている。下巻第34章参

照）

やさしいエーコーよ、この上なくやさしいニュンペーよ
　静かに流れるマイアンドロスの緑の岸の
　そしてまた、恋人に捨てられたうぐいすが
夜ごとその悲しい歌をうたいかける
　　あのすみれの花咲く谷間《たにあい》の、
空気の殻の中に姿をかくして住むものよ、
若い二人を知りはせぬか
　おまえのナルキッソスにとてもよく似ているのだけれど？
　　　おお　もし　おまえがその二人を
　　　どこかの花の洞穴にかくしているのなら、
　　　　それがどこだか教えておくれ
　やさしい、語らいの女王よ、天球《スフィア》の娘よ、
　そうすればおまえは大空高く運ばれて
天のあらゆる音楽に妙なるこだまを返せましょう。

ミルトンはナルキッソスの物語をまねて、イヴに、彼女が泉に映った自分の姿をはじめて見たときのことを語らせています（「失楽園」第四篇、第四四九―四六八行）。

あの日のことを何度も思い出します。眠りから
はじめてさめると、私は木蔭《こかげ》の花のうえに
休んでいました。そしていったいここはどこで、私は何なのだろう、
どこからここへ、どのようにして連れて来られたのかといぶかりました。
するとそこからほど遠からぬところに、ささやくような
水の音が聞こえて、それはある洞穴を出ると
水野へとひろがってゆき、それから動かなくなって、
まるで広い大空のようになりました。私はそこへ、
まだ何も知らぬまま行ってみました。そして緑の水辺に
身を横たえて、もう一つの空かとも思えるその澄みきった
滑らかな湖をのぞきました。
なおも身をかがめてのぞきこむと、ちょうど私と向かいあって
水のきらめきの中に一つの姿が現われて、
身をかがめながら私を見ているではありませんか。私は身をひきました。
するとそれも身をひくのです。しかし私はすぐに喜んでもどりました。
すると相手も同様にすぐに喜んでもどり、
同情と愛のまなざしで答えました。私はその場に今日でも
なお目をそそぎ、むなしい欲望を抱きながら恋い慕っていたことでしょうが

その時、ある声がこう私に注意してくれたのです。「おまえが見ているものは、
おまえがそこに見ているものは、女よ、おまえ自身の姿なのだ」
……

古代の伝説の中でナルキッソスの伝説ほど詩人たちがよく言及するものはありません。ここに二つの風刺詩をあげておきますが、両者のこの伝説に対する扱い方はそれぞれ違っています。最初のものはゴールドスミス（オリヴァ・ゴールドスミス。アイルランド生まれのイギリス詩人、小説家。一七二八―七四）のものです（エロースはしばしば盲目として描かれる）。

稲妻にうたれて盲《めしい》となったある美青年について

たしかにそれは初めから天の定めた仕業《わざ》なのだ
憎いからというよりは、哀れと思ったからなのだ
それで彼をエロースのように何も見えぬ盲にさせて
ナルキッソスの運命をまぬかれさせてやったのだ。

もう一つはクーパーのものです。

醜男《ぶおとこ》について

友よ、気をつけたまえ、澄みきった小川や泉を、
うっかりすると、そのものすごい大鉤《かぎ》が、
　　つまり君のその鼻が、水に映ってしまうからね。
そしたら君の運命はあのナルキッソスと同じになるよ、
彼が自分を慕って悩んだように
　　君は自分を嫌って悩むのだから。

クリュティィエー

クリュティィエーは水のニュンペーでした。そしてアポローン（太陽の神）をたまらなく好きになったのですが、彼の方は少しもそれに応《こた》えてくれませんでした。そのため彼女は痩《や》せおとろえて、髪を肩に振り乱したまま一日じゅう冷たい地面に坐《すわ》りこんでいました。九日のあいだ坐りつづけ、食べるものも食べず、飲むものも飲まず、ただ涙と冷たい露だけが彼女の食べ物でした。彼女は日の出とともに彼を見つめ、彼が毎日の軌道を通って沈んでゆくあいだ、ずっとその姿を見守っていました。他のものには目もくれず、いつも彼の方に顔を向けていたのです。それでとうとう、伝えるところによると、彼女の手足は地に根をはやして、顔は花（ひまわり）になってしまいました。そしてその花は茎の上で向きを変えてはいつも太陽の方を、その毎日の軌道を通るあいだずっと向いているのです。なぜなら、その花は今でもなお以前のニュ

ンペーの思いをそれほどまでに持ちつづけているからなのです。

フッドは「花々」の中で（第一―八行）次のようにこのクリュティエーにふれています。

狂った娘のひまわり《クリュテイエー》はやめにしよう
　太陽のおかげで頭が変になったのだから。
チューリップはつんとすましたなまいき娘、
　だからこれもおことわり。
きばなのくりんざくらは田舎の娘
　すみれの花は修道女、――
しかし優雅なばらには求婚しよう
　すべての花の女王だもの。

ひまわりはまた、変わらぬ心の表徴としてよく用いられます。ムアは次のようにそれを使っています（「アイルランドの歌」『我を信ぜよ…』第二節）。

真の愛を知った心はけっして忘れることなく
　同じまことの心をもって最後まで愛しつづける。
ちょうどあのひまわりが日の出に向けたまなざしを

日の沈むまで彼に向けつづけているように。

ヘーローとレアンドロス

レアンドロスはアビュードスの青年でした。アビュードスというのはアジアとヨーロッパとを隔てている海峡（ヘレースポントス、現在のダーダネルズ）のアジア側にある†町です。その向かい側の岸にセストスという町があって、そこにアプロディーテーの女神官のヘーローという処女が住んでいました。レアンドロスは彼女がたまらなく好きになり、毎夜この海峡を泳ぎ渡っては恋人に会っていました。そして彼女もそのために塔に炬火《たいまつ》をともしては彼を導いていたのです。しかしある夜、嵐が起こって海が荒れました。そのために彼は力つきて溺《おぼ》れてしまいました。波が死体をヨーロッパ側の岸辺に運んだので、ヘーローはそこで彼の死を知りました。そして絶望のあまり彼女も塔から海に身を投げて死んだのです。

次の十四行詩《ソネット》はキーツによるものです。

レアンドロスの絵に

みんな厳かな気持ちでここへおいで、
いつも目を伏せ、清められた光を

白い瞼《まぶた》のふちにかくした美しい処女たちよ。
そしてそっと君たちのその美しい手に合掌させておやり
まるでその手があまりにも優しい心根から
たがいに抱きあわずにはこの姿を見ることができぬかのように。
これは、君たちの光り輝く美しさの犠牲者がその若い魂の夜へと
沈んでゆく姿なのだ。荒涼とした海の中で途方にくれながら沈んでゆく姿なのだ。
これこそ若いレアンドロスがもがきながら死んでゆく姿なのだ。
もう気絶せんばかりなのにそれでも疲れはてた口をすぼめて
ヘーローの頬を求め、また彼女の微笑に微笑で答えているのだ。
おお恐ろしい夢！　ごらん、彼の体が死のように重く
波間に沈む。腕や肩が一瞬きらりと光る。
彼は消えてしまう。そして彼の愛の息がすべて泡となって浮いてくるのだ！

レアンドロスがヘレースポントス海峡を泳ぎ渡った話は、全くの作り話でそんな離れ業は不可能だと考える人もいましたが、バイロンは自分でそれをやりとげてその可能性を実証しました（バイロンは一時間一〇分で泳ぎ渡ったといわれている。しかも彼は幼児のころから片足が不自由だった）。「アビュードスの花嫁」の中で（第二篇第三節）彼はこう詩っています。

この四肢をあの浮力のある波が運んでくれたことがあった

その距離は、海峡のいちばん狭いところでも約一マイルはあります。そのうえ絶えまない潮の流れがマルモラ海から多島海（エーゲ海のこと）にそそぎ込んでいるのです。それでバイロンいらい何人もの人がここを泳ぎ渡りましたが、それでも水泳術の力と業との点で世界的な永遠の名声を獲得する余地は今もまだ充分にあるのですから、読者の皆さんの中でどなたか試してみてその名声を獲得なさるとよいと思います。

バイロンは同じ詩の第二篇の第一節で次のようにこの物語にふれています。

風がヘレーの海の上を激しく吹いている
　ちょうどあのすさまじい嵐の海の夜のように、
あの時、エロースは送り出しておいて救うのを忘れてしまったのだ、
あの若く美しい勇敢な男を、
　セストスの娘のたった一つの望みを。
おお、あの時ただ一つ空のあたりに
塔の明かりが高く燃えていた、
そして吹きつのる強風と砕け散るしぶきと
鳴き叫ぶ海鳥とが彼に帰れと警《いまし》めたのだけれど
そして頭上の雲も眼下の海も

数々のきざしと音とで行くことを禁じたのだけれど
彼には恐怖を予告する音もきざしも
見えなかった、聞こうともしなかった。
彼の目はただあの愛の光を、
はるかに求める唯一の星を、見つめているだけだった。
彼の耳はただヘーローのうたう歌が鳴りひびくだけだった。
「おまえたち荒波よ、恋人をいつまでもひき離さないでおくれ」と。
その物語は昔のものだ、しかし愛は新しく
若い人々に勇気を与え、それもまた真実だったことを証明させるだろう。

第14章
アテーナー、ニオベー

Minerva and Arachne.

アテーナー

知恵の女神アテーナーはゼウスの娘でした。彼女はゼウスの頭から、成人した姿で、しかも完全に武装した姿で飛び出してきたのだと言われています。彼女は実用的な技術や装飾的な技術を司りました。男に必要なそうした技術も——つまり農芸や航海術も——また女に必要な技術も——つまり紡績や機織《はたおり》や裁縫も——司ったのです。彼女はまた戦争の神でもありました。しかし彼女が支援するのは防衛的な戦いだけで、暴力や流血を好むアレースの野蛮なやりかたには賛成しませんでした。アテーナイは彼女が選んだ地で、彼女自身の町でした。それは彼女と同じようにこの町を望んでいたポセイドーンと競争をした結果、勝利を得て彼女に与えられたものなのです。その時の話はこう伝えられています。つまり、アテーナイの最初の王、ケクロプスの御代にアテーナーとポセイドーンの二人の神がこの町をそれぞれ自分のものにしようとして争いました。神々は、それなら人間たちに最も有益な贈り物を授けた方に褒美としてこの町を与えることにしようと定めました。そこでポセイドーンは馬（一説には泉）を贈りました。アテーナーはオリーヴを授けてやりました。神々は、馬とオリーヴとではオリーヴの方が有益であると判定して、この町をアテーナーに与えたのです。そしてその町は彼女に因《ちな》んでアテーナイと名づけられたのです。

またもう一つ別な競争もあって、それには一人の人間が勇敢にもこのアテーナーと争いました。その人間はアラクネーという処女でした。機織と刺繍《ししゅう》との技にかけては実にみごとな腕前をもっていたので、ニュンペーたちでさえよく森や泉をぬけ出して来ては彼女の仕事に見とれていました。それはただでき上がったときに美しいというばかりでなく、でき上がるまでの様子もまた美しかったからなのです。見ていると、粗糸《あらいと》を手にとってそれを撚《よ》り子に巻いたり、指で分けて、雲のように軽くやわらかに見えるまでそれを梳《す》いたり、器用な手つきで紡錘《つむ》をまわしたり、あるいは織物を織ったり、織り上がるとそれに刺繡をほどこしたりするのですが、その様子はアテーナーがみずから彼女に教えたのではなかろうかと言いたくなるほどのものだったのです。しかし彼女はこれを否定して、女神の弟子だと思われることさえ厭《いと》いました。「アテーナーに私とその技を競わせてみるといいわ」と彼女は言いました。「もしそれで私が負けたら、どんな報いでも受けましょう」。アテーナーはこれを聞くと機嫌をそこねました。そこで一人の老婆に身を変えて出かけてゆくとアラクネーにやさしく忠告しました。「私はいろいろな経験をしました」と彼女は言いました、「だからあなたも私の言うことを軽蔑《けいべつ》なさりはしないでしょう。あなたは相手が同じ人間だったら好きなように競争なさるがよい。しかし、女神さまと争ったりしてはなりませぬ。それどころか、あなたが前に申されたことをお赦しくださるようにと女神さまにお願いなさるがよい。そうすれば女神さまは慈悲深いかたでいらっしゃるから、たぶん赦してくださるでしょう」。アラクネーは紡いでいた手をとめると怒りを顔に現わしてこの老婆をねめつけました。「そんな忠告だったら」と彼女は言いました、「あんたの娘さんや女中さんたちのためにとっておくがいいさ。私はね、百も承知で言っているんだよ。だから一歩だって後に引くものか。あんな女神なんか少しもこわくはないんだから、やれるもんなら技を試させておやりよ」。「女神は今ここへ来ます」とアテーナーは言いました。

そして変装をとくと、もとの姿にたちかえりました。ニュンペーたちは敬服して身を低くかがめました。そして側にいたものは一人残らず敬意を表したのです。ところがアラクネーだけは少しも恐れませんでした。それでもさすがに顔をほてらせました。突然、まっ赤な色が彼女の頬を染め、それから彼女は青ざめてゆきました。それでもアラクネーは初めの決意をまげず、愚かにも自分の技を鼻にかけて破滅の道を急いだのです。アテーナーもそれ以上がまんはしませんでした。また新たに忠告もしませんでした。そして二人は競争にとりかかったのです。二人ともめいめい自分の持ち場につき、たて糸を糸巻きに張ります。やがて先のとがった梭《ひ》が糸の中を左右に走ります。こまかな歯の筬《おさ》がよこ糸をしっかりとしめて織物の目をおさえます。二人とももののすごい速さで織ってゆきます。器用な手が目まぐるしく動き、競争の興奮がこの骨折り仕事を軽快なものにさせます。テュルス染めの緋色《ひいろ》の糸が他のさまざまな色合いの糸と対照をなして引き立ちます。それを引き立てている他の糸も実に巧みにその隣り合わせた色へと変わってゆきます。そのため、その色がふれあうところは人の目をあざむくばかりです。まるで長い大きな橋が大空を染めるあの虹《にじ》のように、(1)太陽の光が俄雨《にわかあめ》に反射してできるときのあの虹のように、互いに色のふれあうところは同じ色に見えても、そこから少し離れて見ると全く異なった色なのです。

アテーナーは自分の織物の上に、あのポセイドーンと競争したときの光景を織り出しました。天の十二神が描き出され、ゼウスが堂々たる威厳を示してその中央に座を占めています。海の支配者ポセイドーンは三叉《みつまた》の鉾《ほこ》を持ち、それでいま大地を打って、そこから馬をとび出させたばかりといった様子をしています。そしてアテーナーは自分自身を、頭に兜《かぶと》をいただき、胸を自分のアイギス（楯、あるいは胸甲のこと）で護っている姿に描きました。これが中央の図柄でした。そして四隅にはさまざまな争いの図が描き出されていたのですが、それは神々とあえて競争するような不遜《ふそん》な人間たちに対する神々の不興を絵によって教えようとしたものでした。これらの図は、実は、アラクネーに向かって、手遅れにならぬうちに早くこの競争をやめるようにと警告するつもりで描かれたものだったのです。

　ところがアラクネーの方は、神々の失敗や間違いをこれ見よがしに示そうとことさら選んだ題材を織物《カンヴァス》いっぱいに織り出しました。ある図はレーダーが白鳥を抱きしめている図でしたが、その白鳥は実はゼウスが身を変えていたものなのです。また他の図は父親によって閉じ込められた青銅の塔の中のダナエーなのですが、ゼウスは黄金の雨に身を変えて彼女のもとへ忍び込むのです。さらにまた他の図は、牡牛《おうし》に化けたゼウスによって騙《だま》されたあのエウローペーを描いていました。牡牛があまりおとなしいので、ついその気になったエウローペーが牡牛の背中に乗ると、そのとたんに、ゼウスはどんどん海の中に入ってゆき、彼女を乗せたままクレーテー島まで泳いでいってしまったのです。読者の皆さんもこの織物をごらんになったら、それがほんとうの牡牛だと思ったことでしょう。あまりにも本物そっくりに描かれておりましたし、牡牛が泳いでいる海も全く真に迫っていました。エウローペーも、後にした岸辺をやるせないまなざしで振り返り、大声で友だちに助けを求めているようでした。そしてふくれあがる大波を見て怖ろしさにうち震え、海から足をひっこめているようにも見えたのです。

　アラクネーは、彼女の織物をこの他いろいろと同じような題材でうずめました。そしてそれはみごとなできばえだったのですが、そこには彼女の不遜な心と不敬の念とを強くうちだしていました。アテーナーはアラクネーの技に感嘆せずにはいられませんでしたが、それでもこうした侮辱に激しい憤りを感じました。そこで手にしていた梭《ひ》でその織物を打つとそれをずたずたに裂いてしまいました。それからアラクネーの額に手をふれて彼女の罪と恥とを悟らせました。しかしアラクネーはそれをこらえることができず、首をくくって死んでしまいました。アテーナーは綱に垂れている彼女の姿を見て不憫《ふびん》に思いました。そこで「生きかえりなさい」と言いました、「罪深い女よ、――そしてこの教訓の思い出をいつまでも持ちつづけるように、おまえもそしておまえの子孫のものたちも、永遠にぶらさがりつづけるがよい」。そう言って女神はアラクネーの体にとりかぶとの液をふりかけました。するとたちまちアラクネーの髪の毛が抜け落ち、鼻も耳も同じようになくなってしまいました。そしてからだ全体が縮んで、頭はさらに小さくなってゆきました。指は脇腹にくっついて脚の代わりとなりました。その他はすべて胴体ばかりになって、彼女はそこから糸をくり出してはよくそれにぶらさがりながらその糸を紡いでいるのです。その様子はちょうど、アテーナーが彼女に手をふれて蜘蛛《くも》の姿に変えたときのままなのです。

スペンサーは「ムーイオゥポトモス、あるいは蝶《ちょう》の運命」という詩の中で（第三二九―三四四行）このアラクネーの話について語っています。そして彼は師と仰ぐオウィディウスにかなり忠実に従っているのですが、物語の結びのところでは師よりもすぐれた筋にしたてあげています。次の二つの節は、アテーナーがオリーヴの木の創造を織物に描いた後での出来事を述べているのです。

これらの葉の間に彼女は蝶を描いた、
すばらしい仕掛けと不思議な軽やかさとで
オリーヴの間をひらひらと戯れまわるその蝶は、
(2)実物とも見えるオリーヴと同じように生き生きと描かれていた。
その羽根の上にやすらうビロードの毳《けば》
背を飾る絹のような綿毛
幅の広い外向きの触角、毛ぶかいふともも
壮麗な色彩、きらめく両の目。

アラクネーはそれを見ると、この類《たぐい》まれなできばえに
圧倒され、征服されて、しばらくのあいだ
驚きあきれていた、抗弁さえもしなかった。
そしてじっと動かぬまなざしで相手を見つめ、
度を失った人間によく見られる、あの沈黙で
争いの勝利を相手にゆずった。
しかし心はいらだち、はげしく燃えて
全身の血を有毒な深い恨みに変えてしまった。

そしてアラクネーは彼女自身の屈辱感とくやしさとから自分の姿を蜘蛛に変えるわけで、アテーナーが直接手を下して変えるわけではないのです。

次の昔風のいんぎんな言葉づかいの見本はギャリック（デイウィド・ギャリック。イギリスの俳優。一七一七―七九）によるものです。

ある婦人の刺繍《ししゅう》

アラクネーは、むかし、詩人たちの伝えるように
　ある女神と技を競いました、
そして間もなくこの向こう見ずな女性は
　自尊心の哀れな犠牲者となったのです。

おお、ですからアラクネーの運命にお気をつけなさい。
　分別をおもちなさい、クロウィさん、そしてもうおやめなさい
あなたもきっと女神の憎しみをかうでしょうから、
　彼女の技と知恵とに張り合おうとなさるあなたは。

テニスン（アルフレッド・テニスン。イギリスの詩人。一八〇九―九二）は、「芸術の館」の中で、その館を飾っている芸術品を

描きながら次のようにエウローペーにふれています。

　――美しいエウローペーの外套《がいとう》が花びらのように
　ひらひらと肩からはずれて後方へ飛んでいった、
　ひとつの手からはさふらんがうなだれ、もう一つの手は
　　おとなしい牡牛の黄金の角をにぎっていた。

テニスンの「王女」の中には（第七篇の歌第三節）、ダナエーについての言及があります。

　今こそ大地がすべてダナエーとなって星の前に横たわり
　そしておまえの心がすべて私の前に開く時。

ニオベー

アラクネーの運命は広く国から国へと語り伝えられました。そしてそれはあらゆる不遜《ふそん》な人間たちにとって一つの警《いまし》めとなりましたので、神々と自分とを較べてみようなどと考えるものはいなくなりました。しかし一人だけ、しかも夫をもつ身でもありながら、この謙譲の教えを学ぶことのできなかった女性がいました。それはテーバイの王妃、ニオベーでした。彼女は自分が誇りに思うものを実に多く持っていました。しかし彼女の心を驕《おご》らせたものは夫の名声で

もなく、また彼女自身の美しさでもなく、また互いの立派な家系でも、王国の威力でもありませんでした。それは彼女の子供たちだったのです。そして事実ニオベーは世の母親の中でいちばん幸福な母親になれたはずだったのですが、ついついそれを口に出してしまいました。それはレートーとその子供たち、つまりアポローンとアルテミス、とを祝う例年の祭りの時のことでした、――そしてこの祭りにはテーバイの人々が自分たちの額を月桂樹の冠で飾って集まり、祭壇に乳香を捧《ささ》げ、誓いをたてるのですが――ニオベーもその群衆にまじって姿を見せました。彼女の衣裳《いしょう》は黄金と宝石で光り輝いていました。そしてその顔も、怒りに燃えてはいましたが、実に美しく見えたのです。彼女は足をとめると、高慢な態度で人々を見まわしました。「これはまた」と彼女は言いました、「なんとばかげたことだろう！――おまえたちは自分の目の前に立っているものよりも、まだ一度も見たことのないものの方がいいというのか！　どうしてレートーなどが崇拝されて、この私は何の敬意も払われないのか？　私の父はタンタロスといって、神々の食卓に賓客として迎えられたほどのお方なのだ。そして母は女神だった（一説にディオーネーだといわれている）。私の夫はこのテーバイの町を建て、この国の王となっている。そしてプリュギアの町は私が父から譲りうけたものなのだ。だからどちらを向いても私は自分の権力の領域を見るのだ。それに私の姿といい風采《ふうさい》といい私とても神たるにふさわしからぬ者ではない。さらにそのうえ、私には七人の息子と七人の娘とがある。そしていま私の家と縁組みをするのにふさわしい取り柄をもった花婿や花嫁を探しているところなのだ。これでも私に自分を誇る理由《いわれ》がないだろうか？　おまえたちは私よりもこのレートーの方が、ティーターンの娘で二人しか子供のない女の方が、いいというのか？　私には七倍も多くの子供がある。私はほんとうに幸《フォーチュ》福《ニット》な女だ、そしてこれから先も幸福《フォーチュニット》でいられよう！　そしてそれを誰が否定できようか？　私の大勢の子が私の安全の保証なのだ。私は自分の心にあまりにも強い力を感じるからテュケー（運命の女神。ローマのフォルトゥーナのこと。英語の「フォーチュニット」はこの語に由来する）にだって威圧されるようなことはない。テュケーがいくら多くのものを奪い取ろうとしたってかまいはしない。私にはまだまだ多くのものが残るのだからね。たとえ子供たちの何人かを失っても、レートーのようにたった二人だけという哀れなものにはなりはしないのだ。さあ、おまえたちはこんな儀式の場から立ち去るがいい――おまえたちの額から月桂樹をとるがいい――こんな礼拝などやめておしまい！」。そこで人々はその言葉に従って祭りの方も途中でやめてしまいました。

レートーは憤慨しました。そして自分の住んでいるキュントスの山の頂に立って、息子と娘にこう言いました、「子供たちよ、私は今日までおまえたち二人を非常な誇りと思ってきましたし、また私自身のことについてもあのヘーラーさまをのぞけば他のどんな女神たちにも劣らぬ存在だと思ってきました。その私がいま、自分はほんとうに女神なのかと疑い始めているのです。おまえたちが守ってくれないとお母さんはみんなからの崇拝をすっかり奪い取られてしまいます」。そしてこうした調子でなおも話そうとしたのですが、アポローンがそれをさえぎりました。「もうそれ以上はおっしゃいますな」と彼は言いました、「話は処罰を遅らせるだけですから」。アルテミスもまたそう言いました。そして二人は空中を矢のように飛んでゆくと、雲のヴェールをかぶってテーバイの町の塔の上におりたちました。町の門の前にはひろい平野が続いていて、そこで町の若者たちが戦争の真似をして遊んでいました。ニオベーの息子たちもその中にいました――ある者は美しく盛装した悍馬《かんば》にまたがり、またある者は華やかな二輪戦車を駆っていました。長男のイスメーノスは泡をふく馬の手綱をとっていたのですが、突然、天上から飛んできた矢に射られて「あっ!」と叫びました。――そして手綱をはなすと息もなく地上に倒れました。もう一人の息子は、弓の音をきくと――ちょうど嵐の近づくのを見て帆を一つ残らず張りながら港へ逃げ帰る船乗りのように――手綱をすっかり馬たちにあずけながら二輪戦車を飛ばして逃げようとしました。しかし避けることのできぬその矢は逃げてゆく彼に追いついてしまいました。他の二人の息子たちは、二人とも年下の子供でしたが、ちょうど勉強を終えて運動場へ行き格闘《レスリング》をするところでした。そして二人が胸と胸とをつきあわせて立っているところへ一本の矢が飛んできて二人を一度に射貫いてしまいました。二人は同時に叫び声をあげ、同時に別れの一瞥《いちべつ》を投げ、そして同時に最後の息をひきとりました。もう一人の兄のアルペノールは、二人の倒れるのを見るとその場に走りよって助けようとしました。しかし兄らしい務めを果たそうとしているうちに彼もまた矢に射られて倒れました。このようにして、最後には、一人だけしか残らなくなりました。イーリオネオスです。彼は両腕を天にさしのべ、祈りが役に立ち得ないものかどうか試みました。「私を助けてください、神々さま!」と彼はすべての神々に向かって叫びました。なにもすべての神々に向かって哀願する必要はなかったのですが、彼はそれを知りませんでした。そしてアポローンは彼を助けてやりたいと思ったのでしたが、矢はすでにもう弦をはなれていて、どうすることもできませんでした。

民衆の恐怖と従者たちの嘆きとで、ニオベーは何が起こったかを悟りました。彼女にはそんなことが起こりうるなどとはとても考えられませんでした。そして神々があえてそのような手段に出たことを憤慨もし、また神々にそうした能力のあったことを知って驚きもしました。夫

「ニオベー」
ウフィッツィ美術館

のアムピーオーンは、この打撃にうちひしがれて、ついに自らの命を断ってしまいました。ああ！ なんというニオベーの変わりかたでしょう、ついこの間までは民衆を祭りから追いちらしたり、町なかを昂然《こうぜん》とねり歩いたりして、友人からも羨《うらや》まれていたのに、今では彼女の敵からでさえ憐《あわ》れみを受けているのです！ 彼女は冷たくなったみんなの亡骸《なきがら》のうえにかがみ込むと、一人、そしてまた一人と、死んだ息子たちに接吻《せっぷん》しました。そして青ざめた両の腕を天にさしのべると、「残酷なレートーよ」と言いました、「私の苦悶《くもん》の餌でおまえの怒りの胃袋をみたすがいい！ おまえの残忍な心を満足させるがいい、いま私も七人の息子の後を追って死んでゆくからね。だがおまえの勝利はどこにあるのだ？ みんなに先立たれはしても、私にはまだ勝利者のおまえよりもたくさんの子供がいるのだからね」。彼女がそう言いおえるかおえぬうちに弓の音がきこえて、その音はみんなの胸に恐怖の矢を射込みました。しかしニオベーだけは平気でした。あまりの悲しさにかえって気が強くなっていたからです。娘たちは喪服に身を包んで、死んだ兄弟たちの棺《ひつぎ》の前に立っていました。すると突然そのうちの一人が、矢を受けて倒れました。そして今まで自分が嘆き悲しんでいた亡骸《なきがら》の上に折り重なって死んでしまいました。もう一人の娘は、母親を慰めようとしていましたが、急に言葉をつまらせてその場に息もなく崩れ落ちました。三人目の娘はいそいで逃げようとしました。四人目は身をかくそうと、そしてもう一人はどうしてよいのかわからず、ただその場に立って震えていました。そしてとうとう六人とも殺されて、一人だけが残りました。母親はその娘をしっかりと抱きしめ、まるで自分のからだ全体でかばうようにしてその子を守りました。「一人だけは、このいちばん下の子だけは助けてやってください！　おお、お願いです、あれほど多くの子供の中からせめて一人だけは助けてください！」と彼女は叫びました。そして彼女がそう言っている間に、その子も死んでしまったのです。彼女はただ一人とりのこされて、息子たちも娘たちも夫もみんな死んでしまった中に坐《すわ》りこみました。そして悲しみのあまり神経が麻痺《まひ》してしまったように見えました。風が吹いても髪の毛さえ動かず、頰には色つやもなく、目はただぎらぎらするだけでじっとすわってしまい、生きている気配は何ひとつありませんでした。あの彼女の舌も上顎《うわあご》にくっついてしまい、血管も生命の潮《うしお》を運ばなくなりました。首はまがらず、腕も動かず、足も歩かなくなりました。彼女は、体の中も外も石に変わってしまったのです。それなのに涙だけは絶えず流れおちました。そしてそのまま一陣のつむじ風にのって故郷の山に運ばれてゆきましたが、今でも大きな岩となってそこに残っているのです。そしてその岩からは水が止めどもなく滴り落ちて、彼女の尽きぬ悲しみの思い出となっているのです。

このニオベーの物語は、バイロンが現在のローマの没落した有様を描くのにすばらしい役割を果たしています（「ハロルド卿の巡遊」第四篇第七九節）。

諸国の母なるニオベーよ！　彼女は今そこに
子もなく冠もなく、無言の悲哀にひたりながら立っている。

そのしなびた手の中には空《から》の骨壺《こつつぼ》があるけれども
中の聖《とうと》い塵《ちり》はずっと以前に飛び散っているのだ。
スキピオの歴代の墓にはもはや遺骨はないのだ。
その墓は雄々しい仕人《あるじ》もなしにただ
空虚のままになっている。おおテベレの河よ！
おまえは大理石の荒野の中を流れてゆくのか？
おまえのその黄色い波をもって立ちあがり、彼女の嘆きをおおっておくれ。

このニオベーの物語の画はフィレンツェの帝室美術館（ウフィッツィ美術館のこと）にある有名な彫像をコピーしたものです。それはもと或る神殿のペジメント（三角形の切妻壁）に飾られたと想像される一群の彫像の中の主要なものなのです。怖れおののく子供をしっかりと抱いている母親の姿は古代の彫像の中で最も賞賛されたものの一つです。それはラーオコオーンやアポローンの彫像と並んで美術の傑作の中に数えられているのです。次にあげる詩はギリシアの風刺詩から訳したものですが、これはおそらくこの彫像を指しているのだろうと思われます。

神々は彼女を石に変えたけれどもその甲斐《かい》はなかった。
彫刻家の技が彼女をまた生きかえらせてしまったからだ。

ニオベーの物語は悲惨きわまるものですが、ムアが「旅先にてよめる詩《うた》」の中で（『序詩』第三節）この物語を利用したその手法には私たちも思わず微笑をそそられます。

馬車の中こそあの卓越した人物の
リチャード・ブラックモア卿《きょう》が詩を作っていたところ。
そして、賢者の見る目に狂いがなければ、
彼は死と詩のあいだで一生を送り
なぐり書きと人殺しとでひがな一日すごしていたのだ。
あのポイボスが二輪車にくつろいで
ある時は気高い詩《うた》を口ずさみ
またある時はニオベーの子供たちを殺したように。

このリチャード・ブラックモア卿（?一六五五―一七二九）というのは医者（アン女王の侍医）でしたが、同時に非常に多作な、しかもあまりうま味のない詩人だったのです。それで彼の作品は、ムアのような才人がこうして冗談半分にでも引きあいに出さなければ、今日では誰も思い出してくれる人がいないのです。

（1）この科学的に正確な虹の描写はオウィディウスからそのまま直訳したものです。
（2）ジェイムズ・マッキントッシュ卿《きょう》（スコットランドの哲学者。一七六五―一八三二）はこれについて次のように言っています、「皆さんは支那人でさえ蝶のはなやかな色彩をこの数行——『その羽根の上にやすらうビロードの毳……』の描写以上に詳細にわたって正確に描くことができると思いますか？」（「伝記」第二巻、二四六）

第15章

グライアイ、白髪の処女たち、ペルセウス、メドゥーサ、アトラース、アンドロメダー

Perseus and Andromeda.

グライアイとゴルゴーンたち

グライアイは三人の姉妹で、生まれた時から白髪でした。それでその名（「グライアイ」とは「老婆たち」の意）がつけられているのです。またゴルゴーンたちというのは怪物のような女たちで、猪のような大きな牙《きば》と、青銅の鉤爪《かぎづめ》と蛇の髪とをしていました。これらのものは神話の中にはあまり登場しません。ただゴルゴーンの一人であるメドゥーサだけは別ですが、彼女については次の項でお話することにしましょう。私たちがここでこうした女たちについて触れたのは、ただ、現代の作家たちが考え出した説をご紹介したいと思ったからなのです。つまりこのゴルゴーンたちとグライアイというのは海の恐怖を擬人化したものにすぎないというのです。前者は大海の強い大波を表わし、後者は白い波頭をたて海岸の岩に打ちよせる波を表わしているのです。ですから両者の名は、ギリシア語では上記の「、、」で示したような形容詞の意味をもっているわけなのです。

ペルセウスとメドゥーサ

ペルセウスはゼウスとダナエーとの間にできた息子でした。彼の祖父のアクリシオスは、神託によって、汝《なんじ》は娘から生まれた子供によって殺されるであろうと警告されたので、ダナエーとペルセウスとを箱に閉じ込めるとそのまま海に流してしまいました。箱がセリーポス島へ流

「メドゥーサの首」
ウフィッツィ美術館

れてゆくと一人の漁師がそれを見つけて母親と幼児とを島の王ポリュデクテースのところへ連れてゆきました。王はこの母子を暖かく迎えました。ペルセウスが成長して大人になると、ポリュデクテースは以前からこの島を荒らしていた恐ろしい怪物のメドゥーサを退治してみるようにと彼をつかわしました。メドゥーサはもとは美しい処女で、その髪は特に彼女が自慢するものだったのですが、アテーナーと美しさを競うようなことをしたため、女神から美貌《びぼう》を取りあげられて、あの美しい巻き毛もついにしゅうしゅう音をたてる蛇に変えられてしまったのです。そして残忍な怪物となったのですが、その顔つきがあまりにも恐ろしかったので、人間も獣も彼女を見たものはみんな石になってしまいました。彼女の住んでいる洞穴のまわりには人間や動物の石像が幾つも見られますが、それはふとしたことで彼女の姿を見たものが、そのとたんに石になってしまったからなのです。ペルセウスはアテーナーとヘルメースの好意を得て、アテーナーからは楯《たて》を、そしてヘルメースからは飛行靴を借りうけて、メドゥーサの眠っているすきにそっと彼女に忍びよりました。そして彼女の姿をまともに見ることのないように注意しながら、手にした輝く楯の表面に映る彼女の姿をたよりにして、その首を切りとったのです。そしてその首をアテーナーに捧《ささ》げますと、女神はそれを自分のアイギス（楯のこと）の中央にはめこみました。

ミルトンは「コウマス」の中で（第四四七―四五二行）次のようにこのアイギスにふれています。

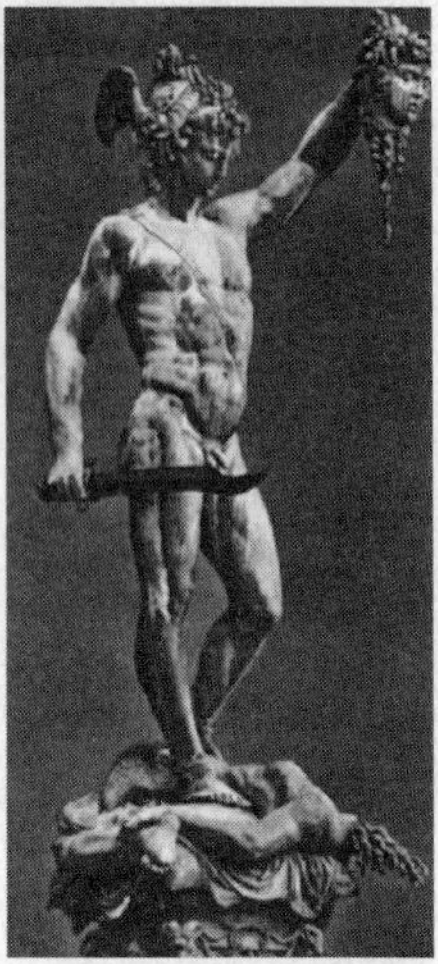

チェッリーニ「ペルセウス」
フィレンツェ

あの蛇の頭をしたゴルゴーンの
楯とは何であったろうか、
賢いアテーナー、あの征服され
ることのない処女神がもって
いた
そしてそれによって彼女の敵を
凍らせて石にしたというあの楯とは。
それこそ純潔な厳しさと気高い品位とをもった
峻《けわ》しい容貌《ようぼう》なのだ、あの野獣のような暴力に
突然の崇敬と全くの畏怖《いふ》とを浴びせかけたものなのだ！

「健康を維持する術」という詩の作者アームストロングは、河面に張った氷の効果を次のように詩っています。

不機嫌な北風が吹きだして、大地を一面にこごえさせ
硬直させると、昔のキルケーや恐ろしいメーデイアが使っていたよりも
もっと強い魔法の力によって
どこの小川も、以前はよく土堤にささやきかけていたのに、

すっかり静まり、楔《くさび》のように土堤の間にはさまって、
枯れた葦《あし》を動かそうともしなくなる……
すさまじい北東の風に吠《ほ》えたてられた大波も
いらだつ怒りに逆巻く頭を振り立てながら
たけり狂い泡をふいているうちにさえ
巨大な氷に変わってしまう。
……

あまりにもきびしい
あまりにも突然のこうした変化は、あの怖ろしいメドゥーサの
ものすごい顔の仕業なのだ。
メドゥーサは森の中をさまよい歩きながら
野獣たちを石に変えた。ライオンが泡をふいて
猛然と襲いかかってきても、彼女のさらに素早い魔法の力は
いちはやくそれを出しぬいてしまう。
そしてライオンはそのままの恐ろしい姿でじっとそこに立ちつくす。
まるで大理石の怒りの像のように！
「シェイクスピアに倣《なら》いて」

ペルセウスとアトラース

メドゥーサを退治した後ペルセウスはこのゴルゴーンの首をもって陸の上や海の上を世界のすみずみまで飛びました。そして夜が訪れる頃、大地の西のはずれ、つまり太陽の沈むところにつきました。彼はここで朝まで体をやすめたいと思いました。そこはアトラース王の国で、この王は他の誰にも負けぬほどの大きな体をした人間でした。そして羊や牛の群れをたくさんに持っていましたがこの国をねらう隣国や敵国は一つもありませんでした。しかし彼の最も自慢するものは庭園で、そこになる果実は黄金でできていました。果実は金色の枝から垂れさがり、金色の葉に半ばかくれていました。ペルセウスは王に言いました、「私はここへ客として参った。あなたがもし輝かしい血統を重んじられるかたならば、ゼウスこそ私の父だと申し上げよう。またもし偉大な功績を重んじられるかたならば、私はゴルゴーンを退治したものだと申し上げよう。私は、一夜の宿と食事とを所望いたしたい」。しかしアトラースは、大昔の神託で、ゼウスの息子がいつか自分の黄金のりんごを奪いにくるであろうと警告されていたことを思いだしました。そこで彼は答えました、「えい失せろ！　さもないとそのまやかしものの名誉も父親の話もおまえにとって何のお守りにもならなくしてくれるぞ」。そう言いながら彼はペルセウスを外へ突きだそうとしました。ペルセウスは、この巨人が自分よりもずっと強いことを知っていたので、言いました、「私の友情をそれほどまでに低く見積もるのなら、一つ贈り物をお受け願いたい」。そして彼は自分の顔をそむけながら、ゴルゴーンの首を差しだしました。するとアトラースは、その巨大な体ごと、石に変わってしまいました。鬚《ひげ》や髪は森となり、腕と肩とは絶壁に、頭は山の頂に、そして骨は岩になりました。そして全身がふくれあがって、とうとう一つの山になってしまったのです。そして（これは神々も喜んだことですが）いまでも天はそのすべての星とともに彼の肩に支えられているのです。

海の怪物

ペルセウスはなおも飛行をつづけて、アイティオピアー人の国ケーペウスの王国につきました。ケーペウスの后《きさき》のカッシオペイアは自分の美しさを自慢して、よせばいいのに海のニュンペーたちとその美しさを競いました。そのためにニュンペーたちはひどく腹をたて、とうとう大きな海の怪物を送り込んでこの国の海岸を荒らさせました。このニュンペーたちの怒りを和《やわ》らげるためにケーペウスは神託のお告げに従って娘のアンドロメダーをその怪物の餌食として捧《ささ》げることにしました。ペルセウスが空の高みから見下ろすと、その処女は鎖で岩にしばられて大蛇の近づくのを待っているところでした。まっ青な顔をして身動き一つしないので、もし彼女の流れ落ちる涙とそよ風にゆれる髪の毛とが目につかなかったら、彼はそれを大理石の像かと思ったことでしょう。その姿にはっとした彼はあまりのことに危く自分の翼を動かすのを忘れるところでした。彼は彼女の頭上を飛びまわりながら言いました、「おお、処女よ、あなたにはそのような鎖はふさわしくない、むしろ愛しあう恋人たちを互いに結びあわせる鎖こそふさわしいものだ。どうか聞かせてほしい、あなたの国の名を、そしてあなたがこのようにしてしばられている理由を」。彼女は初めのうちは処女のたしなみから黙っていました、そして、もしできることなら、両手で顔をかくしたいとも思っていたのです。しかし彼に繰りかえし質問されると、だまっていては自分が口に出してはとても言えないような過失を犯しているように思われはしないかと心配になって、自分の名と国の名と、それに母親が美しさを自慢した話とを打ち明けました。しかしその話がおわらぬうちに、海のむこうにざわめきが起こりました。そして怪物が姿を現わすと、海面に頭を突き出したまま、広い胸で波を切って進んできました。処女は悲鳴をあげました。父親も母親もその場にかけつけてはいましたが二人とも悲惨な心で、とくに母親は当然のことでしたが、救いの手を差しのべることもできず、ただ傍らに立ったまま、むやみと悲しみの言葉を口にしたり娘をかき抱こうとするだけでした。そこでペルセウスは言いました、「涙ならば後でゆっくり流すがよい。今はただ一刻も早く姫を救わねばならぬ。私にはゼウスの息子としての身分とゴルゴーンの征服者としての名声とが姫への求婚者としての資格を充分あたえてくれるかも知れぬが、もし神々の御恵みさえ得られれば、この私はさらに勲功を重ねることによって姫を申し受けたいと存ずる。私の武勇が姫をお救いした暁には、その褒賞として姫を所望いたしたいのだが」。両親はそれに同意し（どうして躊躇などすることができたでしょう?）、そして、娘といっしょにこの王国も持参金として差しあげましょうと約束します。

そのうちにも怪物は、投石の名人ならばその投げた石がとどくくらいのところまで近づいてきました。そこで若者はたちまち大地を蹴《け》って空高く舞いあがりました。そしてちょうどあの鷲《わし》（ゼウスの愛鳥でもある）が空の上から日光浴をしている蛇を見つけると、急に襲いかかってその首すじ

ヴェロネーゼ「ペルセウスとアンドロメダー」レンヌ美術館

をおさえ、蛇に鎌首をねじまげて牙《きば》を使わせないようにするのと同じように、この若者も怪物の背に襲いかかって、そしてその肩さきに剣をつき刺しました。怪物はその傷にたけり狂って、空高く身をおこし、それから海の深みに突っ込みました。それからまた、吠《ほ》えたてる犬に取りまかれた猪のように、左右にすばやく身を転じながら襲いかかってきました。しかし若者の方は翼をつかってその攻撃をかわしました。そして鱗《うろこ》のあいだに切先の入る隙間をみつけると、所かまわず今は脇腹、今は横腹と、尾に向かって勾配《こうばい》をなしているその体へ、剣を突きたてては深傷《ふかで》を負わせます。ついに怪物も鼻の穴から血に染まった海水を吹き出します。勇士の翼はその水に濡《ぬ》れてしまい、もはやそれに頼ることができなくなります。そこで彼は、波のあい間に頭をのぞかせる岩礁の上におりたつと突き出た岩角で身を支えながら、近くに浮かびあがってきた怪物に最後の一撃を与えました。海岸に集まっていた群衆は山々がこだまするほど歓声をあげました。娘の両親は喜びにわれを忘れてこの未来の花婿を抱きしめ、彼を一同の救い主、わが家の救済者と呼びました。そして、この一騎討ちの原因ともなりまた褒賞ともなった処女はいまは鎖をとかれて岩からおりてきたのです。

カッシオペイアはアイティオピアー（エチオピアのこと）人でした。ですからその自慢の美しさにもかかわらず彼女は黒人だったのです。少なくともミルトンはそう考えていたようです。それで彼は「沈思の人」の中でこの物語にふれて、「憂鬱《ゆううつ》」にむかってこう呼びかけています。

——賢く聖い女神よ、
あなたの気高い顔《かんばせ》はあまりにも輝かしくて
人間の視覚には正確に映りません、
そして、それゆえに、私たちの弱い視力には
黒く落ち着いた「叡知《えいち》」の色に覆われて見えるのです。
黒い、が、しかしその黒さは、尊敬の意味から言って、
メムノーン王子の妹ごにもふさわしいような、
またあの星に変えられたアイティオピアーの女王にもふさわしいものなのです。
自らの美しさを海のニュンペーたち以上と自慢して
神々の怒りをかったあのカッシオペイアにも。

ここでカッシオペイアが「星に変えられたアイティオピアーの女王」と呼ばれているのは、彼女は死んでから星の間におかれてこの名の星座となったからなのです。彼女はこうした名誉を得たのですが、それでも旧敵の海のニュンペーたちはなおも優勢を示して、彼女を北極に近い大空の今の位置におくと、そこで毎夜半分は彼女に頭を下げさせて謙譲の教えを受けさせているのです。

メムノーンというのはアイティオピアーの王子でしたが、彼についてはまた後の章でお話す

ることにしましょう。

結婚の祝宴

喜んだ両親はペルセウスとアンドロメダーとを連れて宮殿に帰りました。そこにはすでに祝宴が用意され、すべてが喜びと祭りの気分でわきたっていました。しかし突然、戦のような騒がしい物音がして、処女の婚約者だったピーネウス（ケーペウスの兄弟）が一団の味方の者といっしょに飛び込んでくるなり、その処女は自分のものだと要求しました。そこでケーペウスはこう諫《いまし》めはしたのですが無駄でした――「おまえが娘を要求するのだったら、この娘《こ》が怪物の生贄《いけにえ》として岩につながれているときにすべきであった。娘をあんな運命に定めた神々のお告げが下った時、それはすべての契約を解消させたのだ、本来ならば死そのものがそれを行なったであろうようにな」。ピーネウスは一言も答えず、手にもっていた投げ槍《やり》をペルセウスめがけて投げつけました。しかしそれは的をはずれてその場に落ちました。そこで今度はペルセウスが自分の投げ槍を投げようとすると、卑怯《ひきよう》な闖入者《ちんにゆうしや》は急に逃げだして祭壇のかげにかくれました。しかし彼のそうした行動は実はケーペウスの客どもを攻撃せよという部下たちへの合図だったのです。客はめいめい自分の身を守り、ついに大乱闘となりました。年老いた王はいくら諫めてもその甲斐《かい》のないことを知ると、神々にむかって、歓待を司る神々に対してなされたこのような侮辱も自分にその罪があるのではないと誓いながら、その場から退却しました。

ペルセウスとその味方の者もしばらくのあいだはこの歩の悪い争いをなんとか支えていまし

た。しかし相手の数はこちらよりもはるかに多く、滅亡は避けられそうにもありませんでした。と、その時、ペルセウスはふと思い出しました——「そうだおれの敵だったものにおれを守らせてやろう」。そこで彼は大声で叫びました、「ここに私の味方の者がいたら顔をそむけているがよい!」。そして彼は高々とゴルゴーンの首を差しあげたのです。「そんなペテンでおれたちをおどかそうったってだめだ」とテスケロスが言いました。そして槍を投げようとして構えるとそのままの姿で石になってしまいました。アムピュクスはひれ伏した相手の体に剣をつきたてようとしていましたが、その腕が固まってしまい剣を突くことも引くこともできなくなりました。また別の一人は、大声に叫びながら向かってくる途中で止まってしまい、口は大きくあいていても声を出さなくなりました。しかしペルセウスの味方の一人のアコンテオスもゴルゴーンの首を見てしまったので、他の者と同じように固くなってしまいました。アステュアゲスはそれとは知らずに剣をふるって彼に打ちかかりましたが、傷を負わせるどころかその剣は大きな音をたててはね返ってきました。

ピーネウスは自分のしかけたこの不正な戦いの恐ろしい結果を見て心が混乱しました。彼は味方の者たちの名を大声で呼びましたが誰ひとり返事をするものはいませんでした。触ってみるとみんな石になっていたのです。そこで彼はひざまずいて両手をペルセウスの方に差しのばし、それでも顔はそむけたままで、慈悲を乞《こ》いました。「なにもかもお取りください」と彼は言いました、「しかしこの命だけは私にお与えください」。「見下げはてた卑怯者め」とペルセウスは言いました、「それならこれだけはきさまに与えてやろう。つまりきさまの体はどんな武器にも傷つけられないようにしてやろう。そのうえ、きさまをこの事件の記念として大切に私の家においてやろう」。そう言うと彼はゴルゴーンの首を、ピーネウスが顔をそむけている方へ突き出しました。それでピーネウスは、ひざまずいて両手を差しのべ、顔をそむけたそのままの姿で動かなくなり、大きな石の塊りとなったのです！

ペルセウスについての次の引喩《いんゆ》はミルマンの「セイモー」(第一篇)からのものです。

あの伝説に名高いリビュアの婚礼の宴のさなかに
ペルセウスは怒りにもえながらも落ち着きはらって立ちあがった、
そして踝《くるぶし》の翼をはばたかせながら
半ば地に立ち半ば身を浮かせていると
あの楯《たて》に輝くゴルゴーンの首が荒れ狂う乱闘を石に変えてしまった。
ちょうどそのようにブリトン王セイモーも魔法の武器こそ持たなかったが、
心胆を寒からしめる態度と厳しいまなざしとで立ちあがった。
するととたんにあたりは威厳に包まれて、
騒がしい広間も沈黙してしまったのだ。

第16章

怪物——ギガンテス、スピンクス、ペーガソスとキマイラ、ケンタウロス、ピュグマイオイ、グリュプス

Chiron.

ギガンテス

怪物というのは、神話の言葉を借りて言えば、不自然な体軀《たいく》ないしは部分をもった生き物のことで、普通、人から恐怖の目で見られるものを言いました。計り知れぬ強い力と凶暴性とを持っていて、それを使っては人間を傷つけたり苦しめたりするからです。こうした怪物の中には異なった動物の体の部分をつぎ合わせたと考えられるものもいました。たとえばスピンクスやキマイラがそうです。そしてこれらの怪物には野獣のあの恐ろしい性質がすべて与えられており、また同時に人間の知恵と才能も授けられていたのです。他にギガンテスというのがありますが、これはおもに体の大きさが人間と違っているものを言います。そしてこの種族の中で私たちが知っておかねばならないことは、ギガンテスの間にも大きな区別があるということです。人間的なギガンテス、とでも言いましょうか、たとえばキュクロープスたちとかアンタイオスとか、オーリーオーンとかその他のギガンテスはこれを普通の人間と全くかけ離れたものだと考えてはいけません。なぜなら彼らは人間と恋をしたり争いをしたりしたからです。しかし神々と戦争をしたような超人的なギガンテスはとほうもなく大きな体をしていました。ティテュオスなどは、伝えるところによると、身を草原に横たえたとき、九エーカー（三六、四二〇平方メートル）を覆ったということですし、エンケラドスなどは神さまが彼を抑えておくのにアイトナ山を全部のせておかねばならなかったほどだったのです。

こうしたギガンテスが神々を相手にして行なった戦争のことやその結果についてはすでにお

話しました。実際、こうした戦争が続いていた間ギガンテスは侮りがたい敵だったのです。中には、ブリアレオースのように一〇〇本の腕をもっているものがいましたし、また中にはテューポーンのように火を吹き出すものもいました。ですから一時はこれらのものが神々を不安がらせ、あまりのことに神々もエジプトまで逃げていってさまざまな動物の姿に身を変えてかくれたのです。ゼウスは牡羊《おひつじ》に姿を変えました。ですからその後、彼はエジプトでは曲がった角をもつアムモーンの神として崇拝されたのです。またアポローンは烏《からす》に、ディオニューソスは山羊《やぎ》に、アルテミスは猫に、ヘーラーは牝牛《めうし》に、アプロディーテーは魚に、ヘルメースは鳥になりました。またある時は、このギガンテスが天にのぼって攻め入ろうともしました。そしてそのために彼らはオッサ[1]の山をもちあげてそれをペーリオンの山の上に積み重ねました。しかし彼らも最後には雷霆《いかずち》によって鎮圧されたのです。その雷霆こそアテーナーが発明したもので、女神はそれをヘーパイストスと彼のキュクロープスたちに教えてゼウスのために作らせたのでした。

スピンクス

テーバイの王ラーイオスは、神託によって、もし新しく生まれてくる息子をそのまま成長させたならば自分の王位と生命に危険が訪れるであろうと警告されました。そこで王は子供が生まれるとその子をある羊飼いに託して、殺してしまうようにと命令しました。しかし羊飼いは不憫《ふびん》に思い、かといって命令に全くそむくわけにもいきませんので、子供の足をしばって木の枝に吊《つる》しておきました。子供はこのような状態のままある農夫に見つけられ、その主人夫婦のもとにつれてゆかれました。そこで夫婦はこの子を養うことにして、オイディプース、つまり「膨《ふく》れた足」と名づけました。

それから何年かたった後、ラーイオスは一人だけ家来をつれてデルポイに向かう途中、ある狭い道で一人の若者に出あいました。むこうも同じように二輪車にのっているのです。しかしその若者は二人が命令しても道をゆずろうとはしません。そこで、王の家来は相手の馬を一頭殺してしまいました。するとその見知らぬ若者はかっとなってラーイオスもその家来もいっしょに殺してしまったのです。この若者こそオイディプースで、彼はこのようにして知らずに自分のほんとうの父親の殺害者となったのでした。

この事件があってから間もなく、テーバイの町の人々は街道筋を荒らす怪物に悩まされました。それはスピンクスという名の怪物でした。ライオンのような体で、顔は人間の女なのです。そしてこの怪物は岩の頂にうずくまって、そこを通る旅人を一人残らずつかまえては、謎をかけ、解けたら無事に通してやるが、解けなかったら死ぬのだぞと威《おど》しました。ところがこれまで誰一人その謎をうまく解くことができず、みんな殺されていたのです。オイディプースはこうした怖ろしい話にひるむ様子もなく、勇んでこれを試しにゆきました。スピンクスは彼に尋ねました、「朝は四つ足、昼は二本足、夕は三本足で歩くものは何という動物か?」。オイディプースは答えました、「それは人間である。人間は赤児の時には両手両膝《ひざ》で這《は》い、成人してからは二本脚で立ち、老齢になってからは杖《つえ》の助けをかりて歩くからだ」。スピンクスはこの謎を解かれたことを非常にくやしがり、そのため岩から身を投げて死んでしまいました。

人々は怖ろしい怪物から救われたことをたいへん喜んで、オイディプースを自分たちの王にし、女王のイオカステーをめとらせました。オイディプースは、両親については何も知らなかったので、すでに父親の殺害者となり、そしていまはまた女王と結婚することによって自分の母親の夫になったのでした。こうした恐ろしい事実はその後も知られずにいたのですが、やがてテーバイの町が饑《き》饉《きん》と疫病に悩むようになったとき、神託を伺ったところ、オイディプースの二重の罪が明らかとなりました。そこでイオカステーは自らの命を断ち、オイディプースは狂気に襲われて、自分の両眼をえぐり出すとそのままテーバイの町をさまよい出ました。人々はみな彼を恐れ、見捨てましたが、彼の娘たちだけは忠実に父親の供をしました。そして長い悲惨な放浪のすえ、彼は不運な生涯を閉じたのです。

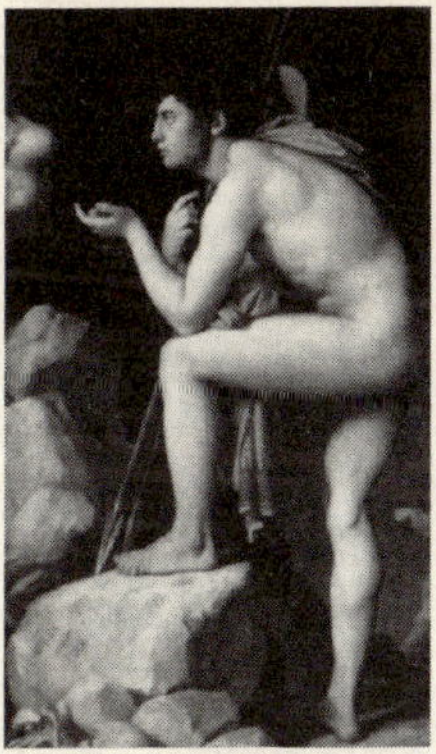
アングル「オイディプースとスピンクス」ルーヴル美術館

ペーガソスとキマイラ

ペルセウスがメドゥーサの首を切りとったとき、血が大地に滲《し》み込んでそこから翼のはえた天馬ペーガソスが出てきました。それをアテーナーがつかまえてよく馴《な》らし、ムーサの女神たちへ贈りました。ムーサの住むヘリコーンの山の上にはヒッポクレーネー（「馬の泉」の意）という泉がありますが、これはこの馬が蹄《ひづめ》で打って湧き出させたものなのです。

キマイラは火焔《かえん》を吐き出す怖ろしい怪物でした。体の前の部分はライオンと山羊をつなぎ合わせたもので、尻尾《しっぽ》は竜の尾をしていました。そしてリュキアの町をひどく荒らしていましたので、王のイオバテースはこの怪物を退治する勇者を探していました。ちょうどその時、彼の宮廷にベレロポーンという名の勇ましい若武者が到着しました。若者はイオバテースの娘の婿のプロイトスから手紙をもらって来ていました。その手紙にはベレロポーンをこの上なく心のこもった言葉で推薦し、征服されたことのない勇者とまで書いてありましたが、手紙の最後のところに、舅《しゅうと》によって何とかこの男を殺してもらいたいと添え書きがしてありました。その理由は、妻のアンテイアがこの若武者を必要以上に賞賛のまなざしで見つめていると考え、この若者に嫉妬《しっと》していたからなのです。ベレロポーンが自分では気づかずに自分の死刑執行令状の持参人となったこの故事から、「ベレロポーンの手紙」という言葉がうまれて、どんな種類の手紙にしろ、人がその持参人とさせられ、それが自分にとっては不利益な内容であるような手紙を指すようになりました。

イオバテースはこの手紙を読むと、どうしたらよかろうかと当惑しました。賓客を護る掟《おきて》にそむきたくはないし、かといって婿の願いもきき入れてやりたい。と、そのうちに名案が浮かんで、彼はベレロポーンをキマイラ退治にやることにしました。ベレロポーンはその申し出を引きうけましたが、この戦いに出発するまえに、予言者のポリュイードスに伺いをたててみました。すると予言者はできることなら天馬ペーガソスを手に入れて戦いにおもむくがよいとすすめました。そしてそのためには、その夜をアテーナーの神殿で過ごすがよかろうと指示した

「キマイラ」フィレンツェ考古博物館

のです。ベレロポーンがその指示に従って寝ていますとアテーナーが夢に現われて彼に黄金の手綱をくれました。目をさますとその手綱はまだ彼の手に残っていました。アテーナーはまた、ペーガソスはペイレーネーの泉で水を飲んでいるからとも教えてくれたのです。そして、その翼のはえた天馬は黄金の手綱を見るといそいそとやってきて、おとなしくそれをかけてもらいました。そこでベレロポーンはペーガソスにまたがり、天空に駆けあがってまもなくキマイラを見つけだし、苦もなくこの怪物を退治しました。

ベレロポーンはキマイラを退治した後も不親切な主人によってさらにいくつかの試練や労苦に身をさらしましたが、いつもペーガソスの助けをかりて勝利を得ました。そこでついにイオバテースは、この勇者は神々の特別のお気に入りなのだと考えて、自分の娘をめあわせ、彼を王位の継承者としました。しかしやがてこのベレロポーンもうぬぼれと出しゃばりとのためわが身に神々の怒りを招くようになりました。伝えるところによると、彼は例の翼のはえた天馬にまたがって天にのぼろうとさえしたのです。しかしゼウスが虻《あぶ》を送ってこのペーガソスを刺させたので彼は鞍《くら》から投げだされてそのため足を折り、盲目になってしまいました。その後ベレロポーンは人の通る道をさけてアレーイオンの野を一人さみしくさすらい、そして悲惨な最期をとげたのです。

ミルトンは「失楽園」の第七篇の最初のところで（第一―二〇行）こ

のベレロポーンにふれています（詩中のウーラニアーはムーサの一人）。

天からおりておいで、ウーラニアーよ、もしその名で呼ぶのが
ふさわしいならば。おまえのその聖なる声に従って
私はオリュンポスの山よりも高く舞い上がろう、
ペーガソスの翼の及ぶところよりもなお高く。
……おまえに導かれて
天界の天に私は地上からの客として
踏み入り、（おまえが和らげてくれた）浄火の空気を吸った。
ふたたびおまえの安全な導きによって
私を地上の住み家へと帰しておくれ。
私がこの手綱もない天馬から（むかし
もっと低い空からではあったけれどもベレロポーンのように）
ふり落とされてアレーイオンの野に墜《お》ち、さまよいながら
そこを一人さみしくさすらうことのないように。

ヤング（エドワード・ヤング。イギリスの詩人。一六八三―一七六五）は「夜の瞑想《めいそう》」の中で（第七夜）、無神論者について語りながら、こう詩っています――

未来を否定する盲目の心の持ち主は
　ベレロポーンよ、おまえのように己れの告発状を
　それとは知らずに運ぶのだ。自分でわが身に宣告を下すのだ。
　人の心を読みとれるものは不滅の生命をも読みとる。
　さもなければ自然はそこで自分の子供たちを欺いて
　神話を書いていたのだ。人間は虚偽に作られたのだと。

　ペーガソスはムーサの女神たちの馬でしたから、いつも詩人たちに仕えてきました。シラーは、ペーガソスがある貧しい詩人によって売られ、荷車や鋤《すき》をひかされる話の美しい物語（「引き具をつけたペーガソス」のこと）を書いています。この馬はそういった勤めには向いていなかったので、無骨な主人はその馬を利用することができませんでした。しかし一人の若者が進み出て、それに乗せてほしいと許しをもとめました。そして彼が馬の背にまたがったかと思うと、最初は御しがたく、そして後には気力をくじかれていたように見えたこの馬が、堂々と、精霊のように、神のように、立ちあがり、輝く翼をひろげて大空に舞いあがっていったのです。私たちの国の詩人ロングフェローもまたこの有名な天馬の冒険を「檻《おり》の中のペーガソス」の中に記録しています。

　シェイクスピアも「ヘンリー四世」[†]の中で（第一部、第四幕、第一場 第一〇四―一一〇行）ペーガソスにふれています。そこではヴァーノンが王子ヘンリーをこう描いているのです。

私はハリー王子を見ました。兜《かぶと》の顎《あご》あてをあげ、
腿《もも》あてをつけ、勇ましく武装して、
翼をはやしたヘルメースのように地上からとびあがると
苦もなく馬上の人となられました。
それはまるで天使が雲の中からおりてこられて
はやるペーガソスを御し、息を継がせ、
すばらしい馬術で人間どもを魅惑させようとしているかのようでした。

ケンタウロス

この種族の怪物は頭から腰までが人間で、その他は馬の体をしていると考えられていました。古代の人々は馬がたいへん好きでしたから馬の性質が人間の性質と結びついてもそれほど退化した複合物を形づくるとは考えませんでした。ですから†ケンタウロスは古代の空想上の怪物の中で立派な特性を与えられている唯一の怪物なのです。このケンタウロスたちは人間との交際を許されていましたのでペイリトオスとヒッポダメイアが結婚するときにも、他の客といっしょに招待されました。ところがその祝宴のさいちゅうに、ケンタウロス族の一人のエウリュティオーンが酒に酔っぱらって花嫁に乱暴しようとしました。すると他のケンタウロスたちもその例にならったので、とうとう恐ろしい争いが起こり、彼らの何人かが殺されました。これが

あの有名なラピテース族とケンタウロス族との争いで、古代の彫刻家や詩人たちが好んで扱う題材となったものなのです。

しかしケンタウロスたちのすべてがペイリトオスの乱暴な客と同じだったというわけではありません。ケイローンというケンタウロスはアポローンとアルテミスから教育をうけて、そのため狩猟や医術や音楽や予言術に長じていることで有名でした。ギリシアの物語に出てくる最も名高い英雄たち（たとえばアキレウス、アスクレーピオス、イアーソーン、ディオスクーロイなど）は皆このケイローンの弟子でした。特に幼少のアスクレーピオスなどは父親のアポローンによってこのケイローンに預けられたのです。この哲人が子供を連れて家に帰ってくると娘のオーキュロエーが出てきて彼を迎え、子供を見るなりたちまち予言者の口調で（というのは彼女は予言者だったからなのですが）、この子がかちとるはずの栄光を予言しました。アスクレーピオスは成人すると有名な医者になり、そしてある時には首尾よく死者を生きかえらせたことさえありました。しかしプルートーン（死者の国の支配者ハーデースのこと）はこれを怒りました。そこでゼウスはプルートーンの願いをいれて、この大胆な医者を雷霆《いかずち》で打ち殺したのですが、死後、彼を神々の列に加えてやりました。

「ケンタロウス」
ルーヴル美術館

ケイローンはすべてのケンタウロスの中で最も賢く、最も公正でした。ですからゼウスは彼が死ぬと人馬宮という星座の中に彼を置いたのです。

ピュグマイオイ

ピュグマイオイというのは小びと族のことで、腕尺（ひじから中指の先端までの長さ）つまり約一三インチ（約三三センチ）を意味するギリシア語からそのように呼ばれました。それがこの種族の背の高さだと言われていたのです。彼らはネイロス河の水源近くに、あるいは他の説ではインドに、住んでいました。ホメーロスによると（「イーリアス」第三巻）、鶴は毎年、冬になるとこのピュグマイオイの国に渡ってきたそうです。そして鶴の出現はこの小さな住民にとっては血なまぐさい戦争の合図で、小びとたちは武器をとって自分たちの麦畑をこの貪欲《どんよく》な他国者から守らなければならなかったのだそうです。このピュグマイオイと彼らの敵の鶴とはさまざまな芸術作品の題材となっています。

後代の作家たちの伝えるところによると、ピュグマイオイの軍隊は、ヘーラクレースの眠っているところをみつけて、まるで一つの町を攻撃しようとでもするかのようにこの英雄を襲う準備をしました。しかしヘーラクレースは目をさますと、この小さな兵隊どもを笑って、その何人かをライオンの毛皮にくるんでエウリュステウスのところへもって帰ったとあります。

ミルトンはこのピュグマイオイを「失楽園」の第一篇の中で（第七八〇—七八八行）直喩《ちょくゆ》に使っています。

――それは、インドの山の向こうの
あのピュグマイオイの種族かあるいはまた
小びとの妖精《ようせい》にも似ていた。その真夜中の酒盛りは
森かげや泉のほとりで、行きくれた農夫が目にしたり
（あるいは見たと思ったり）、また青白い月が
天空に座を占めて眺めているうちに、だんだんと地上に魅《ひ》きよせられて
ゆくような酒盛りで、彼らが歓楽と舞踏にふけり
陽気な音楽で耳を楽しませると
農夫の心もたちまち歓喜と恐怖でおどりだすのだ。

グリッフィンあるいはグリュプス

グリュプスはライオンの体をして鷲《わし》の頭と翼をもち、背中は羽毛で覆われている怪物です。鳥のように巣をつくり、そして卵のかわりに瑪瑙《めのう》をうむのです。長い爪をしていましたが、その大きさはその国の人々が杯にこしらえるくらいもあるのです。インドがこのグリュプスたちの生まれ故郷と考えられていました。彼らはそこの山から黄金を見つけ出しては、その黄金で巣をつくりました。そのため彼らの巣は猟師たちにとって非常な魅力となったので、夜も眠らずに番をしなければなりませんでした。彼らはその本能で宝物の埋蔵してある場所を知りました。そして全力をつくして略奪者たちを寄せつけないようにしていました。当時このグリュプ

スたちと共に栄えていたアリマスポイ人はスキュティアの一眼族でした。

ミルトンは「失楽園」の第二篇の中で（第九四三―九四七行）、このグリュプスたちから直喩を借りています。

グリュプスが、自分の守っていた黄金を
その寝ずの番からひそかに盗み去っていった
あのアリマスペイア人を追いかけて、荒野をぬけ、
翼にのって丘をこえ沼の谷間をこえて
行くときのように……

（1）下巻末「ことわざ集」5参照。

第17章

黄金の羊の毛皮、メーデイア

Medea and Jason.

黄金の羊の毛皮

昔、テッサリアにアタマースとネペレーという名の王と王妃が住んでいました。彼らには男の子と女の子との二人の子供がありました。しかししばらくするとアタマースは妻に冷淡になって、彼女を離縁すると、別な妻をめとってしまいました。ネペレーは継母《ままはは》の権勢をみて子供たちの危険に気づいたので、その手のとどかぬところへ子供たちをおこうと策を講じました。ヘルメースがそれを援《たす》けて彼女に黄金の毛皮をつけた牡羊を与えました。そこで彼女はそれに二人の子供をのせて、この羊がどこか安全な場所に子供たちを運んでくれることを期待しながら送り出しました。すると羊は子供たちを背にしたまま空中に舞いあがり、進路を東にとると、やがてヨーロッパとアジアとを隔てているあの海峡にさしかかりました。と、その時、ヘレーという名のその女の子が羊の背中から海へ落ちてしまいました。それでこの海はヘレースポントス（「ヘレーの海」または「ヘレーの渡し」の意）と呼ばれました——今日のダーダネルズ海峡です。羊はなおも空を走りつづけて、やがて黒海の東海岸にあるコルキスという国につきました。ここで羊は無事に男の子のプリクソスをおろすと、その子はこの国の王のアイエーテースに暖かく迎えられました。プリクソスはその羊をゼウスに生贄《いけにえ》として捧《ささ》げ、そして黄金の毛皮をアイエーテースに贈りました。王はその毛皮を神に捧げた森の中に置いて、眠りを知らぬ竜に守らせました。

テッサリアにはアタマース王の国の近くにもう一つ国があって、そこは彼の親戚《しんせき》の者が治めていました。その国王アイソーンはわずらわしい政治の仕事がいやになって、息子のイアーソーンが成人に達するまでという条件で王位を弟のペリアースにゆずりました。やがてイアーソーンが成人に達し、叔父のもとに王位を要求しにやってくると、ペリアースは喜んでそれを譲るような顔をしました。しかし同時にこの若者に向かって、例の黄金の羊毛を探す名誉ある冒険の旅に出てはどうかと話をもちかけました。あれがコルキスの国にあることは確かだし、われら一族の家宝なのだからな、というのです。イアーソーンはこの提案を快くうけ入れ、さっそく遠征の準備にとりかかりました。当時ギリシア人に知られていた唯一の航海術は、木の幹をくりぬいて作るあの小さな舟かカヌーによるものでしたから、イアーソーンがアルゴス（前出の一〇〇眼の巨人とは別人）に命じて五〇人も乗せることのできる船を造らせたとき、それはまさにとてつもない仕事だと考えられました。しかし、それもようやく完成すると、船は建造者の名に因んでアルゴー号と名づけられました。イアーソーンはギリシア中の冒険好きな若者たちに檄《げき》をとばして、まもなく勇敢な若者たちの一隊の司令官になりました。この中の多くのものがこのあとギリシアの英雄や神人たちにまじって名声を博します。ヘーラクレースやテーセウスやオルペウスやネストールもその中にいました。そしてこの一隊は船の名に因んで今日でもアルゴナウテース（「アルゴー号の乗組員」の意）と呼ばれているのです。

　こうした英雄たちを乗組員にしたアルゴー号はテッサリアの岸を後にしました。そして†レームノス島に寄港してからミューシアに渡り、そしてさらにトラーキアにゆきました。ここで一行は哲人ピーネウス（盲目の予言者で国王。二六五ページの人物とは別）に会い、彼から前途の進路について指示を得ました。それによると、昔エウクセイノス海（黒海のこと）の入口は二つの小さな岩の島によって航行を妨げられていたらしいのです。つまりその島が海上に浮いていて、上下左右にゆれてはときどき互いにぶつかりあい、その間にはさまるものはどんなものでも粉微塵《こなみじん》に砕いたり磨りつぶしたりしていました。それでその島はシュムプレーガデス、つまり「打ち合わさる岩」と呼ばれていました。ピーネウスはアルゴナウテースたちにこの危険な海峡を通過する方法を教えてくれました。そこで一行はこの島にさしかかったとき一羽の鳩を放ったのです。するとその鳩は岩と岩との間を飛んで、尻尾《しっぽ》の羽根を少し失くしただけで、無事にそこを通りぬけました。イアーソーンと彼の部下たちは、ぶつかりあった岩がその反動で開きかけるうまい瞬間を利用して勢いよくオールを漕《こ》ぎ無事に通過することができました。ただそのすぐ後で島がまたぶつかり合ったので、実際には船尾にかすり傷を負ったのです。それから一行は海岸にそって進み、やがてこの海の東のはずれにつきました。そしてコルキスの国に上陸したのです。

イアーソーンがコルキスの王アイエーテースに自分の使命を伝えると、王は黄金の羊毛を手放すことを承知しました。ただそれには条件があって、イアーソーンが青銅の足をした二頭の火をふく牡牛《おうし》を鋤《すき》につないで大地を耕し、そこにカドモスの退治したあの竜の歯を播《ま》いたならば、というのでした。あの歯からは、すでによく知られているように、武装した兵隊が生えてきてそれを播いた者に矛先を向けるのです。イアーソーンはその条件を承諾しました、そしてその実行の日取りが決められました。しかしその前に彼はいろいろと手段を講じて自分の思いを国王の娘のメーデイアに打ちあけていました。そして彼女に結婚の約束をし、またメーデイアといっしょにヘカテーの祭壇の前に立ったときには、この女神にもかけて結婚の誓いをたてました。それでメーデイアもついに彼の言葉を信じるようになりました。――そして彼はメーデイアの助けをかりて、というのは彼女はすぐれた魔法使だったからなのですが、火をふく牡牛の息にも、武装した兵隊たちの矛先にも無事に対抗できる魔力をさずかったのです。

いよいよその日になると、人々はアレース（戦いの神）に捧げられた森に集まりました。そして国王は玉座に坐り、民衆は丘の中腹をぎっしりと覆いました。やがて青銅の足をした牡牛たちが鼻の穴から火をふきながらなだれ込んでくると、その火は道ばたの草を焼きつくしてしまいました。音は溶鉱炉のうなりのようで、煙は生石灰に水をかけたときのようでした。イアーソーンはこれらを迎え撃たんと勇ましく進み出ました。彼の友人たちも、あの選りぬきのギリシアの英雄たちも、その姿を見て身を震わせました。しかしイアーソーンは火の息など物ともせず、牛どもの怒りを言葉で鎮め、その首すじを大胆な手で軽くたたきながら巧みにそれに軛《くびき》をかけて、鋤《すき》をひかせました。コルキスの人々は啞然《あぜん》としました。ギリシアの人々は歓声をあげました。イアーソーンは次に竜の歯を播いてそれに土をかけはじめました。すると間もなくして一群の武装した兵隊がはえてきました。そして語るも不思議！　彼らは地上に出るやいなや武器をふりまわしながらイアーソーンめがけて襲いかかって来たのです。ギリシア人たちは自分たちの英雄の安否を気づかいました。そして彼女さえも、あの護身の術を彼に与えその使い方を教えたメーデイアでさえも、恐怖のあまりまっ青になったのです。イアーソーンは一時は自分の剣と楯《たて》とで敵の攻撃をくいとめていましたが、やがて相手のおびただしい数にとても太《た》刀《ちう》打ちできないことを知ると、メーデイアが教えてくれた魔法を使って石を一つ摑《つか》み、それを敵のまん中へ投げました。すると彼らはたちまち同士打ちを始め、間もなくすると、この竜の歯から出た一族は一人残らず死んでしまいました。ギリシア人たちは彼らの英雄を抱きしめました。そしてメーデイアも、できることなら彼を抱きしめたいと思いました。

後に残った仕事は、あの黄金の羊毛を守っている竜をなんとかして眠らせることでした。そしてこれは、メーデイアがくれた魔法の薬をこの竜に二、三滴ふりかけることでうまくゆきました。竜は薬の匂いをかぐと怒りをやわらげ、しばらくの間じっと立っていましたが、そのうちに、これまで閉じることを知らなかったあの大きなまるい目を閉じて、ごろりと横になり、そのままぐっすりと眠りこんでしまったのです。そこでイアーソーンは羊毛をとると、友人とメーデイアとを連れて、国王のアイエーテースに出発をはばまれぬうちに、急いで船に帰りました。そしてできるだけ船路をいそいでテッサリアへ向かいました。そして一同が無事に到着すると、イアーソーンは羊毛をペリアースに引き渡し、アルゴー号をポセイドーンに捧げました。その後この羊毛がどうなったかについてはわかりませんが、おそらく、多くの他の黄金の宝物と同じように、結局これも手に入れるために費しただけの苦労には値しなかったことがわかったのだろうと思われます。

この話は、最近のある作家が言うように、多数の作り話におおわれてはいても、その根底には真理が存在するのだということを人に信じさせるような理由をもったそういう神話的な物語の一つです。それはおそらく、初めての重要な海の遠征だったのでしょう。そして私たちが歴史から学んで知っているように、あらゆる国におけるこの種の初めての試みと同様、これもおそらく半ば海賊的な性格をもっていたのだろうと思われます。ですからその結果として、豊富な略奪品が持ち帰られたのだとするならば、黄金の羊毛の考えが生まれてくるのも当然のことだったのです。

また博学な神話学者であるブライアント（ジェイコブ・ブライアント。イギリスの古典学者。一七一五－一八〇四）の別の説によれば、これはあのノアと箱船の物語（旧約聖書、創世記第六－九章参照）の転訛した伝説ではなかろうかというのです。アルゴーという船の名は箱船を黙賛しているようですし、あの鳩の話もまたそれを裏書きしています。

ポープは「聖セシリア（音楽の守護聖人）の日に、音楽によせる頌歌《オウド》」の中で（第三八－四三行）次のようにこのアルゴー号の進水とオルペウスの音楽の力とを祝っています。ここで彼がトラーキア人と呼んでいるのはオルペウスのことです。

そこであの最初の勇壮な船が海に乗り入れるとき
トラーキア人は艫《とも》に立って高らかに竪琴《こと》をならした
アルゴー星座が、自分と同族の木が
ペーリオンの山から海へ滑りおちてゆくのを見ていた時だ。
神人たちはその調べにわれを忘れて立ちつくし
兵士たちの心も勇ましくふるいたった。

ダイアー（ジョン・ダイアー。ウェールズ生まれの詩人。一七〇〇－五八）の「羊の毛皮」という詩の中にはアルゴー号とその乗組員について詩った箇所がありますが、これを見るとこの原始的な海上の冒険のことがよくわかります。

エーゲ海沿岸の各地から
勇者たちが集まってきた、あの有名な双子の
カストールやポリュデウケース、音楽の名手オルペウス、
風のように敏速なゼーテースやカライス、
強壮なヘーラクレースやそのほか名高い強者《つわもの》たちが。
そしてイオールコスの砂深い浜辺に群れつどい、
鎧兜《よろいかぶと》に身を輝かせながら遠征に胸の炎を燃やしていた。
やがて月桂樹の綱と大きな石とをデッキにあげて
その帆船は艫綱《ともづな》を解いた。
驚くほど長い竜骨はアルゴスの巧みな腕が
この誇らしい遠征のために造ったものだ。
その伸びた竜骨から高いマストがそそり立ち
帆は一つ残らず風をはらむ。英雄たちにも
目新しいものだ。そしていま初めて一行は
大海でのさらに大胆な航海術を学んだのだ、
金色に輝く星々に導かれて、ちょうど
ケイローンの術が天空に書き記してくれたように。
……

ヘーラクレースは、彼が愛していた美少年ヒュラースのためにミューシアでこの遠征隊と別れてしまいました。少年が水を求めに行ったところ、彼の美しさに心を奪われた泉のニュンペーたちが少年をつかまえて放さなかったのです。そこでヘーラクレースはこの少年を探しに行ったのですが、その留守のあいだにアルゴー号は出帆して、彼を置きざりにしてしまったのです。ムアはある詩の中で（「アイルランドの歌」『この世での生活はすべて喜びと悲しみとで色どられている』第二節）この事件に美しく言及しています。

ヒュラースは水瓶《みずがめ》をもって泉へ使いに出されたとき
光り輝く野原を通り、楽しい心で足どりも軽く
牧場や丘を越えてゆくうちに
道端の花に心を奪われて使いのことを忘れてしまった。

こうして多くの人々は、私も同様、若いうちに
「哲学」の社《やしろ》のわきを流れる泉の水を味わっておかねばならぬのに
水ぎわの花に心を奪われて大切な時を無駄に過ごし、
その軽い水瓶を私の瓶と同様に空《から》のままにしているのだ。

メーデイアとアイソーン

黄金の羊の毛皮を取りもどした祝いの席上、イアーソーンは一つだけものたりないものを感じました。それは父親のアイソーンの姿が見えなかったことです。寄る年波と病弱とから彼はその席に列《つら》なることができなかったのです。そこでイアーソーンはメーデイアに言いました、「妻よ、私はおまえの魔力のお蔭《かげ》でずいぶんと助かったのだが、その魔法をもう一度、私のために役立ててはくれまいか。私の寿命から何年かをとって、それを父の寿命に加えてもらいたいのだ」。するとメーデイアは答えました、「これはそのような犠牲を払ってなされるべきものではありません。私の魔法がうまくいけば、お父さまのお命はあなたのお命を縮めなくとも延びましょう」。そして彼女は次の満月の夜、すべての生き物が寝しずまっている中を、ただ一人そっと抜け出してゆきました。木の葉を揺らす微風もなく、すべてのものが静まりかえっていました。彼女はまず星にむかって呪文《じゅもん》をとなえました。それから月にむかいました。それから地獄の女神ヘカテー(1)にむかい、また大地の女神テルースにむかって呪文をとなえました。それはこうした女神たちの力によって魔法に効き目のある植物が生えるからなのです。彼女は森や洞穴、山や谷、湖や河、風や大気の神々にも力を乞《こ》いました。そして彼女がこうして祈っていると、星がだんだんと輝きを増して、やがて一台の二輪車が空中を翼のある蛇にひかれておりてきました。彼女はその車にのると、空高く舞いあがり、遠く各地を飛びまわって、その土地に生えているさまざまな薬草の中から自分の目的にあうものだけをじょうずに集めてこようとしました。そして九日九夜さがしまわって、その間は、自分の宮殿の戸口もくぐらず、屋根の下にも立たず、また人間との交渉もいっさいさけました。

次に彼女は祭壇を二つ建てました。一つはヘカテーのもので、もう一つは青春の女神へーベーのものです。そして一頭の黒い羊を生贄《いけにえ》として捧《ささ》げ、ミルクとぶどう酒とをそそぎました。またハーデースと、彼が略奪していった花嫁（ペルセポネーのこと。一二九ページ参照）とにむかって、どうかお二人があの老人の生命を急いで奪うことのないようにと頼みました。それからアイソーンを運んでこさせると、呪文をとなえて彼を深い眠りにおとしいれ、死者のように薬草の床の上にねかせました。イアーソーンや他の者たちはすべてその場から遠ざけられました。不浄の目が彼女の秘法を見るといけないからです。それからメーデイアは髪をふりみだして、燃えている小枝を生贄の血の中にひたしながら、祭壇のまわりを三度まわり、そしてその小枝を祭壇に積み重ねて燃やしました。その間に、釜《かま》の中のものが煮えたちました。すると彼女はその中にさまざまな薬草を入れ、同時に、辛い汁を含んだ種や花、遠い東の土地からもってきた石、すべてを取りまいている大洋の岸辺から持ち帰った砂、月の光で集めた白い霜、木《こ》の葉《は》梟《ずく》の頭や翼、狼の腹わた、なども入れたのです。そしてさらに亀の甲羅《こうら》のかけらや、牡《お》鹿《じか》の肝臓や――というのはこの動物は生命力が旺盛《おうせい》だからですが――それに人間の九世代も生きながらえる烏《からす》の頭や嘴《くちばし》を入れました。こうしたものや、そのほか多くの「名も知れぬ」（「マクベス」第四幕第一場、第五〇行参照）ものをいっしょにして、彼女は自分の志す仕事のためにそれらを枯れたオリーヴの枝でかきまわしながら煮つめていったのです。そしてどうでしょう！　その枝は、釜から取り出してみると、たちまち緑色になって、まもなく枝いちめんに葉が生いしげり、若いオリーヴの実が豊かにみのったではありませんか。そして釜の中の汁が沸騰して泡をたて、時々ふきこぼれたりすると、その汁の飛び散ったところの草は春の草のように緑をなして萌《も》え出したのです。

こうして用意がすべてととのったのを見ると、メーデイアは老人の喉《のど》を裂いて体の血を全部出し、口と傷口とから釜の汁をそそぎ込みました。老人がその汁をすっかり飲み込んでしまうとすぐに、彼の髪や鬚《ひげ》は白さをすてて青春の黒い色を帯びはじめました。青ざめた色も憔悴《しょうすい》の色も消え、血管には血が充満して、手足は活気と逞《たくま》しさに満ちあふれました。アイソーンはわれとわが身に驚きます。そして、今の自分が四〇年前の若い日の自分であることを思い出すのです。

この場合、メーデイアは彼女の魔法を善良な目的のために使ったのですが、別のところではそうではありませんでした。復讐《ふくしゅう》の手段に使ったのです。読者の皆さんも憶《おぼ》えていらっしゃると思いますが、ペリアースはイアーソーンの叔父で、イアーソーンから王位を奪おうとして彼を国外に追った男でした。しかしそのペリアースにもどこかよいところがあったにちがいありません。なぜなら、彼の娘たちは彼を深く愛して、メーデイアがアイソーンのためにしたことを見ると自分たちの父にも同じことをしてほしいとメーデイアに頼んだからです。メーデイアはうわべは承知したように見せかけて、前のように釜の用意をしました。そして彼女の要求で年老いた羊が一頭つれてこられると釜の中に投げ込まれました。と、すぐにその釜の中から鳴き声がきこえてきたので、ふたをとって見ると子羊が一頭とびだしてきて、はねまわりながら近くの牧場へと逃げてゆきました。ペリアースの娘たちはこの実験を見て喜び、自分たちの父親が同じ手術を受ける時刻を定めました。しかし、メーデイアは彼のための釜は全く別な方法で用意したのです。釜の中にはただ水と普通の草を少しばかり入れただけでした。そして夜になると娘たちといっしょに老王の寝室へ入ってゆきました。その間、王も護衛の者たちも彼女がかけた呪文の力によってぐっすりと寝込んでいました。娘たちは短剣をぬいて寝台のかたわらに立ちならびましたが、王の体にそれを突き立てることをちゅうちょしました。メーディアはそのぐずぐずした態度を叱りました。そこでついに娘たちは、顔をそむけながら、手当りしだい、父親の体に短剣を突き立てたのです。父親ははっとして目をさますと叫びました、「娘たち、何をするのだ？　おまえたちは自分の親を殺そうというのか？」。娘たちの心はひるみ、手にしていた短剣を思わず落としてしまいました。しかしメーディアはとどめの一撃を加えて、王にそれいじょう口をきかせませんでした。

それから彼女たちは王を釜の中に入れました。そしてメーディアは自分の裏切り行為が発見される前に、蛇のひく二輪車にのって急いでその場を立ち去りました。さもなければ娘たちの復讐はすさまじいものだったろうと思われます。しかし彼女はこうして逃げはしたものの、この悪事の果実からはほとんど喜びを得ませんでした。彼女がこれほどまでにして尽したイアーソーンは、コリントスの王女のクレウーサと結婚したいと望み†、メーディアを離婚してしまったからです。メーディアはこの恩知らずな仕打ちに激昂《げっこう》して、神々に復讐を願うと、その花嫁に贈り物として毒を塗った衣裳《いしょう》を送り、それか

ドラクロワ「メーデイア」
ルーヴル美術館

ら自分の子供たちを殺して宮殿に火を放ち、蛇のひく二輪車にのってアテーナイに逃げました。そしてこの地でテーセウスの父アイゲウス王と結婚したのですが、このことについてはテーセウスの冒険のところでまたお話することにしましょう。

こうしたメーディアの魔法をごらんになって読者の皆さんは「マクベス†」（シェイクスピアの四大悲劇の一つ）の中に出てくる魔女たちの魔法を思い出されることでしょう。次にあげるものは、この古代の話を実にはっきりと思い出させてくれるような一節です（「マクベス」第四幕第一場第四―二五行）。

釜のまわりをぐるぐるまわれ、
毒の腹わた投げ入れろ。
……
沼の大蛇のぶつ切れも
釜で煮込んで焼きあげろ。
いもりの目玉に蛙の指先
こうもりの毛に犬の舌。
蝮《まむし》の叉舌《またじた》、盲蝮の毒牙《どくが》、
とかげの脚にふくろうの羽根。
……
飢えた鮫《さめ》の胃袋に

闇夜に掘った毒にんじん
……

そしてまた（第四九一―五〇行）、

マクベス――おまえたちのしているのは何だ？
三人の魔女――名も知れぬことさ。

メーデイアにはもう一つ話があります。それは古今の詩人たちの間に、どんな種類の残虐行為もすべてこうした魔女のせいにする慣わしがあるにしても、これをその魔女の仕業として記録するにはあまりにも胸の悪くなるような恐ろしい話なのです。メーデイアはあのコルキスから逃げるとき、弟のアプシュルトスも連れてゆきました。そして後を追ってきたアイエーテースの船がアルゴー号の一行に迫ってきたのを見ると、彼女はこの青年を八つ裂きにしてその手足を海にまき散らさせたのです。アイエーテースはその場に来るとすぐに、この虐殺された息子の痛ましい姿を見つけました。しかし彼がその散らばった遺体を集めて、それを近くの港で丁重に埋葬している間に、アルゴー号の一行は逃げていったのです。

キャンブル（トマス・キャンブル。スコットランドの詩人。一七七七―一八四四）の詩の中にエウリーピデース†（ギリシアの詩人、劇作家。前四八四頃―前四〇六）の書いたメーデイアの悲劇の合唱歌《コロス》の訳があります。詩人エウリーピデースはその機会を利用して、生まれ故郷のアテーナイに熱烈な賞賛の言葉を送っています。そのはじめの部分はこう書かれています。

おお、やせ衰えた女王よ！　おまえは親族の血に染まりながら
その輝く二輪車をアテーナイに向けようというのか、
その呪われた近親者殺しの罪をかくすために
おまえは「平和」と「正義」とが永遠に住む国へ行こうというのか？

（1）ヘカテーは時にはアルテミスに、また時にはペルセポネーに混同される不思議な女神でした。アルテミスが夜の月の光の美しさを表わせば、ヘカテーは同じように夜の暗さや恐ろしさを表わします。彼女は魔法や妖術《ようじゅつ》の女神で、夜になると地上を歩きまわりました。そしてその姿は犬にしか見えませんでした。ですから夜、犬が吠《ほ》えるのはこの女神がやって来たことを知らせるのだと信じられていたのです。

第18章
メレアグロスとアタランテー

Meleager.

メレアグロス

アルゴー号の遠征に加わった英雄の一人にメレアグロスがいました。カリュドーンの王オイネウスとその妻アルタイアーとの間にできた子供です。アルタイアーは、子供が生まれたとき、三人のモイラたち（運命の女神）を見ました。運命の糸をつむぐこの女神たちは、この子は、いま炉の中で燃えている薪が燃えつきたときに死ぬであろうと予言しました。そこでアルタイアーはその燃えさしをつかむと火を消して、何年ものあいだ大切にしまっておきました。そうしてメレアグロスは少年に、そして青年に、そしてやがて壮年に達しました。ところがある時、どうしたはずみか、父のオイネウスは神々に生贄《いけにえ》を捧《ささ》げながらアルテミスにだけはしかるべき礼を忘れてしまいました。そこで女神は自分が疎んじられたことを怒って、一頭の大きな猪を送ると、カリュドーンの田畑を荒らさせました。猪の目は血と火に輝き、毛は研ぎすました槍《やり》のように逆立っていて、牙《きば》はインドに住む象の牙にも似ていました。実りかけた穀物は踏みにじられ、ぶどうやオリーヴの木も荒らされ、羊の群れも牛の群れもこの獰猛《どうもう》な獣に追いまくられたのです。並の救援などではとても役立ちそうにありませんでした。そこでメレアグロスはギリシアの英雄たちに檄《げき》をとばして、この飢えた怪物を退治する勇ましい狩猟に参加するよう呼びかけました。テーセウス、その親友のペイリトオス、イアーソーン、後にアキレウスの父親となるペーレウス、アイアースの父テラモーン、それに当時はまだ若者でしたが、老人となってもなおアキレウスやアイアースといっしょに武器をとってトロイア戦争に参加したあのネストール——こういう英雄たちやそのほか大勢の英雄たちがこの猪狩りに参加したのです。アルカディアの王イーアソスの娘のアタランテーも馳《は》せ参じました。胸もとは磨きあげた黄金の止め金で衣をとめ、左の肩には象牙《ぞうげ》の箙《えびら》をかけ、そして左の手には弓をにぎっていました。顔は女性のもつ美しさと、勇ましい青年のもつこの上ない魅力とを兼ねそなえていました。メレアグロスはその姿を見たとたんに彼女がたまらなく好きになりました。

　しかし、すでに一行は怪物の住む穴の近くにまで来ていました。そこで彼らは強い網を木から木へと張りわたしました。そして犬を綱から放して、草の中に残した獲物の足跡を探しだそうとしました。ところが森にはそこから沼地のような所へとくだってゆく坂がありました。ここに例の猪がいて、葦《あし》の中に身をひそめていたのですが、追手の犬の声を耳にすると、突然その犬たちにむかって突っかかってきたのです。犬は一頭そしてまた一頭と投げたおされては殺されます。そこでイアーソーンは、われに勝利を与えたまえとアルテミスに祈りながら（アルテミスは狩猟の女神。しかし猪をこの地に送ったのはもともとアルテミスであるから、この女神に祈っても無益なはずである）手にしていた槍を投げます。すると祈られて気をよくした女神はその槍が獲物に当たることだけは許しますが、傷を負わせることは許しません。女神は、槍が飛んでいるときにその鉄の穂先を抜きとってしまったのです。ネストールは猪に襲われると近くの木の枝にとびあがって避難します。テラモーンは猪の後を追いかけてゆきますが、木の根につまずいてうつぶせに倒れます。しかしアタランテーが放った矢がついにはじめてこの怪物の血を味わいます。それはごく浅い傷でしたがメレアグロスはそれを見ると嬉《うれ》しそうに彼女の手柄を宣言します。アンカイオスは、女に与えられたその賞賛の声をきくとむしょうに妬《ねた》ましくなって、自分の武勇を大音声《だいおんじょう》に名乗りあげるや、猪とその猪を送った女神とに戦いをいどみます。しかし彼が突進してゆくと怒り狂ったその野獣は致命傷を与えて彼をうちたおしてしまうのです。テーセウスは槍を投げます、しかしそれは突き出た枝に邪魔されて逸《そ》れてしまいます。イアーソーンの槍も的をはずれて自分たちの猟犬を殺してしまいます。しかしメレアグロスは、初めの槍こそ仕損じますが、二度目の槍は怪物の脇腹に首尾よく射込みます。そこですばやくとびかかっていくと続けざまに槍を突きたててこの野獣を殺します。

周囲の者たちから歓声があがりました。そして一同は勝利者に祝いの言葉をのべながら群がりよってきて彼の手をにぎりました。彼は、自分の片足を殺したばかりの猪の頭にのせたままアタランテーの方を向くと、彼女の戦利品であるこの猪の頭と剛毛の生えている毛皮とを贈りました。しかしこれを見た他の者たちはそれを妬んで争いを起こしました。メレアグロスの母親の弟（あるいは兄）であるプレークシッポスとトクセウスは誰にもましてこの贈り物に反対しました、そして処女からその得たばかりの戦利品を奪いとりました。メレアグロスは自分に対してなされたこの無礼な行為に烈火のごとく怒りましたが、それにもまして、自分の愛する処女に向けられたその侮辱にかっとなると、相手が親族であることも忘れて、その二人の心臓に剣を突きさしてしまいました。

そんなこととは知らぬアルタイアーが息子の勝利を感謝して神々の神殿へ供物を捧げに行っていると、そこへ殺された弟たちの遺体が運びこまれてきて彼女の目にとまったのです。彼女は泣き叫び、胸をうち、そしてあわただしく喜びの衣を悲しみの衣に着かえます。しかしこの殺害の下手人が誰であるかわかると、悲しみは消えて息子に対する激しい復讐《ふくしゅう》の望みに変わるのです。彼女は運命の薪を、自分がむかし炎の中から救い出したあの薪を、運命の女神たちがメレアグロスの命と結びつけたあの薪を、とりだしてくると、火の用意をするように命令します。そして四度その火の中にこの薪を投げ込もうとしますが、四度ともためらい、息子の上にもたらす破滅を思って身を震わせます。母親としての感情と姉としての感情が心の中で争います。自分がこれからしようとすることを考え、顔色がまっ青になるかと思えば、次の瞬間には息子の行為に対する怒りから、ふたたびまっ赤に燃えあがります。ちょうど風には一方へあおられ、潮には逆の方向へ流される船のように、アルタイアーの心はどちらへともなく漂うのです。しかしやがて姉としての感情が母親としての感情にうち勝ちます。そして彼女はあの運命の薪をしっかりとつかみながらこう言うのです。「ごらんください、復讐の女神さま、エリーニュエスさま！　私の捧げます生贄をごらんください！　罪には罪をもってあがなわねばなりません。テスティオスの家が二人の息子を失って悲しみに沈んでいるときに、オイネウスだけが勝利の息子に喜び浮かれていてよいものでしょうか！　とはいえ、ああ！　私はどんな行為へと押し流されてゆくのだろう？　弟たちよ、母親としての私の弱さを許しておくれ！　この手がなかなか言うことをきかないのです。もちろんあの子の所業は死に値します。とはいえ、この私の手にかかって死なねばならないとは限らないのです。でも、それならあの子を生かしておいて、勝ちほこらせ、このカリュドーンの町を支配させてよいものでしょうか、弟のあなたたちが恨みをはらされることもなく黄泉《よみ》の国をさまよい歩いているときに？　いいえ、それはなりません！　メレアグロスよ、おまえは私があの燃えさしを消してやったおかげで今日まで生きてきたのです。今こそおまえは死んで自分の罪をつぐなうがよい。初めはおまえの生まれ出るときに一度、そしてまた、炎の中からこの薪を取り出したときに一度と、二度おまえに与えてやったその命を、今こそ私に返すのです。おお、こんなことならいっそ、あの時おまえが死んでいてくれた方がよかった！　ああ！　勝利は不幸です。しかし弟たちよ、あなたたちこそ勝利を得たのです」。そう言うと彼女は顔をそむけたままあの運命の薪を炎の中に投げ込みました。

薪は恐ろしい呻《うめ》き声をあげました、あるいは、あげたように思われました。するとメレアグロスは、遠く離れていながら、なぜかその原因もわからぬままに、とつぜん苦痛を感じました。彼の体が燃えはじめたのです。そこで彼は自分を焼きつくそうとするその劫火《ごうか》に、勇敢な誇りだけでうち勝とうとします。血も流さず名誉も得られないような死によって自分が滅んでいくことだけを嘆きます。そして最後の息をふりしぼって、年老いた父親や、兄や、優しい姉たちの名を呼び、また愛するアタランテーの名を、そしてまた自分の死を招いた当人であることを少しも知らずに母親の名を、呼ぶのです。炎はますます燃えさかり、それにつれて英雄の苦痛もさらに激しくなります。やがてその炎も苦痛も弱まり、ついに消えてしまいます。薪は灰となり、こうしてメレアグロスの生命は吹きわたる風にのってかき消えていったのです。

アルタイアーは、薪を炎に投げ込んだあと、われとわが身を殺《あや》めました。メレアグロスの姉たちは弟の死を嘆きましたが、その深い悲しみは誰一人なぐさめることができぬほどでした。そこでアルテミスは、かつては自分を怒らせたこの家の不幸を不憫《ふびん》に思って、彼女たちを鳥に変えてやったのです。

アタランテー

こうした多くの悲しみも結局その原因《もと》といえば、当人には何の罪もありませんでしたが、女にしては男の子らしく、それでいて男にしては女の子らしい顔つきをした一人の処女にあったのです。彼女は以前、自分の運命を神託にうかがったことがあったのですが、そのお告げは次のような意味のものでした。「アタランテーよ、汝《なんじ》は結婚してはならぬ。結婚すればその身は滅びるであろう」。彼女はこの神託におびえて男たちとの交際をさけ、ただひたすら狩猟に身をささげていました。そして求婚してくる者があると一人残らず（というのは、彼女には多くの求婚者があったからですが）或る条件を課してそのうるさい求婚を巧みにかわしていました。――「私は、どなたでも私と競走して勝った方のところへその褒美として参ります。でも、競走して負けた方はどなたもその罰として死んでいただかねばなりません」。こうした厳しい条件だったのですが、それでもやってみようという者が何人かいたのです。ヒッポメネースはこの競走の審判をするつもりでいました。そして「たかが女ひとりのためにそんな危険を冒すほど人が無分別になるなんて、そんなばかげたことがありうるだろうか？」と言っていました。しかし競走のために長衣《ロウブ》をぬぎすてたアタランテーの姿を見ると彼は考えを変えて言いました、「私のあざけりを赦してくれたまえ、諸君、私は君たちが競っている褒美を知らなかったのだ」。そして彼は若者たちを眺めながら、彼らがみんな負ければよいと思い、少しでも勝ちそうにみえる者がいるとその者に対する嫉妬《しっと》で胸がいっぱいになりました。彼がそんなことを考えているうちに処女は飛ぶように走りだしました。彼女の走る姿はこれまで以上に美しく見えました。そよ風が彼女の足に翼をつけたようです。髪は肩のうえに舞い、色あざやかな衣のすそは後ろにひるがえりました。まっ白な肌はばら色に染まりました。まるで大理石の壁に深紅のカーテンを掛けたようなのです。彼女と競う若者たちはみんな追い抜かれて、情け容赦もなく殺されました。しかしヒッポメネースはこうした結果にも臆《おく》せず、処女をじっと見つめながら、言いました、「あなたはなぜこんなのろまな連中を負かして得意になっておられるのです？　私が相手になりましょう」。アタランテーは憐《あわ》れむようなまなざしでじっと彼を見つめ、この若者をうち負かそうかどうしようかとためらいました。「なんという神さまが、こんなに若くて美しい人をそそのかして命をすてさせようとなさるのだろう？　この人がお気の毒だわ、それはこの人が美しいからというのではなく（とはいえほんとうに美しい人だけれども）、若いからなのだわ。この人が競走を思いとどまってくれればよいのに。それとも、もうこれほどまでに正気を失っているというのなら、どうか私よりも速く走ってくれますように」。こうしたことを思案しながらためらっていると、見物の人々は待ちきれなくなって早く競走を始めるようにと要求します。アタランテーの父親も侍女を促して支度をさせます。その時ヒッポメネースはアプロディーテーに祈りを捧《ささ》げました。「アプロディーテーさま、私をお援《たす》けください。私がここまできたのもあなたゆえなのですから（アプロディーテーは愛の女神）」。女神はそれをききいれ、恵みをたれました。

　アプロディーテーに捧げられたキュプロスの島には、その神殿の庭に、黄色い葉と黄色い枝と金色の実をつけた木が一本あります。女神はこの木から三つの黄金のりんごをもぎとると、他の誰にも見られないようにして、それをヒッポメネースに与えて、その使い方を教えてやったのです。やがて合図のラッパが鳴ります。二人は出発点から走りだすと砂地をかすめて飛んでゆきます。その足どりはあまりにも軽く、さながら河の上か、波うつ麦穂の上を、少しも身を沈めることなく走ってゆくように思われました。見物の人々は大声でヒッポメネースを応援しました。――「それ、今だ、頑張れ！　急げ、急ぐんだ！　追いついたぞ！　油断するな！もうひとふんばりだ！」。こうした声援をこの若者と処女のどちらがより大きな喜びをもって聞いたか、それは疑問でした。しかし若者はだんだんと息苦しくなり、のどが渇いてきました、しかも決勝点はまだかなりむこうです。そこで彼は持っていた黄金のりんごを一つ投げました。処女はびっくりしました。立ちどまってそれをひろいました。ヒッポメネースは追いこしました。四方から歓声があがりました。アタランテーは力を二倍にしてまもなく彼に追いつきました。彼はまたりんごを投げました。彼女はまた足をとめましたが、また彼に追いつきました。決勝点は間近にせまりました。残るチャンスはあと一度かぎりです。「今度こそ、女神さま」と彼は言いました、「あなたの贈り物に力をお与えください！」。そう言いながら彼は最後のりんごを遠く横の方へ投げました。アタランテーはそれを見ると躊躇《ちゅうちょ》しました。しかしアプロディーテーはどうしても彼女がそれを拾いにゆかねばならぬようにしむけました。そこでアタランテーはそれを拾いにゆき、競走に負けてしまいました。こうして若者は褒美を連れて帰っていったのです。

しかしこの二人の恋人はあまり自分たちの幸福のことばかり考えていたので、アプロディーテーにお礼することを忘れてしまいました。女神はこの恩知らずな二人に腹を立てました。そこでこの二人にキュベレーを怒らせるような振舞いをさせました。あの権勢あふれる女神が自分に対する無礼を黙って見逃すはずはありません。たちまちこの二人から人間の姿をとりあげると、彼らをその性格によく似た野獣に変えてしまいました。つまり、求婚者たちの血をあびて勝ち誇っていた女猟師の主人公は牝のライオンに、そして彼女の主君であり主人である夫は牡のライオンに姿を変えて、この二頭のライオンに自分の車をひかせたのです。そして今日でもこの二人はそのままの姿で、彫刻や絵画など、女神キュベレーを描いた作品の中に見られるのです。

キュベレーは、ギリシア人がレアーとかオプスとかと呼ぶ女神のラテン名です。彼女はクロノスの妻でゼウスの母でした。ですから美術上の作品の中では、ヘーラーやケレースとは違った年輩女性の落ち着きのある風格を示しています。ある時はヴェールをかぶり、玉座についてその傍らに二頭のライオンを侍らせ、またある時は二頭のライオンがひく二輪車に乗っていたりします。また頭には城壁冠《ミューラル・クラウン》を、つまり縁が塔や胸壁の形をした金の冠を、かぶっています。そしてこの女神に仕える神官たちはコリュバンテスと呼ばれたのです。

バイロンはアドリア海の低い島の上に建てられているヴェニスの町を描くとき、このキュベレーの女神から絵画的な描写を借りています（「ハロルド卿の巡遊」第四篇第二節）。

大洋から現われたばかりの海のキュベレーのように

誇らしい塔の冠をいただき、遠くはるかに
壮麗な装いで立っている。
海を支配し、その権力を司るヴェニス。

ムアは「旅先にてよめる詩《うた》」の中で（第三章第一節）アルプス山の勝景を詩《うた》いながら、次のようにアタランテーとヒッポメネースの物語にふれています。

この驚嘆すべき土地においてさえも私は見るのだ、
足の速い「空想」が「真実」をはるかかなたへ残してゆくのを、
あるいは少なくとも、その空想が、あのヒッポメネースのように、
その手で投げる黄金の幻によって真実を脇道へ走らせるのを。

第19章

ヘーラクレース、
ヘーベーとガニュメーデース

Hercules.

ヘーラクレース

ヘーラクレースはゼウスとアルクメーネー†との間に生まれた子供でした。ヘーラー（ゼウスの正妻）は、人間の女から生まれる夫の子供たちに対してはいつも敵意を抱いていたので、ヘーラクレースが生まれるとさっそく（生後八ヵ月、あるいは一〇ヵ月目に）宣戦を布告しました。そして二匹の毒蛇を送って、彼がまだ揺籃《ゆりかご》の中で寝ているうちに殺してしまおうとしたのですが、この早熟な幼児は両手に一匹ずつ蛇をつかむとそれを締め殺してしまったのです。しかし彼はヘーラーの奸策《かんさく》によってエウリュステウスの家来にさせられ、その命令にはどんなことでも従わねばならぬようにさせられてしまいました。エウリュステウスは命がけの冒険をつぎつぎと彼に課しました。一二にのぼる「ヘーラクレースの難業」というのがこれです。まず第一はネメアのライオンとの戦いでした。ネメアの谷には一頭の恐ろしいライオンが出没していました。そこでエウリュステウスはヘーラクレースに命じてこの怪物の毛皮を持ち帰るように言いつけました。ヘーラクレースは棍棒《こんぼう》を使ったり弓を使ったりしてこのライオンに立ち向かいましたが効果のないことを知ると自分の両手でこの怪物を締め殺してしまいました。そして死んだライオンを肩にかついでもどって来たのですが、エウリュステウスはそのライオンを見ると、そしてまた、この英雄のもつ並外れた怪力を目のあたりに見ると恐れをなして、これからさき冒険の報告をするときは町の外からするようにと彼に申し渡しました。

ヘーラクレースの第二の難業はヒュドラー（水蛇の怪物）退治でした。この怪物はアルゴスの地を荒らしながら、アミューモーネーの泉の近くにある沼地に住んでいました。この泉はこの地方が旱魃《かんばつ》に見舞われたときにアミューモーネーによって発見されたものだったのですが、伝えるところによると、それは、このアミューモーネーを愛していたポセイドーンが彼の三叉《みつまた》の戟《ほこ》でそこの岩を打つことを彼女に許したところ、そこから三つの湧口をもった泉が噴き出したというのです。こうしたところにヒュドラーが陣どっていたので、それを退治するようへーラクレースが遣わされました。ヒュドラーは九つの頭をもっていて、そのうちのまん中の一つは不死の頭でした。そしてへーラクレースがそれらの頭を次々と棍棒で叩《たた》き落としてゆくと、そのたびに、落とされたところから新しい頭が二つずつ生えてきました。そこでとうとう彼もイオラーオスという忠実な従者の手をかりて、ヒュドラーの頭をみんな焼き払って、九番目のあの不死の頭だけは大きな岩の下に埋めたのです。

「幼児のへーラクレース」
カピトリーノ美術館

もう一つの難業はアウゲイアースの家畜小屋の掃除でした。エーリスの王、アウゲイアースは三〇〇〇頭の牛を飼っていましたが、その小屋は三〇年ものあいだ掃除をしたことがありませんでした。へーラクレースはアルペイオスとペーネイオスの二つの河をこの小屋に貫流させて、たった一日ですっかりきれいにしてしまったのです。

次の難業はもっと上品なものでした。つまり、エウリュステウスの娘のアドメーテーが、アマゾーン族の女王のしめている帯が欲しいと言いだしたので、エウリュステウスはそれをとってくるようヘーラクレースに命じたのです。アマゾーン族というのは女ばかりの種族でした。非常に戦争が好きで、豊かに富み栄えた町をいくつももっていました。そして女の子供だけを育てるのが彼女らの習慣だったので、男の子供たちは隣の国へ追放するか、さもなければ殺すかしていました。ヘーラクレースは多くの志願兵を連れて、さまざまな冒険を経たのち、ようやくこのアマゾーン族の国につきました。女王のヒッポリュテーは彼を暖かく迎えて、自分の帯を与えてもよいと承知したのですが、ヘーラーがアマゾーン族の一人に姿を変えて国中にふれまわり、外国人が自分たちの女王をさらっていこうとしていると皆をそそのかしました。そこでアマゾーンたちはすぐに武装してヘーラクレースの船に押しよせました。ヘーラクレースはヒッポリュテーが謀《はか》ったものと思い込み、彼女を殺してその帯を奪いとると船に帆をあげて帰ってきたのです。

ヘーラクレースに課せられたもう一つの難業は、エウリュステウスのもとにゲーリュオーンの牛たちを連れて帰ることでした。このゲーリュオーンというのは三つの体をもった怪物で、エリュテイアの島（紅色の島）に住んでいました。その島が西方の、落日の光の下にあったためにそう名づけられたのです。この描写はどうやら今日のスペインを指しているように思われますが、ゲーリュオーンはここの国王だったのです。ヘーラクレースはさまざまな国を横断したのち、やがてリビュア（アフリカの北部）とヨーロッパの国境まできました。そしてここにカルペーとアビュレーの二つの山を起こして来遊の記念碑としました。また別の説によると、一つの山を二つに引き裂いて、両側に半分ずつおいて今日のジブラルタル海峡を作ったのだとも言われています。それでこの二つの山はヘーラクレースの柱と呼ばれているのです。さてそのゲーリュオーンの牛たちはエウリュティオーン（二七八ページのケンタウロスとは別）という巨人とそれが連れている頭の二つある番犬とによって守られていたのですが、ヘーラクレースはその巨人と犬とを殺して無事に牛たちをエウリュステウスのもとへ連れて帰りました。

一二の難業の中で最も困難だったものはヘスペリスたちが番をしている黄金のりんごを取ってくることでした。そのりんごがどこにあるのかもわからないのです。このりんごはヘーラーが結婚するときに大地の女神（ガイアのこと）から贈られたもので、ヘーラーはそれをヘスペロスの娘たちに守らせ、そのうえ眠ることのない竜をつけておいたのです。ヘーラクレースはさまざまな冒険ののち、アフリカのアトラースの山につきました。アトラースは神々に反抗して戦ったあのティーターン族の一人でしたが、彼らが戦いに敗れたとき、彼は肩で天空の重みを支えるように申し渡されていました。アトラースはヘスペリスたちの父親でしたから、ヘーラクレースは、もしあのりんごを見つけ出して自分のところへ持ってこられる者があるとすれば、このアトラース以外にはいないだろうと考えました。しかしどうすればこのアトラースを今の場所から使いに出したり、その留守のあいだこの天上を支えていることができるでしょうか？　そこでヘーラクレースはその重荷を自分の肩にのせることにしてアトラースを使いに出し、りんごを探させました。やがてアトラースはりんごをもって帰ってきました。そして、いくぶん渋ってはいましたが、また重荷を自分の肩にのせ、そのりんごをヘーラクレースにもたせてエウリュステウスのところへ帰らせたのです。

ミルトンは「コウマス」の中で（第九八一―九八三行）ヘスペリスたちをヘスペロスの娘でアトラースの姪《めい》にしています。

――あのヘスペロスの美しい庭の中で、
黄金の木をめぐって歌う
三人の娘たちにまじって

詩人たちは、太陽が沈むときのあの西の空の美しい光景を見てその類推から西方を光輝と栄光の国と考えました。それで彼らはここに祝福された人たちの島とか、ゲーリュオーンの輝く牛が草をはむエリュテイアの紅色《にじいろ》の島とか、ヘスペリスたちの島とかといったものを置いたのです。ですから例のりんごも、当時のギリシア人が伝え聞いていたスペインのオレンジのことだろうと考える人があります。

ヘーラクレースの有名な難業の一つに、アンタイオスと戦って勝利を得たことがありました。アンタイオスというのは大地の女神ガイアの息子でしたが、力の強い巨人でおまけに格闘《レスリング》の名人でした。その力は、この男が母親の大地にふれているあいだは誰も彼をうち負かすことができませんでした。それで彼は、自分の国にやってくる者があると、だれかれの区別なく無理やり自分と格闘をさせて、もし負けたら（そして事実みな負けてしまったのですが）、殺してしまうという条件で戦っていました。ヘーラクレースはこのアンタイオスと戦いました。そしていくら投げ倒しても少しも効果のないことを知ると、というのは、アンタイオスは倒されるたびに新しい力を得て立ち向かってきたからなので、ヘーラクレースはついに彼を地上から持ちあげておいてそのまま空中で締め殺してしまったのです。

カークスはアウェンティーヌス山（ローマ七丘のうち最南に位するもの）の洞穴に住む巨人で、近くの土地を荒らしまわっていました。ヘーラクレースが例のゲーリュオーンの牛たちを追って帰ってくる途中、カークスはそのうちの何頭かをこの英雄が眠っているすきに盗み出しました。そして牛の足跡で連れていった方向を悟られぬように、牛の尻尾《しっぽ》をつかむと後ろ向きにひきながら自分の洞穴へ連れてゆきました。そのため牛の足跡はみなその逆の方向へ行ったように見えたのです。ヘーラクレースはこの計略にまんまとひっかかって、盗まれた牛を見つけだすことができずにいたのですが、たまたま彼が残りの牛を追って盗まれた牛のかくされている洞穴の前を通りかかったとき、中の牛が鳴きだしたのでやっと見つけだすことができました。そしてカークスはヘーラクレースに殺されたのです。

ポライウォロ「ヒュードラーと闘うヘーラクレース」（上）
「アンタイオスと闘うヘーラクレース」（下）
ウフィッツィ美術館

私たちは、最後の難業としてヘーラクレースが下界からケルベロス（冥界の入口の番犬）を連れてきたことをお話しておきましょう。彼はヘルメースとアテーナーに案内されてハーデースの国（冥界のこと）へおりてゆきました。そしてハーデースから、もし武器を使わずにケルベロスを連れてゆけるのなら地上に連れていってもよいという許可を得ました。そこで彼はこの怪物が抵抗するのもかまわず、捕まえるとしっかりと抑えてエウリュステウスのところへ連れてゆき、それからまた下界へ連れ帰ったのです。ヘーラクレースはハーデースの国にいるとき、日頃、自分を崇拝しまた手本ともしていたテーセウスを自由の身にしてやりました。テーセウスがペルセポネーを救い出そうとして果たさずここに囚《とら》われの身となっていたからです。

ヘーラクレースはあるとき発狂して友人のイーピトスを殺してしまいました。そして彼はこの罪のために三年のあいだ女王オムパレーの奴隷となるよう申し渡されました。この服役のあいだにさすがの英雄の性質も変わってしまったように思われます。彼は柔弱な毎日を送り、時には女の着物を着たり、オムパレーの侍女たちといっしょに羊毛を紡いだりしました。そして女王の方が彼のライオンの毛皮を着ていたのです。こうして彼は服役が終わるとデーイアネイラと結婚して三年のあいだ平和に暮らしていました。しかしあるときこの妻を連れて旅をしていると、ある河にさしかかりました。そこはケンタウロス族のネッソスが規定の料金をとって旅人を渡しているところでした。ヘーラクレースは、自分は一人で浅瀬を渡り、デーイアネイラはネッソスにあずけて渡してもらうことにしました。するとネッソスはそっと彼女をさらって逃げようとしました。しかし、ヘーラクレースは妻の叫び声をきくとネッソスの胸に矢を射込みました。死を前にしたこのケンタウロスはデーイアネイラにむかって、自分の血を少しとってくようにと、そうすれば彼女の夫の愛をいつまでも持ちつづける呪《まじな》いとして役立つときがあるだろうから、と言いました。

デーイアネイラは言われたとおりにしました。そして間もなくして彼女は、それを役立てねばならぬ時がきたように思いました。ヘーラクレースがその数々の征服の中でイオレー（これを一五一ページのイオレーと同一視する作家もいる）と呼ぶ美しい処女を捕虜にして、妻のデーイアネイラよりも深く愛しているように思えたからです。ヘーラクレースが自分の勝利を感謝して神々に生贄《いけにえ》を捧げようとしたとき、彼はその式にきる純白の長衣《ロウブ》をとりに使いの者を妻のところへやりました。デーイアネイラは、今こそあの愛の呪いをためしてみるのによい機会だと考え、その長衣をネッソスの血にひたしました。おそらく彼女は染みが残らないように気をつけてその血をすっかり洗い落としたのでしょうが、魔力だけは残っていました。ですから長衣がヘーラクレースの体のぬくみで熱を帯びてくると、たちまち毒が彼の全身に滲《し》み込んでゆき、この上なく激しい苦しみを彼に与えました。逆上したヘーラクレースは、この恐ろしい長衣を持ってきたリカースをひっつかむと海に投げ込みました。それから長衣をむしりとろうとしたのですが、それは体にくっついてとれないのです。そこで彼は全身の肉といっしょ†にそれを引きはがしました。そしてその姿のままで船に乗りこむと家へ運ばれていったのです。デーイアネイラはこの思いもかけぬ自分の所業を見ると、首をくくって自らの命を断ちました。†ヘーラクレースは死ぬ覚悟をきめてオイテーの山にのぼり、火葬の薪を積み、弓と矢をピロクテーテースに与えました。そして薪の上に身を横たえると、頭を愛用の棍棒《こんぼう》の上にのせ、ライオンの毛皮を体にかけました。そして、まるで祭りの日の食卓についてでもいるかのような（昔は身を横たえて食事をした）落ち着いた顔つきで、ピロクテーテースに火をつけるよう命じました。炎はたちまちひろがって、見る間にすべてのものをおおいつくしたのです。

ミルトンは、ヘーラクレースの逆上にふれて次のように詩っています（「失楽園」第二篇、第五四二―五四六行）。

勝利の栄冠をいただいてオイカリアから帰って来た
あのアルケイデース[1]が、毒のしみた長衣《ロウブ》を感じて
苦痛のあまりテッサリアの松を根こぎにし、
そしてリカースをオイテーの頂からエウボイアの海へと
投げこんだときのように。

神々自身も、地上の戦士がこのようにしてその生涯を閉じたことを見て心を痛めました。しかしゼウスだけは明るい顔つきで神々にこう言いました、「私はおまえたちがあの子に深い関心をよせてくれているのを知って嬉《うれ》しく思う。そして、自分がこうした忠義な者たちの支配者であることを知り、かつまた、私の息子がおまえたちの好意を受けていることを知って満足に思っている。おまえたちの関心はあの子が私の息子であるからというのではなく、あの子のたてた気高い偉業ゆえにおこるものであろうが、それでも私は満足である。しかしここで私はおまえたちに言っておくが、何も心配することはないのだ。あらゆるものを征服した彼が、おまえたちの見るあのオイテーの山に燃えている炎によって征服されるなどということはありえぬ

のだ。彼の中で母親から受けた部分（肉体のこと）だけが燃えつきるだけなのだ、そして父親の私から受けついだものは永遠に滅びることはないのだ。私は、地上では死んだ彼をこの天上に連れて来るつもりでいる。だからおまえたちもこぞって彼を暖かく迎えてやってもらいたい。おまえたちの中には、彼がこのような名誉を受けるのを嘆かわしいことだと思うものがいるかもしれないが、彼にはこうした名誉を受けるだけの価値があることは誰ひとり否定できぬはずだ」。神々はみな賛成しました。ただヘーラーだけはこの最後の言葉を不愉快そうに聞いていました。ことさら自分を当てこすったのだろうと思ったからです。しかしそれも、こうした夫の決意をくやしがるほどではありませんでした。そこで炎がヘーラクレースの母親から受けた部分を焼きつくしてしまうと、彼の神聖な部分は炎に損われることなく、新しい生命力をもって飛び出し、以前にも優る気高い容姿と荘厳な威風とを備えたように思われました。ゼウスは彼を雲の中に包むと四頭だての馬車にのせて連れ帰り、星のあいだに住まわせました。ヘーラクレースが天空にその座を占めると、アトラースはこの新しい星の重みをずっしりと感じました。

ヘーラーは今ではヘーラクレースと仲なおりをして、娘のヘーベーを彼に娶《めあわ》せました。

ドイツの詩人シラーは「理想と人生」という詩の中で実際的なものと想像的なものとの対照を美しく描いていますが、その最後の二節は次のような訳になります。

卑怯者《ひきょうもの》の下僕に身をおとされながらも
勇敢なアルケイデースは果てしない戦いに耐えて

苦しい茨《いばら》の道を歩んできた。
ヒュドラーを殺し、ライオンの力をくじき、
友を地上に連れ帰らんがために死の川の小舟に身を投じもした。
ヘーラーの憎しみは彼の上に地上のすべての苦悩を、
ありとあらゆる労役を、課しはしたが、
彼はその労苦を運命の誕生の日から
あの壮烈な最後の日まで立派に耐え忍んできた。
そしてついに地上の衣をぬぎすてた神の姿が
炎となって人間から離れ、
天空にみなぎる軽やかな精気を吸ったのだ。
その新しい、これまでにない身の軽さを喜びながら
地上での暗く重い苦しみを死の中に捨てて
彼は天上の輝きに向かって翔《か》けのぼったのだ。
オリュンポスの神々はこぞって歓迎の辞を述べに
彼の敬愛する父の広間へと伺候し、
青春の輝く女神《ヘーベー》は頬をばら色に染めながら
夫となる彼に神酒《ネクタル》を捧《ささ》げるのだ。

S・G・ブルフィンチ

ヘーベーとガニュメーデース

ヘーラーの娘で青春の女神であるヘーベーは神々に神酒《ネクタル》をついでまわる役をしていました。そして一般の説では、彼女がヘーラクレースの妻になったのでその役をやめたことになっています。しかし、これには異説もあって、わが国《アメリカ》の彫刻家クローフォド（トマス・クローフォド。一八一三―五七）もその説に従って、今日アシニーアム・ギャラリー（今日のボストン美術館）に所蔵されている「ヘーベーとガニュメーデース」を彫ったのです。その説によると、ヘーベーはある日、神々に酌をしてまわっているとき、とつぜん転んだことからこの役をやめさせられたということになっています。とにかく、彼女の後をついだのはガニュメーデースというトロイアの少年でした。この少年がイーデー山で遊び友だちといっしょにいるところを鷲《わし》に姿を変えたゼウスが捕まえてさらってゆき、天上に連れてきてヘーベーの空席においたのです。

テニスンは彼の「芸術の館」の中で、壁の装飾品にまじってこの物語を描いたある一枚の絵について次のように詩っています。

そしてまたここにはガニュメーデースが描かれている。
　ばら色の脚を半ば鷲の羽根の中に埋めて
ただひとり流星のように大空を飛んで
　柱なす天上の都へと向かっていた。

そしてシェリーの「プロメーテウス」の中では（「縛を解かれたプロメーテウス」第三幕、第一場、第二五―二六行）ゼウスがこの新しい酌人《つぎて》のガニュメーデースに向かってこう言っています。

天上の美酒《うまざけ》をつげ、イーデー山のガニュメーデースよ、
そしてダイダロスの作った杯を火のごとくなみなみと満たせ。

「ヘーラクレースの選択」（快楽をすてて美徳をとり、苦難の末に永遠の命を得ること）についてはその美しい話が「タトラー」（スティールがアディスンやスウィフトと共に編集発行した定期刊行物。週三回発行で一七〇九年から一七一一年まで続いた）の第九七号に見られます。

（1）　アルケイデースはヘーラクレースの別名です。

第20章

テーセウス、ダイダロス、カストールとポリュデウケース

Fall of Icarus.

テーセウス

テーセウスはアテーナイの王アイゲウスと、トロイゼーン王ピッテウスの娘アイトラーとの間にできた子供でした。彼はトロイゼーンで養育され、そして成人に達したときにアテーナイへ行って父親に対面することになっていました。アイゲウスは、息子のテーセウスが生まれるまえに、アイトラーと別れてアテーナイへ帰ってゆきましたが、そのとき、自分の剣と鞋《サンダル》とを大きな石の下に置いて、将来息子がこの石をどけてこれらのものを取り出せるほど強くなったら私のところへよこすようにと言い残してゆきました。やがてアイトラーがその時の訪れを知る頃となると、テーセウスを石のところへ連れてゆきました。すると彼は難なくその石をどけて剣と鞋とを取り出したのです。その頃、街道筋にはよく追剝《おいは》ぎが出ていたので、彼の祖父は父親の国へは船でゆくようにと、その方が近くもあるしまた安全でもあるからと、熱心に説きすすめました。しかし若者は英雄のような勇気と気概とを身のうちに感じており、それに、当時ギリシア中に名声をとどろかしていたヘーラクレースのように、自分も国を悩ます悪人や怪物どもを退治して名を成したいと思っていたので、かえってこの危険の多い、向こう見ずな陸の旅を選ぶことにしました。

旅の第一日目に彼はエピダウロスまでやってきました。ここはヘーパイストスの息子でペリペーテースという名の男が住んでいるところです。この男は狂暴な野蛮人で、いつも鉄の棍棒《こんぼう》を持って身をかためては乱暴をはたらき、旅人をみな恐れさせていました。ですからテーセウスが近づいてくるのを見るといきなり襲いかかっていったのですが、たちまちこの若い英雄に打ちすえられてしまいました。そして若者はこの男の棍棒を取りあげると、それを最初の勝利の記念として、それから後いつも持ちあるくことにしました。

その後もこれと同じような戦いをこの地方の小さな暴君や略奪者たちとしましたが、いつもテーセウスの勝利となりました。そうした悪人たちの一人にプロクルーステース、つまり「引きのばす男」と呼ばれる者がいました。彼は鉄の寝台をもっていて、旅人がくるときまってこれに縛りつけました。そして旅人の体がその寝台より短いと、旅人の手足を引きのばして寝台に合わせ、逆に長すぎるとその分だけ切りおとしていました。テーセウスは、この男を彼が旅人にしていたとおりにしてやりました。

こうして街道での危険にすべて打ち勝ったテーセウスはついにアテーナイに着いたのですが、ここにも新しい危険が彼を待ちうけていました。あの魔法使のメーデイアがイアーソーンと別れた後コリントスから逃げてきてテーセウスの父のアイゲウスの妻となっていたのです。彼女は魔法の力によってこの若者が誰であるかを悟り、そして、もしこのテーセウスがアイゲウスの子供として認められるようなことになれば夫に対する自分の力がなくなることを恐れて、アイゲウスの心をこの若い見知らぬ男への疑いで満たし、夫をそそのかして若者に毒の入った杯をすすめさせました。しかしテーセウスが進み出てそれを飲もうとした瞬間、彼が着けていた剣を目にした父親はこの若者が誰であるかを知り、その運命の杯を払い落としたのです。メーデイアは自分の奸策《かんさく》をみやぶられると、受けるべき罰をまたしてものがれてアシアー（アジアのこと）へたどりつきました。それゆえこの地方はそれ以後、彼女からその名をとってメデイアと呼ぶようになったのです。そしてテーセウスは父親に認められて、彼の後継者として布告されるようになりました。

当時アテーナイの人々は、クレーテーの王ミーノースに強いられて捧《ささ》げ物として供えなければならない生贄《いけにえ》のために深い苦悩にひたっていました。この生贄は七人の青年と七人の処女とからなっていて、それを人々は毎年餌食《えじき》として頭が牡牛《おうし》で体が人間の形をしたミーノータウロスという怪物に送らなければならなかったのです。怪物は非常に力が強く、気性も荒かったので、ダイダロスが造った迷宮《ラビユリントス》に住まわされていました。この迷宮は実に巧みに造られていたので、一度この中に入れられると誰も独力では出てこられなかったからなのです。ミーノータウロスはこの中を歩きまわり、人間の生贄を餌にもらっていました。

テーセウスはこうした禍《わざわい》から国民を救ってやろう、それがかなわぬならその企てに自分の命を散らそうと決心しました。そこで、生贄を送る時がきて、青年たちや処女たちがこれまでのしきたりに従ってくじ引きできめられるときになると、彼は父親の懇願をふりきって、すすんでその生贄の一人に加わりました。船は、いつものように、黒い帆を張って出てゆきました。しかしテーセウスはもし自分が勝利を得て帰ってくるときには、この帆の代わりに白い帆をあげるからと父親に約束しました。一行がクレーテーに着くと青年たちや処女たちはミーノースの前に連れ出されました。ところがその席にいた王の娘のアリアドネーはテーセウスの姿を見て深く思いをよせるようになり、彼もまたすすんでその恋に報いました。そこで彼女は一ふりの剣を彼に与えて、これでミーノータウロスと戦うようにと告げ、また、糸玉を与えてこれを頼れば迷宮から出てくることができますからと言いました。お蔭《かげ》で彼は首尾よくミーノータウロスを殺して迷宮から逃れ出ると、アリアドネーを連れて、自分が助けた仲間のものたちといっしょにアテーナイ指して出帆しました。[1]途中、一行はナクソスの島に立ち寄りましたが、ここでテーセウスは[†]アリアドネーが眠っているすきに彼女を置き去りにしてしまいました。恩人に対する彼のこうした不実な仕打ちの理由は、アテーナーが夢の中に現われて彼にそうせよと命じたからなのです。

　アッティカの海岸に近づいたとき、テーセウスは父親と約束していた例の合図を忘れて、白い帆をあげずにいました。そこで老王はわが子も殺されたものと思い込んで、自分の命を断ってしまいました。こうしてテーセウスはアテーナイの王となったのです。

　テーセウスの冒険の中で最も有名なものはアマゾーン族への遠征です。彼はこの種族がヘーラクレースの攻撃からまだ立ち直らぬうちに襲って（三一三ページ参照）、種族の女王アンティオペーをさらって来ました。すると今度はアマゾーン族がアテーナイの国に攻め込んできて、町の中にまで侵入してきました。そしてテーセウスがついに勝利を得た最後の戦闘は、実にこの町の中心部で戦われたのでした。この戦闘は古代の彫刻家たちが好んで選ぶ題材の一つで、現存するいくつもの芸術作品の中にその面影をとどめています。

　テーセウスとペイリトオスとの友情はきわめて親密なものでしたが、その始まりは互いに武器をとって争っていたときのことなのです。ペイリトオスはマラトーンの野に侵入してきて、このアテーナイの王の所有する牛の群れを連れ去ろうとしました。そこでテーセウスはこの略奪者たちを撃退しに行きました。ところがペイリトオスは彼の姿を見たとたんに敬服してしまいました。そして和睦《わぼく》のしるしとして右手をさしのべ、こう叫びました、「さあぼくに判決をくだしてくれたまえ——君はどんな賠償が望みなのだ?」「君の友情だ」とアテーナイの王は答えました。そして二人は侵すべからざる信義を誓いあったのです。二人の行動はその時の誓いにたがわず、それから後は真の戦友としていつまでも続きました。そして二人はそれぞれゼウスの娘を妻にしたいと望みました。テーセウスはヘレネーを選びました。当時はまだほんの子供（一〇歳あるいは一二歳といわれている）でしたが、後にはあのトロイア戦争の原因ともなったほどの名高い美人です。テーセウスは友人の助けをかりてこのヘレネーを攫《さら》いました。ペイリトオスの方は暗《エレ》黒《ボス》の国の王の后（ゼウスとデーメーテールの娘ペルセポネーのこと）を望みました。そこでテーセウスは危険は百も承知でしたが、この大望をいだく友人といっしょに下界へおりてゆきました。しかしハーデースはこの二人を捕えて宮殿の門のところにある魔法の岩の上にすわらせました。二人がここで囚《とら》われの身となっていると、やがてヘーラクレースが来て、テーセウスだけは救い出すことができたのですが、ペイリトオスはその運命にまかせなければならなかったのです。

アンティオペーが死んだ後、†テーセウスはクレーテーの王ミーノースの娘のパイドラーと結婚しました。彼女はテーセウスの息子のヒッポリュトスの中に、彼の父親のもつ魅力と美徳とを、そして自分と同じ年齢のもつ魅力と美徳とをすべて兼ねそなえた青年を想像しました。そして彼がたまらなく好きになったのですが、若者の方はこの継母《ままはは》の接近をはねつけました。そのため彼女の恋は憎しみと変わったのです。そこで彼女は夫が自分に夢中であるのを幸いに、自分の力を利用して夫にその息子を嫉妬《しっと》するようにしむけました。すると夫はポセイドーンにむかってその復讐《ふくしゅう》が息子にくだるようにと祈ったのです。ある日、ヒッポリュトスが海辺に沿って二輪車を駆っていると海の怪物が波間から姿を現わして馬を驚かせました。そのため馬は狂いたって逃げだし、二輪車をこなごなに打ち砕いてしまいました。ヒッポリュトスはこうして死んだのですが、アルテミスの助けによって（ヒッポリュトスは日頃アルテミスを崇拝していた）アスクレーピオスがふたたび彼を生きかえらせました。それからアルテミスはこのヒッポリュトスを、惑わされた父親や不貞な継母の権力の下から解放してイタリアに連れてくると、エーゲリアというニュンペーに保護させたのです。

テーセウスもついに国民の支持を失い、スキューロスの王リュコメーデースの宮廷に隠退しました。王は初めのうちはテーセウスを暖かく迎えましたが、やがて彼を裏切って殺してしまいました。後年、アテーナイの将軍キモーンはテーセウスの遺《い》骸《がい》が横たわっている場所を発見して、それをアテーナイに移させました。そしてその遺体はこの英雄のために建てられたテーセイオンと呼ばれる社《やしろ》に納められることになったのです。

テーセウスが自分の妻にしたアマゾーン族の女王は、一説にはヒッポリュテーであったとも言われています。ですからシェイクスピアの「真夏の夜の夢」の中ではこの名が使われています。――そしてこの作品の主題はテーセウスとヒッポリュテーの結婚式にともなう陽気なにぎわいなのです。

ヘマンズ夫人（F・D・ヘマンズ。イギリスの女流詩人。一七九三―一八三五）には、マラトーンの戦いの時に「テーセウスの幻」が現れてアテーナイ軍の士気を鼓舞したという古代ギリシアの伝説をうたった詩があります。

テーセウスは半ば歴史的実在の人物です。彼についての記録によると、彼はいくつかの種族を統合してアッティカの地をアテーナイを首都とする一つの国家にしました。この大事業の記念として彼はアテーナイの守護神であるアテーナーのためにパンアテーナイアの祭り（「全アテーナイ祭」の意）を設けました。この祭りがギリシアの他の競技《まつり》と違っている点は、主として二つあります。一つはこの祭りがアテーナイの人たちに限られているということと、もう一つはその主眼とするものが厳粛な行列であるということなのです。そしてその行列の中でペプロン、つまりアテーナーの聖衣がパルテノーン（アクロポリスの山上にあるアテーナーの神殿）に運ばれて、この女神の像の前に捧げられるのです。このペプロンはアテーナイの最も身分の高い家族から選ばれた処女たちによって一面に刺繍《ししゅう》がほどこされていました。行列には年寄りも子供も、男も女もすべての人が加わりました。年寄りはオリーヴの枝をもち、若い男たちは武器を持ちました。また若い女たちは頭に籠《かご》をのせ、その中に祭壇の器具や菓子や供え物に必要なものを残らず入れて運んだのです。この行列はパルテノーンの神殿の外側を飾る浅浮彫りの主題となりました。そしてこの彫刻のかなりの部分が「エルギン大理石《マーブルズ》」（一九世紀の初めにエルギン伯が買いとってイギリスに運んだ古代ギリシアの大理石彫刻物）として知られている彫刻にまじって今日、大英博物館《ブリティッシュ・ミュージアム》に所蔵されています。

オリュンピア祭の競技およびその他の祭りの競技

ここでその他のギリシアの有名な国家的祭典競技についてお話しておくのも不適当なことではないと思われます。まず第一にそして最も名高いものはオリュンピア祭の競技で、これはゼウス自身が創始したとも言われています。この競技はエーリスのオリュンピア（マケドニアとテッサリアの境にあるオリュンポス山ではないから注意）で催されました。おびただしい数の見物人がギリシアの各地から、そしてアシアー（アジアのこと）やアフリカやシケリア（シシリー島のこと）からも群れをなしてやってきました。競技は四年ごとに、真夏（七月から八月）にひらかれ、五日間つづきました。それでこの競技はオリュンピアス紀（オリンピアドのこと。古代ギリシアで一つのオリュンピア競技から次の競技までの四年間を単位とする暦法。紀元前七七六年から紀元後三九四年までつづいた）をつかって時を計ったりいろいろな出来事の年月日を記したりする習慣の元となったのです。そしてオリュンピアス紀第一年は西暦紀元前七七六年にあたると一般に考えられています。ピューティアー祭の競技はデルポイの近くで行なわれ、イストミア祭の競技はコリントスの地峡で、そしてネメア祭の競技はアルゴリスの町のネメアで行なわれました。

　こうした祭典競技の中の運動はすべて五種目からなっていました。つまり競走、跳躍、格闘《レスリング》、円盤投げ、と槍《やり》投げあるいは拳闘《けんとう》です。こういう肉体的な強さやすばやさの競技の他に音楽や詩歌や雄弁の競技もありました。ですからこうした競技は詩人や音楽家や作家たちにとっては彼らが生みだした作品を大衆のまえに披露する最もよい機会となり、勝利者の名声は遠く各地にまで広められたのです。

ダイダロス

　テーセウスがアリアドネーの糸玉を頼って逃げ出した例の迷宮はダイダロス†という非常に巧みな発明家によって造られたものでした。その建物は数えきれぬほどのまわり道や曲がり角があって、それらは互いに通じあっていて、そのために始めもなければ終わりもないように思われました。ちょうどあのマイアンドロスの河が、源流にさかのぼったりして、ある時は前方に流れていくかと思うとある時は後方に流れながらやがて海にそそいでいくのにも似ていました。ダイダロスはこの迷宮をミーノース王のために造ったのですが、その後王の寵愛《ちょうあい》を失って、塔の中に閉じこめられてしまいました。そこで彼はこの牢獄《ろうごく》から逃げだそうと考えたのですが、海を渡ってその島をぬけだすことはできませんでした。王があらゆる船を厳重に見張らせていて、入念に調べたうえでなければ一隻の船も通さなかったからです。「ミーノースは陸と海とを支配することができても」とダイダロスは言いました、「大空を支配することはできないだろう。私はこの空から逃げてみよう」。そこで彼は自分と幼い息子のイーカロスのために翼を作りはじめました。鳥の羽根をつづりあわせ、いちばん短い羽根から始めてだんだんと大きな羽根を加えてゆき、末広がりのような形にしました。大きな羽根は糸でとめ、小さな羽根は蠟《ろう》でかためて、全体を鳥の翼のようにかるく曲げたのです。少年のイーカロスはそばにいて見ていましたが、時々、風が吹きちらす羽根を集めに走りまわったり、また蠟にふれたり、指先でそれをなおしたりして遊びたわむれ、そうすることによって父親の仕事を邪魔していました。やがて仕事が完成するとこの発明家は翼をはばたいてみました。すると体が浮きあがって、そのまま空気に支えられて宙に浮きました。次に彼は子供にも同じように翼をつけさせ、飛び方を教えました。それは母鳥が幼いひな鳥をその高い巣の中から大空にさそい出す時にも似ていいます。こうしてすっかり飛行の準備がととのうと彼は言いました、「イーカロスよ、言っておくが、必ず中ほどの高さを飛ぶのだぞ。あまり低いところを飛ぶと海のしぶきで翼が重くなるし、あまり高いところを飛ぶと太陽の熱で翼が溶けてしまうからな。いつも私のそばについておいで、そうすれば安全だから」。

こうしていろいろと注意を与え、子供の肩に翼をつけてやっている間にも父親の顔は涙にぬれ、手はふるえました。彼は子供に接吻《せっぷん》しましたが、それが最後の接吻になることも知りませんでした。やがて翼にのって飛び立つと、わしの後につづくようにと子供を勇気づけました。そして空中を飛びながらも振り返っては子供の翼のさばきぐあいを見ていました。こうして二人が飛んでゆくと、農夫は仕事の手をやすめて二人を見あげ、羊飼いは杖《つえ》によりかかって見つめながらその光景に驚き、あんなふうに大空を飛んでゆけるのだからあの二人は神さまにちがいないと思ったりしました。

二人はサモス島やデーロス島を左手に眺めレビントス島を右手に見ながら飛んでゆきましたが、この時、少年は自分の飛行にすっかり嬉《うれ》しくなって、父親の先導から離れて天空に近づこうとでもするかのように高くのぼりはじめました。そして炎々ともえる太陽に近づいてしまったために、羽根をとめていた蠟がやわらかになって、羽根がばらばらに取れてしまいました。彼は両腕をはばたきましたが、空気を支える羽根はもう一枚も残っていませんでした。彼の口は父親に助けを求めているうちにも海の青い水の中にのみこまれてしまいました。それでこの海は（イカリア海のこと）後に彼の名で呼ばれるようになったのです。父親は叫びました、「イーカロス、イーカロス、どこへ行ったのだ？」。やがて父親は羽根が海上に漂っているのを見つけました。そこで彼は自分の技術を激しく嘆きかなしみながら、遺体を埋め、その土地を子供の記念にイーカリアと名づけ

ピオーラ
「ダイダロスとイーカロス」

ました。ダイダロスはそれから無事にシケリアに着きました。そしてアポローンのために神殿を建て、自分の翼をこの神への捧《ささ》げものとしてそなえたのです。

ダイダロスは自分の仕事に非常な誇りをもっていましたから、自分と肩をならべる者がいるなどということは考えるだけでも我慢がなりませんでした。彼の姉（あるいは妹）は息子のペルディクスを彼にあずけて機械についての技術を学ばしていました。ペルディクスは才気のある弟子でしたからその工夫の才をめざましいかたちでいろいろと実証してみせました。たとえば、彼は海辺を歩いていたときに魚の背骨をひろいました。するとそれを手本にして鉄板をとりあげ、そのへりに刻みをつけました。こうして彼はのこぎりを発明したのです。また、二本の鉄の棒をそろえて、その一端を鋲《びょう》でとめ、反対側の端を二本ともとがらせて、コンパスを作ったのです。ダイダロスはこうした甥《おい》の発明をひどくねたんで、そのため、ある日、二人が高い塔の頂にいた機会をとらえて彼をつき落としてしまいました。しかし発明の才を寵愛するアテーナーが、彼の落ちてゆくのを見てその命を救い、彼の姿をその名に因《ちな》んだ「鷓鴣《しゃこ》」という鳥に変えてしまいました。ですからこの鳥は今でも木の上に巣を作ったり高く飛んだりすることなく、生垣の中にもぐっています、そしてむかし自分が落ちたことをおぼえていて、高いところは避けるのです。

イーカロスの死はダーウィン（イラズマス・ダーウィン。イギリスの医師で詩人。チャールズ・ダーウィンの祖父。一七三一―一八〇二）の詩の中で次のようにうたわれています（詩中のネーレーイスは海神ネーレウスの娘のこと。五〇人あるいは一〇〇人いたといわれる）。

——蠟はとけ、糸はゆるみ
不実な翼にのった不運なイーカロスは落ちはじめた。
手足をまげ髪をふり乱しながら、驚く大空の中を
まっさかさまに落ちていった。
四散した羽根は波間にただよい
嘆き悲しむネーレーイスたちはその海の墓を飾って
青白い亡骸《なきがら》に真珠のような海の花をふりそそぎ
大理石の死の床にまっ赤な海藻をまきちらし
珊瑚《さんご》の塔に弔いの鐘をうちならして
その悲しみの音を海原遠く伝えたのだ。

カストールとポリュデウケース

カストールとポリュデウケースはレーダーと白鳥との間にできた子供でした。そしてその白鳥は実はゼウスが姿を変えていたものなのです。レーダーは卵を一つ産みましたが、その中からこの双児の兄弟が生まれました。後にトロイア戦争の原因となったほど有名なヘレネーはこの兄弟の妹でした（一説には卵は二つで、一方の卵からはヘレネーとポリュデウケース、他方からはカストールとクリュタイムネーストラーが生まれたといわれる）。テーセウスと彼の友人のペイリトオスがこのヘレネーをスパルタからさらっていくと、若い英雄のカストールとポリュデウケースは部下のものをひきつれて、すぐに彼女を救い出しにゆ

ダ・ヴィンチ「レーダー」
ボルゲーゼ美術館

きました。そしてテーセウスがアッティカを留守にしているあいだに（彼はこの間、ペイリトオスといっしょに冥界へ下っていた）首尾よく妹を連れ帰りました。

カストールは荒馬をてなずけ、じょうずに調教するので有名でした。そしてポリュデウケースは拳闘《けんとう》の技で有名でした。二人は互いにこの上なく暖かな愛情で結ばれ、どんなことをするにもいっしょでした。ですからあのアルゴナウテースたちの遠征にもそろって出かけたのです。その航海の途中、嵐が起こったときオルペウスがサモトラーケー島の神々に祈りながら竪琴《たてごと》をひくと、とたんに嵐はやんで星がこの兄弟の頭上に現われました。こうしたことからカストールとポリュデウケースは後に船乗りや船旅をする人たちの守護神と考えられるようになりました。そしてまた、大気の或る状態の中で船の帆やマストのまわりにちらちらとゆらめく火があると、それを人はこの兄弟の名で呼ぶようになったのです。

アルゴナウテースたちの遠征の後、カストールとポリュデウケースはイーダースとリュンケウスを相手に一戦を交えました。そしてカストールは殺されてしまったのですが、ポリュデウケースはその死を深く悲しんで、自分の命とひきかえに彼をもう一度生きかえらせてくれるようにとゼウスに懇願しました。そこでゼウスはその願いの一部をききいれて、この兄弟二人が生命の恵みをかわるがわる受けられるようにしてやりました。つまり、一日を地の下で送ったら次の日は天上の住家で送れるようにしてやったのです。別の説によるとゼウスはこの二人の兄弟愛を褒めて、彼らをゲミニ、つまり双児座として星座のなかにおいたということです。
二人はディオスクーロイ（ゼウスの息子たち）という名で呼ばれて神として礼遇されました。そして人々の信じるところでは、その後この兄弟は激しい戦いの行なわれている戦場にときどき姿を見せては、どちらか一方の軍に味方したということです。そしてその時には勇ましい白馬にまたがってやって来たと言われています。ですから古代のローマ史ではこの二人がレーギルス湖の戦い（前四九六年）にのぞんでローマ軍を助けたと言われ、そしてまた、その勝利の後、この二人が姿を見せた場所には二人を讃《たた》えて神殿が築かれたと言われているのです。

マコーリは「古代ローマの民謡」の中で（第二篇「レーギルス湖の戦い」第三二節および四〇節）次のようにこの話にふれています。

二人はあまりにもよく似ていたので
　誰も見わけがつかなかった。
その甲冑《かっちゅう》は雪のように白く
　駿馬《しゅんめ》も雪のように白かった。
こうした類《たぐい》まれな甲冑は
　かつて地上の鉄敷《かなしき》の上に輝いたこともなく
こうした美しい駿馬が
　地上の流れから渇をいやしたこともなかった。

……………
いざ決戦という時に
　あの武装した双児の兄弟が
右手に居並ぶのを見た将軍は
　必ず勝利を得て帰国する。
そしてまたこの双児の兄弟が
　ひとたび帆の上に光り輝けば
その船は大波をくぐり疾風《はやて》をついて
　無事に港へ帰りつくのだ。

（1）イタリアの彫刻の最もすぐれた作品の一つにヴァティカンの「横たわったアリアドネー」がありますが、それはこの時のことを表わしているのです。その模刻したものがボストンのアシニーアム・ギャラリーにもあります（講談社の「世界の美術館」8『ヴァティカン美術館』にも収録されている）。

第21章

ディオニューソス、アリアドネー

Bacchus

ディオニューソスはゼウスとセメレーとの間に生まれた息子でした。そこでヘーラーはセメレーに対する恨みをはらすために、一計を案じて彼女の滅亡をはかりました。まずセメレーの年老いた乳母ベロエーの姿に身を変えると（ベロエーはこの時エピダウロスに帰っていた）彼女にむかい、恋人として通ってくる男はほんとうにゼウス自身なのだろうかといって、それとなく疑わしいことをほのめかしました。そして溜息《ためいき》をついてこう言ったのです、「ほんとうにそうであればいいのですけれど、婆やは心配せずにはいられないのでございます。世の中にはうわべと同じものばかりがあるわけではないのでございますから。ですからもしその男がほんとうにゼウスさまでございましたらその証拠を見せておもらいなさいまし。天上で身につけておられるようなあの冑《かぶと》（雷霆のこと）を身につけて来るようにと言ってごらんなさいまし。そうすれば疑いははれるでございましょうから」。セメレーはとうとう言いくるめられて、それを試してみることにしました。そこで彼女は、お願いごとがありますと言って、それが何であるかを明かさずに、ゼウスにねだります。ゼウスは何でもかなえてやろうと約束し、そのうえ神々さえも恐れるあのステュクス河の神を証人として、ぜったいに取り消すことのできない誓いをたててそれに念を入れてしまうのです。そこで彼女は自分の願いごとを明かしました。ゼウスは途中で彼女の願いをとめたいと思いましたが、もう手遅れでした。言葉は大気の中に逃げてしまって、ゼウスには自分の約束も彼女の願いも取り消すことができませんでした。そこでゼウスは深い悲しみに沈みながら彼女のもとを去って天上へ帰ってゆきました。そして冑を身につけたのですが、むかし巨人《ギガンテス》族たちを打ちのめした時のような恐ろしい冑は使わず、神々の間で第二の武具として知られている弱い冑を使いました。ゼウスはこれを身につけるとセメレーの部屋に入ってゆきました。しかし神ならぬ彼女の体はこの天界の輝きをもった冑の光にたえることができませんでした。そして彼女は焼きつくされて灰となってしまったのです。

　ゼウスは幼児のディオニューソスを引き取るとニューサのニュンペーたちにあずけました。そこで彼女たちはこのディオニューソスをその幼年時代と少年時代のあいだ養育しましたが、このニュンペーたちはそのときの骨折りをかわれて、ゼウスによってヒュアデス星団として星座のなかに置かれるようになりました。ディオニューソスは成長すると、ぶどうの栽培法とその貴重な果汁をしぼる方法とを発見しました。しかしヘーラーは彼の気を狂わせ、追い出して世界の各地を放浪させました。プリュギアに来たとき女神のレアーが彼の狂気を治し、その秘教の祭礼を教えてくれました。そこで彼はふたたび旅に出てアシアーを巡《めぐ》り、人々にぶどうの栽培法を教えました。彼の巡歴でもっとも有名なものはインドへの遠征で、それは数年にわたって続いたといわれています。そして勝利を得て帰ってくると、彼はギリシアに自分の信仰を広めようと試みましたが、何人かの君主に反対されました。彼らはその信仰がもたらす無秩序と狂乱のゆえにその布教を恐れたからなのです。

カラヴァッジョ「バッコス」
ウフィッツィ美術館

　彼が故郷の町テーバイに近づいたとき、国王のペンテウスはこの新しい信仰を少しも尊重せず、その祭礼の執行を禁じました。ところがディオニューソスのやってくるのが知れわたると、男も女も、しかし女の方が主でしたが、それに若い者も年寄りも、総出で彼を迎え、彼の凱旋《がいせん》行列にくわわりました。

ロングフェロー氏は「酒宴の歌」の中で（第三および第四節）このディオニューソスの行列を次のように詩っています（詩中のバッケーとはバッコス（ディオニューソス）の女信者たちのこと）。

ファウヌスたちは若いディオニューソスについてゆく、
　アポローンの額のように高く
また永遠の若さをもったその額には
　常春藤《きづた》が冠のようにのっている。

その彼のまわりには美しいバッケーたちが
　鐃鈸《シンバル》や笛や酒神杖《テュルソス》をたずさえて
ナクソスの森やザキュントスのぶどう園から
　荒れ狂いながらついてきて、酒の唄をうたっている。

ペンテウスがいくら諌《いさ》めても、命令しても、脅かしても無駄でした。「さあ行け」と彼は部下の者たちに言いました、「そしてこの騒々しい群衆を指導している放浪者をひっとらえて、ここへ連れてまいれ。わしがたちどころに白状させて、神の子なぞとうそぶいている彼奴《きゃつ》の嘘をあばき、にせものの信仰を捨てさせてやる」。ペンテウスのごく親しい友人たちやこの上なく賢明な顧問官たちはディオニューソスにさからわぬよう諫めたり懇願したりしましたがそれは無駄でした。諫めれば諫めるほどペンテウスの怒りはますますつのるばかりだったのです。

　しかしその時、ディオニューソスを捕まえにやっていた彼の部下の者たちがもどってきました。彼らはディオニューソスの信者たちに追いちらされて帰って来たのですが、それでも信者の一人を首尾よく囚《とりこ》にすることができました。そしてその男を後ろ手にしばりあげて王の前に連れてきました。ペンテウスは怒りにもえた顔でその男をにらみながら言いました、「おい男！　きさまはすぐに処刑してきさまの死を他の者への見せしめにしてやる。処罰については一刻の猶予も許さぬが、その前にきさまの名と、きさまらが禁を犯してまで祝おうとするあの見慣れぬ祭礼の正体とを白状せい」。

　捕まった男は恐れる様子もなく答えました、「わたしの名はアコイテースと言います。国はマイオニアです。両親は貧乏でしたから畑も羊の群れも遺《のこ》さずに亡くなりました。それでも釣り竿《ざお》と網と、漁師としての家業とだけは遺してくれました。そこでわたしはしばらくの間この家業を継いでいたのですが、そのうちに一つの場所にじっとしているのがいやになって、水先案内の術を習い、星をたよりに航海する術をおぼえました。たまたま、デーロス島に向かって船を出していた時のことでした。わたしたちはディーアの島（ナクソス島の古名。しかしオウィディウスでは「キオス島」となっている）に寄ってここに上陸しました。翌朝わたしは船員たちに新しい水をくみにやらせ、わたし自身は小高い丘にのぼって風の具合をみていました。そのうちに船員たちが獲物だと称して上品な様子の男の子を（「ホメーロス風讃歌」ではもっと年上の青年として描かれている）連れてもどってきました。眠っているところを見つけたのだそうです。船員たちは、この子は貴族の生まれで、ひょっとするとどこかの王様の子かも知れない、だとすると身代金がたんまりとれるぞと考えました。そこでわたしもその子の身なりや歩きぶりや顔つきをよく見ました。するとそこには確かに人間以上のものと思えるような何かがあったのです。わたしは船員たちに言いました、『あの姿の中にどんな神さまが宿っておいでになるかわしにはわからないが、神さまがおいでになることだけは確かだ。どうかお優しい神さま、わたしどもの無礼をお赦しください、そして、わたしどもの仕事に幸運をお授けください』。するとマストにのぼるにもまた綱を伝っておりてくるにも誰よりも速いディクテュスや、舵とりのメラントスや櫂《かい》の音頭とりのエポーペオスが口をそろえて叫びました、『おらたちのことなら祈らねえでくんなせえ』。みんな身代金ほしさに目がくらんでいるのです！ そして彼らは子供を船に乗せようとしましたのでわたしはそれを抑えました。『わしはこの船をおまえたちのそんな神を恐れぬ仕業で汚させはせぬぞ』とわたしは言いました、『おまえたちの誰よりも大きな権威をわしはこの船にもっているのだからな』。しかし乱暴者のリュカバスがわたしの喉頸《のどくび》をつかんで海に投げ込もうとしました。わたしは綱にしがみついてやっと助かりました。しかし他の連中はこのリュカバスの行為をとめようともしなかったのです。

「そのときディオニューソスが（というのはその子供こそまさしくディオニューソスだったのですが）睡《ねむ》けをふりはらおうとでもするような様子で叫びました、『おじさんたちぼくをどうしようっていうの？ どうしてこんな喧嘩《けんか》をしているの？ 誰がこんなところへぼくを連れてきたの？　そしてどこへぼくを連れてゆくつもりなの？』。すると彼らの一人が答えました、『なにも心配するこたあねえよ。坊やがどこへ行きたいか言ってみな、そしたらおじさんたちが連れてってやるから』。『ナクソスがぼくの家なの』とディオニューソスは言いました、『だからそこへ連れていっておくれよ。そしたらおじさんたち、いっぱいお礼がもらえるよ』。彼らはそうしようと約束して、わたしに船をナクソスの方に向けるようにと言いました。ナクソスは右手の方向にありましたから、わたしは船がそちらに進むように帆をあげようとしました。すると船員の或る者は目くばせで、そしてまた或る者は小声でわたしに注意しました。彼らの意図はわたしに反対の方向へ船を進ませ、子供をエジプトへ連れていって奴隷にして売ることだったのです。わたしは当惑して言いました、『誰か他の者に舵《かじ》をとらせてくれ』。そしてわたしはもうそれ以上彼らの悪事の手伝いはごめんだと言って身をひきました。すると彼らはわたしを罵《ののし》り、中の一人はこう叫びました、『おれたちの安全がおめえ一人にかかっているなぞとうぬぼれるんじゃねえぞ』。そしてわたしに代わって舵をとり、進路を変えるとナクソスから離れてしまいました。

「するとこの神さまは彼らの悪だくみにやっと気がついたようなふりをなさって、海上をはるかに眺めながら悲しそうな声で言いました、『ねえおじさんたち、こっちはぼくをつれてってやると約束してくれた岸じゃないよ。あの島はぼくの家じゃないよ。ぼくが何をしたからといっておじさんたちはぼくにこんなことをするの？　子供を騙《だま》したりしたって、おじさんたち少しも名誉なことじゃないよ』。わたしはそれを聞くと涙をながしました。しかし船員たちはわたしたち二人を見て笑い、波をけたてて船を急がせたのです。すると突然——不思議にお思いかもしれませんが、これは事実なのです——船が海のまんなかで止まってしまいました。まるで地面に据えつけられたようにびくともしないのです。みんなはびっくりして櫂を漕《こ》ぎ、帆数をふやし、櫂と帆の二つの力で船をすすませようとしたのですが、いくらやっても無駄でした。常春藤《きづた》が櫂にまきついてその動きを妨げ、また帆にからみついて重い房を実らせました。ぶどうの蔓《つる》も実をいっぱいにつけて帆柱をのぼったり船の横腹にひろがったりしました。笛の音がきこえ、香りのよいぶどう酒の匂いがあたり一面にひろがりました。神さまご自身はぶどうの葉の冠をかぶって、手には常春藤のからみついた槍《やり》をもっておいででした。そして足もとには虎がうずくまり、山猫と、斑点のある豹《ひょう》の姿がまわりでたわむれていました。船員たちは恐怖にとりつかれたのか、あるいは狂気にでもとりつかれたのでしょうか、何人かが海にとびこみました。他の者も同じようにとびこもうとしたところ、見ると先にとびこんだ仲間たちの様子が変なのです。みんな体が平たくなって後ろには曲がった尻尾《しっぽ》がはえているではありませんか。『なんという不思議!』。そう言っているうちにもその男の口はひろがり、鼻の孔《あな》も大きくなって体いちめんに鱗《うろこ》が生えてきました。別な一人はいっしょうけんめい櫂を漕ごうとしていましたが、気がつくと両手が縮みあがって、見るまに形を変え、もう手ではなく鰭《ひれ》になっていました。また一人は腕をあげて綱にしがみつこうとしましたが、いつの間にかその腕がなくなっているのです。そこで彼はその腕のなくなった体をひねりながら海に飛びこみました。いままで脚であったところは三日月の形をした尾の両端になりました。船員たちは一人残らず海豚《いるか》になってしまったのです。そして船のまわりを、ある時は海面に浮きあがり、またある時は海中にもぐりながら泳ぎまわり、水しぶきをあげたり、大きな鼻の孔から水を吹きだしたりしていました。二〇人の船員たちの中でわたしだけが残ったのです。それで怖ろしさにふるえていますと、神さまはそのわたしを元気づけてくださいました。『なにも怖れることはない』とおっしゃいました、『船をナクソスに向けるがよい』。わたしはその言葉に従いました。そしてナクソスにつくとわたしは祭壇に灯明をあげ、ディオニューソスさまのお祭りをしたのです」。ペンテウスはここで叫びました、「こんなばかげた話にずいぶんと無駄な時間を費してしまった。さあこの男を引ったてていって、すぐに処刑してしまえ」。アコイテースはペンテウスの部下の者たちに引きたてられて厳重に牢《ろう》にとじこめられました。しかし彼らが処刑のための道具を用意しているあいだに、牢の扉がひとりでに開いて、手足を縛っていた鎖も解けて落ちました。そして彼らがさがしに来たときにはアコイテースの姿はどこにも見あたりませんでした。

ペンテウスはこうした警告を少しもうけいれようとはせず、部下の者たちも送らずに、自分からすすんでその祭礼の場に出かけてゆこうと決心しました。キタイローンの山は信者たちですっかり賑《にぎ》わっていました。そして†バッケー（ディオニューソスの女信者のこと）たちの騒ぐ声は山腹のいたるところに響きわたりました。その騒音はペンテウスの怒りをかきたてました。ちょうどトランペットの響きが軍馬のみなぎる活気を燃えたたせるのにも似ています。ペンテウスは森をつきぬけて草地に出ました。するとそこにはこの祭礼の主要な場面が彼の目にとまりました。と同時に女たちも彼をみつけました。するとその中から、彼自身の母のアガウェーが、ディオニューソスのために目をくらまされたまま、まっさきに叫びました、「ごらん、あそこに猪がいるよ、あの大きな怪物がこの森を荒しまわるんだ！　さあ来ておくれ妹たち（あるいは「姉さんたち」）！　あたしがまっさきにあの猪をうってやるから」。すると群衆は一人残らず彼の方へ突進してきました、そして彼がごうまんな口をつつしんで話し、あるいは弁解し、あるいは罪を認めて赦しを乞《こ》うているあいだにも、群衆はよってたかって彼を傷つけようとします。彼は叔母（あるいは伯母）たちにむかって自分を母から守ってくれるようにと大声で頼みますが、それも無駄です。なぜならアウトノエーが一方の腕をつかみ、イーノーがもう一方の腕をつかむと、この二人（二人ともアガウェーの姉妹）の間で彼は引き裂かれてしまったからです。そして母親は叫びました、「勝った！ 勝った！ あたしたちがやったのだ。この手柄はあたしたちのものだ！」。

こうしてディオニューソスの信仰はギリシアに確立されたのです。

ディオニューソスと船員たちの話はミルトンが「コウマス」の中の第四六行目で次のようにふれています。この詩の中にあるキルケーの話については第29章でくわしくお話しましょう。

紫のぶどうから、悪用すれば毒にもなる
あの甘いぶどう酒を初めてしぼり出したディオニューソスは
エトルリアの船員たちの姿を変えたのち
テュレーノスの岸辺にそって風のまにまに
キルケーの島へとやってきた。（あの太陽《ヘーリオス》の娘の
キルケーを知らぬものがあろうか？ その魔法の杯を口にした者は
誰でも直立したもとの姿を失って

その場に倒れ、地をはう豚になってしまうのだ）

アリアドネー

前にお話したテーセウスの物語でご存じのように、ミーノース王の娘のアリアドネーはテーセウスが例の迷宮から逃れ出るのを助けたのち、彼に連れられてナクソスの島に来ましたが、眠っているあいだに置き去りにされてしまい、恩知らずなテーセウスはそのまま彼女を連れずに帰路についたのでした。アリアドネーは目をさまして、自分が置き去りにされたことを知ると、悲しみに身を沈めました。しかしアプロディーテーは彼女を憐《あわ》れに思い、失った人間の恋人のかわりに、天上の恋人を授けようからと約束して彼女を慰めてやりました。

ティツィアーノ
「バッコスとアリアドネー」
ロンドン・ナショナル・ギャラリー

アリアドネーが置き去りにされた島はディオニューソスの気に入りの島で、例のテュレーノス船員たちが褒美をもらうようなふりをして尋ねたときに、ディオニューソスが彼らにむかって連れていってほしいと答えたあの島だったのです。アリアドネーが自分の運命を嘆き悲しんでいると、ディオニューソスがその姿を目にとめ、彼女を慰め、そして自分の妻にしました。そして結婚の贈り物には宝石をちりばめた黄金の冠を与え、彼女が死んだときには、その冠をとって大空に投げあげました。冠が天にのぼってゆくにつれてその宝石はますます輝きを増し、ついに星になりました。そしてもとの形をそのままにして、アリアドネーの冠は今でも天の一隅に据えられ、片ひざをつくへーラクレース（ヘラクレス座のこと）と蛇をつかむ男（へびつかい座）とのあいだに星座（かんむり座）となっているのです。

スペンサーはアリアドネーの冠についてふれていますが（「神仙女王」第六巻、第一〇篇第一三節）、彼の神話には少し誤りがあります。ケンタウロス族とラピテース族とが争ったのはペイリトオスの結婚式のときであって、テーセウスのときではありません。

ごらんなさい、あのアリアドネーが
その象牙《ぞうげ》のような額にのせていた冠を。
それはテーセウスが結婚の祝宴に連れていった日に、
あの無礼なケンタウロスたちが勇ましいラピテースたちと
血なまぐさい争いをして敗れた日に、彼女がつけていたものでしたが
今は天の一隅に置かれて
輝く大空にその光を放ち
周囲を整然とまわる星々の
装飾となっているのです。

第22章

田園の神々
——エリュシクトーン、ロイコス
水の神々——カメーナイ、風

Erisichthon.

パーンは森や野の神さまでもあり、また羊の群れや羊飼いの神さまでもあって、小さな洞穴に住んでいて、山や谷をさまよい、狩りをしたり、ニュンペーたちの踊りを指揮したりして楽しんでいました。音楽が好きで、すでにご存じのように、シューリンクスという羊飼いの笛を発明してそれを自分でも実にみごとに吹き鳴らしました。パーンは、森に住む他の神々と同じように、夜どうしても森の中を通ってゆかねばならぬようなそういった仕事をもつ人々から恐れられていました。というのは暗くてもの淋《さび》しいそういう場所は人の心を迷信的な恐怖へと駆りたてるからです。そこで人々は、これといった理由もなしに突然おそいかかってくる恐怖をパーンの仕業だとして、それを「パーンの恐怖」（英語の「パニック」はここからきた）と呼びました。この神の名は全てという意味を表わしますから（昔はこのように誤解していたが、原義は「牧畜者」の意）、パーンは全宇宙の象徴ともまた大自然の権化とも考えられるようになりました。そしてそれから後には全ての神々や異教そのものの代表者（たとえばキリスト。スペンサーの「羊飼いの暦うた」五月参照）とも考えられるようになったのです。

シルウァーヌスとファウヌスはローマの神々ですが、その性格はパーンのそれと大変よく似ていますから、わたしたちは彼らを違った名称のもとにある同一の神と考えてさしつかえないでしょう。

森にすむニュンペーたちはパーンの踊りの相手ですが、これはニュンペーたちの中の一部類にしかすぎませんでした。彼女らの他に小川と泉とを司るナーイアスたちや、山と洞穴のニュンペーのオレイアスたちや、海のニュンペーのネーレーイスたちがいました。今あげたこれら三つのニュンペーたちはみな不死身でしたが、ドリュアスあるいはハマドリュアスと呼ばれる森のニュンペーたちは、自分たちの住家でもありまた生まれるときもいっしょだった自分の木たちと運命をともにするのだと信じられていました。ですから、みだりに木を切りたおすことは不信心な行為なわけで、はなはだしい場合には、後でお話するエリュシクトーンのように厳しい罰を受けたのです。

ルーベンス「ニュンペーを驚かすファウヌス」プラド美術館

　ミルトンは美しい筆のさばきで天地創造を描いていますが、その中で（「失楽園」第四篇、第二六六―二六八行）彼はパーンを大自然の化身として次のように詩っています。

　　　　万物のパーンは
　優美の女神《カリス》たちや季節の女神たちとい
　　っしょに
　踊りをおどりながら常春《とこはる》を導く。

そしてイヴの住居《すみか》についてはこう詩っています。

　　さらに神聖な奥まった

蔭《かげ》深いすみかには、ほんの作り話にも、
パーンやシルウァーヌスが眠るようなことはなかった
またニュンペーもファウヌスも通ってくることはなかった。（「失楽園」第四篇、第七〇五―七〇八行）
昔の異教に見られるひとつのほほえましい特徴は、人々が大自然の作用をすべて神の仕業であると考えるのが好きだったということです。ギリシア人の想像力は陸や海のあらゆるところに神々を住まわせ、すべての現象をこうした神々の力によるものだとしたのですが、今日の哲学はそれらをみんな自然の法則による作用だとしています。私たちはときどき詩的な気持ちからこうした変革を残念に思い、また哲学によって頭が得ただけのものを胸は失ってしまったのだというような気がするのです。こうした気持をワーズワス（ウィリアム・ワーズワス。イギリスの詩人。一七七〇―一八五〇）は次のように力強く表現しています（「世事はあまりにも多くわれらとともに……」第九―一四行）。

偉大な神よ、私はむしろ
廃れた信仰の乳で育てられる異教徒となることを望みます
そうすればこの楽しい草原に立って
私を孤独にさせることのない光景を眺めることができるし
プローテウスが海から現われてくる姿を見たり
トリートーンが渦まくほら貝を吹きならすのを聞くことができるからです

†シラーは昔の美しい神話が消え失せたことを嘆いてその心を「ギリシアの神々」という詩の中に詩《うた》っていますが、キリスト教の熱心な信者であった詩人E・バリット・ブラウニング（ロバート・ブラウニングの妻。一八〇六―六一）はそれに答えて「死せるパーン」という詩を書きました。

やがては最高の「美」に征服されると自認する
その御身《おんみ》たちの美にかけて、
また御身たちの異教の中からも「真実」を推し測ろうとする
われわれの偉大な英雄的精神にかけて、
われわれは嘆くのをやめよう！　そして大地に
神々の栄光をうけつがせよう。
　　パーンは死んでしまったのだ。

今や大地は成長して、幼い頃そのかたわらで歌われた
あの神代の空想にはもう耳を傾けなくなった
そして真実のかたわらで語られた健全ではあるが退屈な
あの優雅な物語にも耳をかさなくなった
アポローンの二輪車の道はもう終わったのだ！
詩人たちよ、目をあげて太陽を見るのだ！
　　パーン、パーンは死んでしまった。

この詩は初期のキリスト教伝説にもとづいて書かれたもので、その伝説によると天使たちがベスレヘムの羊飼いたちにキリストの降誕を告げると、とつぜん深い呻《うめ》き声がギリシア全島にひびきわたって、偉大なパーンは死んだ、オリュンポスの神々はすべてその地位を失ったと伝えたそうなのです。そして何人かの神々は冷たい暗黒の世界へ放逐されたのだそうです。それでミルトンは「キリストの降誕によせる讃歌」の中で（第二〇節）次のように詩っているのです。

ものさびしい山々を越え
鳴りひびく海辺を越えて
　嘆きの声が、大きな悲しみの声が、きこえてくると
妖精《ようせい》の出没する泉や
青白い白楊《はこやなぎ》にふちどられた谷間から
　妖魔は吐息をつきながら追われて姿を消してゆく。
ニュンペーたちも花かんざしの髪を乱して
深い茂みに姿をかくしその薄暗がりで嘆き悲しむ。

エリュシクトーン

エリュシクトーンは信仰心のない人間で、神々を軽蔑《けいべつ》さえするような男でした。そこである

とき彼はデーメーテールに捧《ささ》げられた森を斧《おの》で切り倒そうとまでしました。この森には年古りた樫《かし》の木が一本ありました。あまり大きいのでそれ一本だけでも森のように思えるほどでした。太古の幹は天空にそびえ立ち、幹のまわりにはよく奉納の花輪がかけられたり、この木のニュンペーに祈願した者が感謝のしるしにと刻《ほ》った札がかけられたりしていました。ハマドリュアスたちはよく手をとりあってこの木のまわりを踊りました。幹のまわりは一五尋《ひろ》もあって、他の木をはるかにしのいで立っていました。それはちょうど他の木が灌木《かんぼく》をはるかにしのいで立っているのにも似ていたのです。しかしそれでもエリュシクトーンはこの木をそっとしておかねばならぬ理由がわからずに、切り倒してしまえと召使たちにいいつけました。そして召使たちがためらっているのを見るとそのなかの一人から斧を奪いとって、罰あたりにもこう叫んだのです。「これが女神の愛している木であろうとなかろうと、そんなことはかまわぬ。たとえこの木が女神自身でも、わしの邪魔になるなら切り倒してしまうのだ」。そう言いながら彼は斧をふりあげました。するとその樫の木はふるえて呻き声をあげたように思われました。最初の一撃が幹に加えられると、その傷口からは血が流れ出しました。そばで見ていた者たちはみんな恐怖にうたれましたが、中の一人が勇敢にも彼を諫《いさ》めてその恐ろしい斧をおしとどめようとしました。するとエリュシクトーンは嘲《あざけ》るような顔つきをしてその男に言いました。「きさまの信心の報いにこれでもくらえ」。そう言ったかと思うと木から抜きとった斧をその男の方に転じて、彼の体に無数の傷を負わせ、その首をはねてしまいました。すると樫の中から声がしました。「この木に住んでいる私はデーメーテールさまに愛されているニュンペーです。おまえの手にかかって死ぬまえに予言しておきますが、おまえには天罰がまっています」。しかしエリュシクトーンは自分の悪業をやめませんでした。そしてついにその木は何度も斧に刻まれ、綱に引かれた末、とうとうすさまじい音をたてながら倒れて森の大部分を下じきにしたのです。

ハマドリュアスたちは、肉親が殺され森の誇りでもあったこの大木が切り倒されたのを見ると仰天して、みな喪服をまとい、一団となってデーメーテールのところへとゆきました。そしてどうかエリュシクトーンを罰してくださいますようにと懇願しました。女神は承知してうなずきました。するとその頭の動きにつれて、田畑に実っている穫入《とりい》れどきの穀物も同じように頭を動かしました（デーメーテールは穀物の女神。第7章参照）。女神は非常に恐ろしい刑罰を考えだしました。それは、もしエリュシクトーンのような罪人でも人の同情をかうことができるならば誰もが憐《あわ》れんだであろうと思えるほどに恐ろしいものでした。――つまり女神は彼を飢餓《リーモス》の女神の手にゆだねたのです。デーメーテールは自分でリーモスのところへ近づくことができませんでしたので、というのは運命《モイラ》の女神たちがこの二人の女神をけっして会わせないように定めていたからなのですが、デーメーテールはオレイアス（山のニンペー）を山から呼んでこう言いつけました。「氷にとざされたスキュティアのはずれに、一つの土地があります。さみしい不毛の地で、木もなければ穀物もありません。そこには『寒気』が住んでいて、その他にはただ『恐怖』と『戦慄《せんりつ》』と『飢餓』とがいるだけです。おまえはこの飢餓のところへ行って女神《リーモス》にエリュシクトーンのお腹の中に陣どってほしいと伝えなさい。そしてどんなにたくさんの食べ物が侵入していってもそれに負けないように、また私の贈り物の軍勢が攻めていっても逃げ出すことのないようにと言っておくれ。おまえは遠い土地だからといって心配することはない」（というのはリーモスはデーメーテールから非常に離れたところに住んでいたからです)「私の二輪車にのってゆけばよい。この車をひく竜は足も速く、手綱にもよく従うから、天空を駆ってすぐに着くことができます」。そう言ってデーメーテールは彼女に手綱を渡しました。そこでオレイアスは車を駆ってやがてスキュティアにつきました。彼女はカウカソス山にたどりつくとすぐに竜をとめ、石だらけの野原にいるリーモスを見つけました。リーモスはわずかばかり生えているその草を歯と爪で抜いていました。髪はもじゃもじゃで、目はくぼみ、顔は青白く、唇は白ちゃけ、顎《あご》は埃《ほこり》によごれ、皮膚はひきつって体の骨がみんな透けて見えるほどでした。オレイアスはこうした女神の姿を遠くから眺めながら(というのはとても近づく勇気がなかったからですが)、デーメーテールの伝言を伝えました。そしてその場に足をとめている時間もできるだけ短くし、距離もできるだけ遠く保っていようとしましたが、それでもひもじさを感じはじめたので、いそいで竜の頭をめぐらすとテッサリアへ帰ってゆきました。

リーモスはデーメーテールの言葉に従いました。そして天空を駆ってエリュシクトーンの住家へたどりつくと、この罪人の寝室にしのびこみ、ぐっすりと眠っている彼を見つけました。そこで翼のはえている腕で彼を抱きよせると、その体にひもじさを吹き入れ、血管の中にもその毒を吹き込みました。こうして仕事をしおえると彼女はこの豊饒《ほうじょう》の地を後にしてもとの住みなれた土地へ帰ってゆきました。エリュシクトーンはなおも眠りつづけていましたが、すでに夢の中でもむやみと食べ物がほしくなり、まるで何か食べてでもいるかのように口を動かしました。そして目がさめると餓《ひもじ》さが荒れ狂いはじめました。彼はすぐに食べ物を出せと命じました。陸のものでも海のものでも、空のものでも、なんでもいいからもってこいと言うのです。

そして食べるそばからひもじさを訴えるのです。町じゅうの人々でも、あるいは国じゅうの人々でも食べきれないようなたくさんの食べ物も彼にとっては充分ではありませんでした。食べれば食べるほどますます欲しくなりました。そのひもじさは、すべての河の水をのみこんでもけっしていっぱいになることのない海のようでした。つみかさねた薪をすっかり焼きつくしてもまだ後をほしがる火のようだったのです。

彼の財産はこうした絶え間のない貪欲《どんよく》のためにたちまちへってゆきましたが、ひもじさの方は少しも衰えずにいました。彼はとうとう全財産をつかいはたしてしまい、あとに残ったのはただ一人の娘だけとなりました。彼女はもっと立派な父親にこそふさわしい娘でした。ところがこの娘までも彼は売ってしまったのです。彼女は人の奴隷となることをいさぎよしとせず、海辺に立って両手をさしのべ、ポセイドーン（海の神）に祈りました。するとポセイドーンはその願いをききいれてやり、新しい主人が近づいてきて彼女の姿を見たとたんに、娘の姿を消して余念なく魚釣りをしている漁師の姿に変えてしまいました。主人は娘をさがしましたが、姿を変えたこの漁師をみつけると彼女に向かって言いました。「ねえ漁師さん、女がどこへ行ったかしらないかね、つい今しがたその姿を見かけたんだがね、髪をふりみだして粗末な服装《なり》をした女で、ちょうどいまあんたがいるあたりに立っておったんだ？　正直に教えてくれないかね。そうすればあんたの運もよくなって、魚が餌ばかりとって逃げるようなことはなくなるだろうよ」。娘は自分の祈りがききとどけられたことを知り、また相手が当の本人にむかって尋ねているのを心の中でおかしく思いました。そこでこう答えました、「どこのお方かしんねえが、赦してくだせえ、おらああまり釣りの方に気をとられていたもんだから、他には何も目にへえらなかっただよ。だけんど、魚はもう一匹も釣れんでもええと誓って言うだが、この辺にはちょっとの間でもわし以外には女も男もいなかったと思うだ」。主人はこの言葉にだまされて、自分の奴隷はどこかへ逃げてしまったのだと考えながら帰ってゆきました。すると娘はまたもとの姿にもどりました。父親は娘がまだ自分といっしょにいられるのを知って、そしてそのうえ娘を売った金がまだ手元にあるのを知って、たいそう喜びました。そこで彼はまた娘を売りにだしました。しかし娘は売られるたびにポセイドーンの好意によって姿を変えられ、ある時は馬に、ある時は鳥に、ある時は牡牛《おうし》に、またある時は牡鹿になって――買い主から逃れて帰ってきました。餓《かつ》えた父親はこうした卑劣な手段によって食べ物を手に入れました。しかしそれでもまだ自分の飢えをみたすことができず、ついにひもじさのあまり自分の手足をむさぼり食うようになって、自分の体を食べてはいっしょうけんめい自分の体を養おうとしました。こうしてその苦しみは死がデーメーテールの復讐《ふくしゅう》から彼を救いだすまでつづいたのです。

ロイコス

ハマドリュアスたちは自分たちに危害を加える者に対してそれを罰するだけでなく、自分たちに仕える者に対してはそれにあつく報いることもできました。ロイコスの物語をごらんになればそれが証明されます。ロイコスはあるとき一本の樫の木が倒れかかっているのを見かけて、召使たちにそれを支えさせました。すると、その木といっしょに死ぬところだったニュンペーが現われて、生命を救ってくれた礼をのべ、褒美として何がほしいか申してみるようにと言いました。そこでロイコスは思いきって彼女の愛を求めました。ニュンペーは彼の望みに従いました。そして同時に、けっして心変わりをしないようにと申しつけ、また蜂《はち》を自分の使者として、二人が会う時刻を知らせにやるからと言いました。ところがある時その蜂がとんできたのですが、ロイコスは将棋をさしていました。それでついうっかりその蜂をはらいのけてしまいました。このためにニュンペーはひどく怒って彼の視力をうばったのです。

わが国《アメリカ》の詩人J・R・ロウエルはこの物語から「ロイコス」という題の詩を書いています。その最初の部分（第二節）はこのようにして始まっています。

これから古代ギリシアのおとぎ話をしましょう、
後の世までとアテネ風の小壁に刻まれている
あの優美な不滅のみずみずしい姿と同じように
自由と若さと美しさとに満ちあふれたお話です。

水の神々

オーケアノスとテーテュース（オーケアノスの姉あるいは妹で、彼の妻となった）はティーターン神族で、水の領域を支配していました。ゼウスとその兄弟たちがティーターン神族を征服して彼らの権力を自分たちのものにしてからは、ポセイドーンとアムピトリーテー（ポセイドーンの妻で、オーケアノスの娘ともいう）がオーケアノスとテーテュースに代わって水の領分を継いだのです。

ポセイドーン

ポセイドーンは水の神々の支配者でした。彼の権力の象徴は三叉《さんさ》戟《げき》、つまり三叉《みつまた》の槍《やり》で、彼はこれで岩を砕いたり、嵐を呼びおこしたりまた静めたり、海岸をゆすぶったりなどしていました。彼は馬を創り出しましたから（二三八ページ参照）競馬の守護神でもありました。彼自身の馬はどれもみな青銅の蹄《ひづめ》に黄金のたてがみをしていました。それらの馬が彼の二輪車をひいて海の上を走ると、ゆく手の海は静まり、深海の怪物たちがあちこちではねまわったのです（「イーリアス」第一三巻、第二三行以下参照）。

「ポセイドーン」
アテネ国立考古博物館

アムピトリーテー

アムピトリーテーはポセイドーンの后《きさき》でした。彼女はネーレウスとドーリスの娘でトリートーンの母です。ポセイドーンはアムピトリーテーに求婚するとき、海豚《いるか》に乗ってやってきました。そして首尾よく彼女を妻にすることができたので、その褒美として海豚を星座の中においてやりました（いるか座のこと）。

ネーレウスとドーリス

ネーレウスとドーリスはネーレーイスたち（五〇人、あるいは一〇〇人いたと伝えられる）の両親でした。彼女たちの中でもっとも名高いのはアムピトリーテーと、アキレウスの母のテティスと、キュクロープス（一眼の巨人族）の一人であるポリュペーモスに愛されたガラテイアでした。ネーレウスは知恵があり、また真理と正義を愛することで有名でした。ですから彼は長老と呼ばれました。そして予言の力も授けられたのです。

トリートーンとプローテウス

トリートーンはポセイドーンとアムピトリーテーとの息子でした。そして詩人たちは彼を父親の巻き貝吹きにしています。プローテウスもまたポセイドーンの息子（一説にはポセイドーンの牧夫で、海豚の飼育をしていたともいわれる）でした。そしてネーレウスと同じように、その賢明なことと、未来の出来事が予知できることとで海の長老と呼ばれています。彼特有の術としては、自分の姿を意のままに変える術をもっていることでした。

テティス

テティスはネーレウスとドーリスの娘でしたが、非常に美しかったのでそのためにゼウス自身が彼女を妻にしたいと望みました。しかしゼウスはティーターン神族のプロメーテウスから、テティスが子供を産めばその子は必ず父親よりも偉大になるであろうという予言を知ったので、求婚を思いとどまり、テティスを人間に与えることにしました。そしてケンタウロスの一人のケイローンの助力によってペーレウスがこの女神を首尾よく妻にしたわけなのですが、その二人の間にできた子供があの有名なアキレウスだったのです。後のトロイア戦争の章でおわかりのように、このテティスはアキレウスにとっては誠実な母親で、わが子をあらゆる困難の中で助け、誕生の時から死に至るまで、たえずわが子のためを思って見守っていました。

レウコテアーとパライモーン

イーノーはカドモスの娘でアタマースの妻でしたが、発狂した夫からのがれて幼い息子のメリケルテースを両手にかかえたまま断崖《だんがい》から海中に身を投げました。神々はふびんに思って彼女を海の女神とし、レウコテアー（白い女神の意）と名づけ、またその子も神としてパライモーンと名づけました。この二人は人を難破船から救う力があると考えられ、船乗りたちに崇《あが》められました。パライモーンはよく海豚にのった姿で描かれました。イストミア祭の競技は彼のために行なわれたものです。彼はローマ人からはポルトゥーヌスと呼ばれ、港《ポルトゥス》や海岸の支配権をもっていると信じられていました。

ミルトンは「コウマス」の結びの部分の歌の中で（第八五九―八七八行）これらの神々にふれています。

　うるわしいサブリーナよ、
偉大なオーケアノスの御名にかけて
われわれの願いをききとどけ姿を現わしてください。
大地をゆさぶるポセイドーンの戟《ほこ》と
テーテュースのおごそかないかめしい歩みにかけて、
白髪のネーレウスのしわのよった顔と
カルパトス島の賢人《まほうつかい》(1)の牧杖《つえ》にかけて、
うろこを生やしたトリートーンのもつ巻貝と
年老いた予言者グラウコスの呪文《じゅもん》にかけて、
レウコテアーの愛の両手と
海岸を支配するその子にかけて、
テティスの白銀《しろがね》の靴をはいた足と
甘いセイレーンの歌にかけて、
……

「健康を維持する術」を書いた詩人アームストロングは、健康の女神ヒュギエイア（アスクレーピオスの娘）の霊感をうけて、次のようにナーイアスたちをほめたたえています。中に出てくるパイエーオーンというのはアポローンとアスクレーピオスとの両者に対する呼称です（アポローンもアスクレーピオスもともに医術を司った）。

さあナーイアスの娘たちよ！　泉へ案内しておくれ！
慈悲深い処女たちよ！　私にはまだあなたたちの贈り物を詩《うた》い
（パイエーオーンが、あの「健康」の神々が、そう命じているのだが）、
その水晶のような水を讃《たた》える務めが残っているのだ。
おお心地よい流れよ！　水に渇えてぐったりとした人々が
熱望する唇とふるえる手とであなたたちの新しい生命を
ひと息に飲みほすと、爽快《そうかい》な活力が血管を満たしてくれるのだ。
田舎の年寄りはこれ以上に心暖まる飲みものを知らなかった、
人類の祖先はこれ以上に心暖まるものをけっして求めはしなかった。
穏やかな平和にめぐまれたその平静な毎日は
熱狂的な歓楽とむかつくような落胆とがくりかえす
発作など味わいはしなかった。平穏に、心も足りて、
病からも神の恵みに守られながら、
幾世代も生きてきたのだ。そして彼らの運命は
ただ老齢だけで、死ではなくむしろ眠りだったのだ。

カメーナイ

ローマ人はムーサの女神たちをカメーナイ（単数はカメーナ）と呼んだのですが、その中にはまた他の神々も含めました。おもに泉のニュンペーたちです。エーゲリアはそのニュンペーたちの一人で、彼女の泉と洞穴とは今日でも見ることができます。話によるとローマの二代目の王ヌマはこのニュンペーに愛されて二人はひそかに会っていました。そしてそのとき彼はいろいろと彼女から知恵を授けられ法律を学んで、それらを成長してゆく自分の国の制度に具体的に表わしたのだと言われています。そして、ヌマ王が死ぬとこのニュンペーは悲しみのあまりやせおとろえて、やがてその姿は泉に変えられてしまったのだということです。

バイロンは「ハロルド卿の巡遊」第四篇（第一一八節）の中でこのエーゲリアとその洞穴にふれて次のように詩っています。

エーゲリアよ！　汝《なんじ》はこの魂をうばわれた洞穴の中で
天上の思いを秘めたその胸をときめかしながら
地上の恋人の遠い足音を待っていたのだ。
紫色の真夜中は一面に星の輝く天蓋《てんがい》で
その神秘の会合をおおっていた。

……

テニスンもまた「芸術の館」の中で、ヌマ王がこの密会を心まちにしている様子をちらりと見せてくれます（エーゲリアはネミのディアーナの森にある泉のニュンペーだった。エトルリアの王とはヌマ王のこと）。

片手を耳にあてがい、
　じっと足音をきいていると、やがて
森のニュンペーの姿が見えてきた。エトルリア王は
知恵と法律を学ぶために待っていたのだ。

風

このように、あまり活動的でないものでも、かなりたくさんのものが神さまにされているのですから、とうぜん風も神さまにされました。北風のボレアースあるいはアクゥイロー、西風のゼピュロスあるいはファウォーニウス、南風のノトスあるいはアウステル、東風のエウロスがそうです。北風と西風との神々は特に詩人たちによって有名になり、北風は荒々しい神として、また西風は優しい神として知られるようになりました。ですから、ボレアースはオーレイテュイアというニュンペーを見てたまらなく好きになり、恋人のように言い寄ろうとしたのですが、うまくいきませんでした。優しい言葉をかけるなどということは彼にできることではあ

りませんでしたし、まして吐息をつくなぞ論外のことでした。みのらぬ努力にとうとう業《ごう》を煮やした彼は、たちまち本性を現わしてその処女にとびかかると彼女をさらってゆきました。こうして二人の間にできた子供がゼーテースとカライスで、彼らはともに翼をもった勇士となってアルゴナウテースたちの遠征に加わり、怪鳥ハルピュイアたちと戦って目ざましい働きをみせました。

ゼピュロスはフローラ（花と豊穣と春の女神）の恋人でした。ミルトンは「失楽園」の中で（第五篇、第一一—一九行）この二人にふれています。アダムがまだ目を醒まさぬイヴを起こそうとして、じっとその姿に見とれている描写のところです。

　彼は片手をつき
半ば身をおこしたまま、心からの愛のまなざしで、
うっとりと彼女を見おろし、
目醒《めざ》めているときも眠っているときも
特別な魅力をはなつその美しさに見とれていた。
やがて彼はゼピュロスがフローラにささやく時のようなやさしい声で、
そっと彼女の手にふれながら、ささやいた。「目をおさまし！
ぼくのいちばん美しい者よ、ぼくに縁づけられた者よ、ぼくがいちばん後に見つけた者よ、
天からの最後の、そして最高の贈りものよ、ぼくの永遠に新しい喜びよ」

「夜の瞑想《めいそう》」を書いた詩人、ヤング博士は、怠けてばかりいてぜいたく好きな者たちに向かってこう言っています（第二夜、第二三八行）。

おまえたち、ぜいたくな者どもよ！　なにひとつ忍ぶことができず、
おまえたち自身が忍びがたい者どもよ！　おまえたちのために
冬のばらは咲かねばならないのだ。
……絹のようにやわらかなファウォーニウスよ
もっとやわらかに吹いておやり、さもないとおまえも叱られるから！

（1）　プローテウスのこと。

第23章

アケローオスとヘーラクレース、アドメートスとアルケースティス、アンティゴネー、ペーネロペー

アケローオスとヘーラクレース

河の神アケローオスはエリュシクトーンについての話をテーセウスとその一行の者たちにしてきかせました。それはちょうど自分の河が氾濫《はんらん》してテーセウスたちの旅程をおくらせてしまったので、彼らを食卓に招いてもてなしていたときのことです。アケローオスは話をおえるとさらにこうつけ加えました、「だがこのわしも他人の変身術のことばかり話していることはない、わし自身もこうした変身術を心得ておる者の一人なのじゃからな。あるときは蛇になり、あるときは牡牛になって頭に二本の角をはやすこともあるのじゃ。いや、そういうことが昔のわしにはできたのじゃと言った方がいい。だが今はその角も一本しかない。もう一本は失ってしまったのじゃ」。そしてここまで話をすると彼は呻《うめ》き声をあげて黙りこくってしまいました。

テーセウスはなぜそのように悲しむのか、またどうして角をなくしてしまったのかとたずねました。するとこの質問に対して河の神は次のように答えました、「自分の敗北を他人《ひと》に話したがる者は誰もおらぬ。だがわしは思いきってお話することにしよう。相手の偉大さを考えればせめてもの慰めじゃ。それはあのヘーラクレースだったからじゃ。たぶんあなたもデーイアネイラの名声を聞きおよんでおいでじゃろう。処女の中でも最も美しい処女で、多くの求婚者が彼女を手に入れようと競争しておりましたからな。ヘーラクレースとこのわしもその中にまじっておりましたのじゃ。そして他の者たちはわしら二人に譲ることになった。するとヘーラクレースは自分がゼウスの子であることや、継母《ままはは》のヘーラーに課せられた難業をみごとにやりとげた苦労話などを彼女に語ってきかせおった。そこでわしの方は処女の父親に言ったのじゃ。『私をよく見てください。私はあなたの国を流れているすべての河の王なのです。見知らぬ国からきた他国者ではなく、この国の者なのです。あなたの領土の一部なのです。女王ヘーラーが私に敵意を抱かないからといって、また困難な仕事をもちだしてきて私を罰しないからといって、それを私の不利になるようにはとらないでください。この男について言いますと、奴は自分をゼウスの息子だと自慢していますが、それは偽りの主張です。あるいはもしほんとうとすればこの男にとっては不名誉なことです。なぜなら、それは母親の不義によるものだと言うのでなければほんとうとはなり得ないからです』。わしがこう言っている間にもヘーラクレースはわしをにらみつけ、やっと怒りをおさえつけている様子だった。『おれの腕はおれの舌よりもうまく返答するだろう』と奴は言いおった。『言い合いの勝負はきさまにゆずるが、わしは腕にものを言わせてみせるからな』。そう言ったかと思うと奴はわしの方にむかってきおった。わしもあんなことを言った以上、ひきさがるのは恥辱だと思った。そこで緑色の着物をぬぎすてると闘いにそなえて身構えたのじゃ。奴はわしを投げとばそうとした。そしてあるときはわしの頭を、またあるときは手足をめがけておそいかかってきた。だがわしの大きな体がわしの守りとなって、おかげでいくら攻めてきても奴はなんの甲斐《かい》もなかった。そこでしばらくのあいだわしらは闘いの手をやすめていたが、やがてまた闘いはじめた。互いに一歩もゆずるまいとその場に立って足をからませたのじゃ。そしてわしは奴の上にのしかかり、その手をわしの手の中でしめつけ、わしの額で相手の額を小突いてやろうとした。ヘーラクレースは三度わしをつきはなそうとしおった。そして四度目にそれが成功するとわしをその場におさえつけ、背中の上に乗りおったのじゃ。ほんとうのことをお話するのじゃが、それはまるで山がわしの上に落ちてきたのではないかと思えるほどじゃった。わしは自分の両腕をなんとか自由にさせようと、あえぎながら、汗を流しながら、もがいた。しかし奴はわしに力をとりもどす隙もあたえず、わしの首をしめつけおった。わしは地べたに両膝《ひざ》をつき土に口を埋めてしもうた。「そこでわしも力業ではとてもかなわぬと知って、他の業にうったえた。そして蛇に姿を変えて逃れ出した。それからとぐろを巻くと鋭い音をたてながら裂けた舌をちらつかせてむかっていった。奴はこれを見ると嘲《あざけ》るように笑って言いおった。『蛇退治などおれが赤ん坊のときにやった仕事だ』。そう言ったかと思うと奴は両手でわしの首をつかみおった。わしは息の根がとまりそうになったので、なんとか奴の手から首をはずそうともがいたのじゃ。こうして蛇の姿でも負けてしもうたわしは後に残された唯一の手段をつかって牡牛《おうし》の姿に身を変えた。すると奴は片腕でわしの首をおさえて、頭を地にこすりつけさせながらこのわしを砂の上に倒しおった。いやそればかりではない。奴の無慈悲な手はわしの頭から片方の角をへし折ってしもうたのじゃ。そこでナーイアスたちはその角をとって神々に捧《ささ》げ、その中に香りのよい花を満たしてくれた。すると豊饒《ボナ・コーピア》の女神がその角をひきとってご自分のものとされ、それを豊饒の角《コルヌー・コピアイ》と呼ばれたのじゃ」。

昔の人々は、こうした神話の中にある隠れた意味をさぐりだすのが好きでした。ですからアケローオスとヘーラクレースのこうした闘いなども、こんなふうに説明するのです。つまり、アケローオスというのは雨期になると氾濫《はんらん》をおこす河のことなのだというのです。そして、アケローオスがデーイアネイラを愛して彼女と結婚したいと望んだと神話が語るときは、その意味は河がうねりながらデーイアネイラの国を流れてゆくということなのです。蛇の姿に身を変えたのも河がうねりながら流れているからで、牡牛の姿に身を変えたのも流れてゆく途中でごうごうと音をたてたり、ほえたりするからなのだと言われました。河が水かさを増したときにはまた一つ別な流れができました。こうしてその頭に角が生えたわけです。ヘーラクレースはこうしてくりかえし定期的に氾濫する河を堤防や運河をつくって防いだのです。ですから彼は河の神を征服してその角をへし折ったと言われたのです。そして最後に、これまで河が氾濫することの多かった土地も今では救われて非常に豊かな土地となったのですが、このことは豊饒の角によって表わされているわけなのです。

豊饒の角の起源についてはもう一つ別な話もあります。ゼウスは、生まれるとすぐに母親のレアーによってクレーテーの王メリッセウスの娘たちに預けられました。娘たちはこの幼い神をアマルテイアという山羊《やぎ》の乳で育てました。それでゼウスはその礼に山羊の角を一本折って、娘たちに授け、その持ち主が望むものは何でもそこから湧き出させるような不思議な力をその角に与えたというのです。

アマルテイアという名はまたある作者たち（ディオドーロスやW・ローリーなど）によってディオニューソスの母親にもつけられています。ですからミルトンの「失楽園」第四篇（第二七五―二七九行）には次のように使われているのです。

――トリートーンの河に囲まれた

あのニューサの島。異教徒たちがアンモンと呼び
またリビュアのゼウスとも呼ぶあの老カムが、
アマルテイアとその紅顔の子の幼いディオニューソスを
継母《ままはは》のレアーの目から隠したその島も。

アドメートスとアルケースティス

アポローンの息子のアスクレーピオスは父親からすばらしい医術のわざを授けられたので、死んだ者を生きかえらせることさえできるようになりました。これを知ったハーデースはびっくりして、ゼウスを説き伏せ、アスクレーピオスに雷霆《いかずち》を投げつけてもらいました。アポローンは息子の死に怒り狂って、罪もない雷霆づくりの職工に恨みをはらそうとしました。この職工というのは例のキュクロープスたちでした。彼らはアイトナ山（エトナ火山のこと）の下に仕事場を持っていましたから、そこからはいつも炉の煙や焔《ほのお》がでています。アポローンはこのキュクロープスたちを自分の矢で射殺してしまったのです。するとゼウスは非常に怒ってアポローンに、罰として一年のあいだ人間の下僕となるように申し渡しました。それでアポローンはテッサリアの王アドメートスに仕えるようになり、アムプリュソスの川の青々とした川岸で王のために羊や牛の群れを世話していました。

王のアドメートスは、他の求婚者にまじって、ペリアースの娘アルケースティスを妻にもらいうけたいと望んでいました。父親のペリアースは、ライオンと猪がひく二輪戦車に乗っても

らいに来るならばその者に娘をやろうと約束しました。アドメートスは自分の羊飼いとして働いているアポローンの助力のおかげで首尾よくこの難題をなしとげ、アルケースティスを手に入れて幸福に暮らしていました。ところがあるとき、アドメートスはとつぜん病気になって、いまにも死にそうになりました。そこでアポローンは運命の女神《モイラ》たちを説得して、王の身代わりに喜んで死のうというものがあれば王の命は助けようと約束してもらいました。アドメートスはこうした死の猶予を喜ぶあまり、自分の身代わりになる人のことはあまり考えませんでした。そしておそらく、ごきげん取りや家来たちからよくきいていたあの身命を賭《と》してもなどという忠誠の誓いを思いだしたからなのでしょうが、自分の身代わりを探すことなぞたやすいことだと思っていました。しかし実際はそうたやすいことではありませんでした。勇敢な兵士たちも、王のためなら喜んで命をなげだそうと言っていたのに、病床の王にかわって死ぬのだと考えるとみなしりごみしました。また年寄りの召使たちも王の恩恵に浴し、また子供のころからこの王家の恩義を受けていたにもかかわらず、自分たちのわずかばかりの余命を喜んで捨ててその恩に報いようとはしなかったのです。そして人々は言いました、「どうして王さまのご両親がどちらか身代わりにならないのだろう？　二人とも自然のなりゆきでそう永く生きられるはずはないのだし、自分たちが与えた生命を時ならぬ死から救わねばならぬ使命をあの人たちほど感じる者は誰もいないはずなのだからな？」。しかしその両親もわが子を失うという思いには悲しんでこそいましたが、その使命からはしりごみをしたのです。そこでアルケースティスが、わが身を惜しまぬ犠牲的精神で、どうか自分をその身代わりにしてほしいと申し出ました。アドメートスは、いくら命がほしいとはいっても、そのような犠牲を払ってまでその命を甘んじて受けたいとは思わなかったことでしょう。しかし他に仕様がありませんでした。運命の女神《モイラ》たちが約束した例の条件が適えられてしまったのです。そして一度定めたものは取り消すことができませんでした。そこでアルケースティスはアドメートスがよみがえると同時に病気になって、たちまち死の床に沈んでゆきました。

ちょうどこの時、ヘーラクレースがアドメートスの館にやってきて家人一同がこの忠実な夫人の、人望あふれる奥方の、臨終に深く悲しんでいるのを知りました。ヘーラクレースにとっては至難の業など何一つありませんでしたから、彼はさっそく彼女を救おうと決心しました。そこで臨終の王妃のいる部屋の戸口に行くと、そこに身を横たえて待っていました。そして死神がその餌食《えじき》をとりに†やって来たとき、彼は死神をつかまえてむりやりその生贄《いけにえ》をあきらめさせました。そこでアルケースティスは回復してふたたび夫の手に返されたのです。

ミルトンは彼の死んだ妻によせる十四行詩《ソネット》の中で（第一―四行）このアルケースティスの話にふれています。

私には死んだ妻が墓の中から連れもどされてくるのを
見たように思えた。ちょうどゼウスの偉大な息子が、
青ざめ気を失っているアルケースティスをむりやり死から救いだして
喜ぶ夫に与えたときのようだった。

J・R・ロウエルは「アドメートス王の羊飼い」という題の短い詩を書いています。彼はこの話を、アポローンが初めて人間に詩歌を教えた故事として詩《うた》っているのです。

人々は彼を何の役にもたたぬ
　意気地のない若者と呼んでいたが
それでも知らずしらず、実際には
　彼のむぞうさな言葉を自分たちの法律《おきて》にしていた。
そして彼の歩いたすべての場所が
　日一日と聖《きよ》らかさを増してゆくと
やがて後の詩人たちにだけは
　彼らの最初に生まれた兄弟が神だったことがわかったのだ。（第六および一一節）

アンティゴネー

伝説に描きだされたギリシアの興味ある人物とか気高い行為とかは、ともにその大部分が女性によって占められています。アルケースティスが夫思いの美しい鑑《かがみ》であったように、†アンティゴネーも親思い、兄（あるいは弟）思いの美しい鑑でした。彼女はオイディプース王とイオカステーとの間にできた娘でしたが、この両親は子供たちすべてとともに厳しい運命の犠牲となって、滅亡への道をたどることになっていたのです。ですからオイディプースは発狂して自分の両眼をえぐり出すと、やがて自分の王国だったテーバイから追放され、天罰を受けた者としてみんなから恐れられ見捨てられました。ただ娘のアンティゴネーだけがその放浪についてゆき、父親が死ぬまでそのそばについていてやりました。そしてそれからまたテーバイへと帰っていったのです。

アンティゴネーの兄（あるいは弟）のエテオクレースとポリュネイケースは相談の結果、父親の国を二人して一年おきに治めることにしました。そして最初の一年はエテオクレースが治めることになりました。ところが彼は自分の期限が切れても王国を弟（あるいは兄）にゆずろうとはしませんでした。そこでポリュネイケースはアルゴスの王アドラストスのもとへ逃げてゆきました。王は自分の娘を彼にめとらせ、また軍隊を貸し与えて王国に対する彼の要求の実現を助けようとしました。これがあの有名な「テーバイを攻める七将軍」の遠征の発端で、ギリシアの叙事詩人や悲劇詩人に多くの材料を提供したものなのです。

アドラストス王の義弟にあたるアムピアラーオスはこの企てに反対しました。それは自分が予言者だったものですから、アドラストス以外の将軍は誰ひとり生きて帰ってくるものはいないということを自分の予言の術で知っていたからなのです。ところがアムピアラーオスは、王の妹のエリピューレーと結婚するとき、自分とアドラストスとの間で意見の異なるような場合は必ずその決定をエリピューレーにまかせるということに同意していました。ポリュネイケースはこれを知っていたので、エリピューレーにハルモニアーの首飾りを与え、それによって彼女を自分の味方にひきいれようとしました。この首飾りというのは、ハルモニアーがカドモスと結婚するときヘーパイストスからお祝いに贈られたものだったのですが、ポリュネイケースはテーバイから逃げだしてくるときそれを持ってきていたのです。エリピューレーはあまりにも心をそそるこの贈賄物《おくりもの》にさからうことができませんでした、そしてついに彼女の決定によって戦争が決議され、アムピアラーオスは自分の避けられぬ運命にむかって進むことになりました。彼は他の将軍たちといっしょに勇ましく戦いましたが、自分の運命を避けることはついにできませんでした。敵に追われて河づたいに逃げたのですが、その時ゼウスの投げた雷霆《いかずち》が大地を引き裂いたので、アムピアラーオスも二輪戦車もそしてまた御者ももろともにのみこまれてしまったのです。

いまここで、この戦争を有名なものにした気高い行為や残忍な行為についてそのすべてをくわしくお話することは所を得ていないと思われますが、エウアドネーの誠実さだけは、あのエリピューレーの不誠実さに代わるものとしてぜひとも書き記しておかねばなりません。エウアドネーの夫のカパネウスは燃えたつような戦闘意欲から、つい、ゼウスの力がどれほど強かろうとおれはテーバイの市に押し入ってみせるぞと豪語しました。そして城壁に梯子《はしご》をかけてのぼっていったのですが、ゼウスはその不敬な言葉に腹を立てて彼を雷霆で打ち殺してしまいました。彼の葬式が行なわれたとき、エウアドネーは夫の死体を焼く薪の上にわれとわが身を投げて、ともに果てたのです。

戦争の初めのころ、†エテオクレースはテイレシアースと呼ばれる予言者に戦いの結果についてたずねました。このテイレシアースは若いころふとしたことからアテーナーの水浴している姿を見てしまいました。女神は怒って彼を盲目にしたのですが、後にそれを不憫《ふびん》に思い、その償いとして彼に未来の出来事を知る力を授けていたのです。それで、彼はエテオクレースにたずねられたとき、もしクレオーンの息子のメノイケウスがすすんでその身を犠牲にするならば勝利はテーバイのものとなるであろうと予言しました。雄々しい若者はこの予言を知ると、最初の会戦で自らの命を投げすてました。

包囲は長いあいだ続き、勝敗はなかなか決まりませんでした。そこでついに両軍の決議によって当の兄弟同士が一騎打ちをおこないそれでこの争いに結末をつけることにしようということになりました。二人は互いに戦いましたが、相討ちとなって倒れました。そこで両軍はまた戦闘を開始したのですが、やがて侵略者側は屈せざるを得なくなり、戦死者を埋葬するひまもなく逃げてゆきました。相討ちとなって死んだ二人の王子の伯父（あるいは叔父）にあたるクレオーンは、今や国王となって、エテオクレースの死体を事のほか丁重に埋葬させましたが、ポリュネイケースの死体は倒れた場所にそのまま放置させ、いかなる者にもその埋葬を禁じ、違反した者は死刑に処するむね布告しました。

ポリュネイケースの妹（あるいは姉）のアンティゴネーはこのいまわしい布告をきくと憤慨しました。兄（あるいは弟）の遺体は野犬や禿鷹にまかせたままで、死者の安眠にとって欠かすことのできぬものと考えられていたあの葬儀さえも許してもらえなかったからです。やさしい心の、しかしいたって気の弱い姉（あるいは妹）の忠告にも動かされず、また助力を求めることもできず、アンティゴネーはみずから危険を冒し、自分自身の手でその遺体を埋葬しようと決心しました。そして埋葬しているところを発見され、そのためにクレオーンは彼女を生き埋めにするようにと命じました。テーバイの市の重大な布告を故意に無視したからだというのです。アンティゴネーの許婚《いいなずけ》のハイモーンはクレオーンの息子だったのですが、彼女のこうした運命を変えさせることができないのを知ると、彼女より生きながらえることを潔《いさぎよ》しとせず、自らの手によって果てました。

アンティゴネーはギリシアの詩人ソポクレース（前四九六頃—前四〇六）の二つのすぐれた悲劇（「アンティゴネー」と「コローノスのオイディプース」）の主題をなしています。ジェイムスン夫人（イギリスの著述家。一七九四—一八六〇）は「女性の特質」（一八三二）の中でアンティゴネーの性格を、シェイクスピアの「リア王」に出てくるコーデリアの性格と比較しています。その所見を熟読なされば皆さんもきっと納得されることと思います。

次にあげる一節はオイディプースを悼《いた》むアンティゴネーの悲しみの歌です。死がついにオイディプースをその苦難から解放したときのことです。

ああ！　私がひたすら願うのはかわいそうなお父さまと
いっしょに死にたかったことでした。どうしてこれ以上
生きながらえたいと望みましょう？
おお、お父さまといっしょなら私は難儀も好きでした。
この上なくいやなものまでも、お父さまがいっしょなら
いとしいものとなりました。おお、私の大事なお父さま、
もはや地の下の深い闇につつまれてしまったお父さま、
あなたは老齢にやつれてはいらしても、私にとっては

いつも大切なお方でした。そしてこれからも永遠にそうなのです。

フランクリン訳（トマス・フランクリン 一七二一―八四 ケンブリッジ大学のギリシア語教授） ソポクレース

ペーネロペー

ペーネロペー†もまた、容姿の美しさというよりはむしろ性格や行為の美しさで世に知られた神話上の英雄的な女性の一人です。彼女はスパルタの王イーカリオスの娘でした。そしてイタケーの王オデュッセウスが彼女を妻に求め、すべての競争相手をやぶって自分のものにしたのです。いよいよ花嫁が父親の家を離れる時が来ると、イーカリオスは娘を手放す思いにたえきれず、いつまでも自分といっしょにいてくれるようにと、夫についてイタケーへは行かぬようにと、説得に努めました。オデュッセウスはペーネロペーにその選択をまかせ、父親のもとに留まるも、また自分といっしょに来るもおまえの心しだいだと申しました。するとペーネロペーは何も答えず、顔にヴェールを垂らしました。そこでイーカリオスももはやそれ以上ひきとめようとはせず、彼女の立ち去った後、二人が別れた場所に像を建てて、それを「貞節」の女神に捧《ささ》げたのでした。

　オデュッセウスとペーネロペーはこうしていっしょに楽しい毎日を送っていたのですが、わずか一年ほどでそうした楽しい生活もおりからの事件にさまたげられて、オデュッセウスはトロイア戦争に召集されてしまいました。その長い留守のあいだに、そしてもう生きているかどうかさえ疑わしく、帰ってくるなどとはとても信じられないような時に、ペーネロペーは多くの求婚者たちからしつこく結婚をせがまれ、そのうちの一人を夫として選ぶ以外に彼らから逃れる手だてがないように思われました。それでもペーネロペーはなおもオデュッセウスの帰りを待ち望みながら、あらゆる手をつくして時をかせぎました。その引き延ばしの手段の一つに、夫の父ラーエルテースの棺衣を用意することがありました。彼女はその衣が織りあがったら自分は求婚者の中から誰かを選ぶことにすると誓いました。そして昼間はその衣を織りましたが、夜になると昼間織った糸をほぐしていました。これが有名な「ペーネロペーの織物」で、この言葉は今日でも諺《ことわざ》として用いられ、どんなものにせよ、絶えずしてはいるけれどもけっして仕上がることのないものを指すようになったのです。ペーネロペーについてのその他の話は、彼女の夫の冒険についてお話するときまで譲ることにしましょう。

第24章

オルペウスとエウリュディケー、アリスタイオス、アムピーオーン、リノス、タミュリス、マルシュアース、メラムプース、ムーサイオス

Orpheus.

オルペウスとエウリュディケー

†オルペウスはアポローンとムーサのカリオペーとの間にできた子供でした。父親から竪琴《たてごと》を贈られ、そして弾き方を教えられましたから、その腕前は実にすばらしいもので、彼の奏でる音楽の魅力に逆らうことのできるものは何一つありませんでした。人間ばかりでなく、野獣さえもその調べに心を和らげ、まわりに群がり寄ってきてはその荒々しさをすてて、彼の歌にうっとりと聞きほれました。いやそれどころか、木や岩でさえもその魅力を感じました。木は彼のまわりに寄りつどい、岩は彼の奏でる音楽にその堅さをいくぶんゆるめて、やわらかになったのです。

ヒュメナイオス（婚姻の男神）は、オルペウスとエウリュディケーの結婚式に立ち合って二人の結婚を祝福するよう招待をうけていました。ところが彼はそれに立ち合いこそしましたが、何一つ幸福な前兆をもってはきませんでした。そして彼の手にする炬火《たいまつ》さえもくすぶって、二人の目に涙をもよおさせました。こうした前兆と符を合わせるかのように、エウリュディケーは結婚して間もなく、友だちのニュンペーと散歩していたとき、羊飼いのアリスタイオスに見つけられてしまいました。羊飼いは彼女の美しさに心打たれてさっそく言い寄ってきました。そこでエウリュディケーは逃げだしたのですが、駆けてゆく途中、草むらにいた毒蛇を踏みつけ、足を咬《か》まれて、死んでしまったのです。オルペウスはその悲しみを歌にして、神々といわず人々といわず、およそ地上の空気を吸うすべてのものに訴えました。そしてそれが何の甲斐《かい》もないことを知ると、今度は冥界《よみのくに》へ行って妻を探そうと決心しました。そこでタイナロス岬の片端にある洞穴からおりてゆき、やがてステュクスの国につきました。彼は亡霊の群がるなかを通りぬけ、ハーデースとペルセポネーのいる王座の前にすすみ出ました。そして歌にあわせて竪琴を奏でながら、こう訴えました、「おお下界の神々よ、私たち生あるものがやがてはみな来なければならぬこの冥界の神々よ、どうか私の歌をおききください、これは真《まこと》のことでございますから。私がここへ参りましたのはタルタロスの秘密をさぐるためでもなければ、また入口を守るあの蛇の髪をした頭の三つある犬と力を競うためでもありません。私は妻をさがしに参ったのです。その女ざかりの年を毒蛇の牙《きば》のためにとつぜん奪われてしまった妻をさがしに参ったのです。エロースの神が私をここへ導いてくれました。エロースは地上に住む私たちにとっては全能の神です。そして、もし昔からの言い伝えがほんとうであるならば、この下界においてもやはりそうだろうと思います（第7章参照）。私はこの恐怖にみちた住家にかけて、この沈黙と、未だ創造されぬ物の国とにかけて、お願いいたします、どうかエウリュディケーの生命の糸をいま一度結びあわせてください。私たちの運命はすべてあなた方の

ブリューゲル「オルペウス」
ピッティ美術館

もとへと定められています、そして遅かれ早かれあなた方の国へは参らねばなりません。妻もまた、その天寿をまっとうすれば当然あなた方のものとなるのです。でもそれまではどうか、妻を私にお授けください、お願いでございます。もしお許しくださいませんならば、私も一人で地上にもどるわけには参りません。あなた方は私たち二人が共に死ぬのを見て勝ち誇ってください」。

彼がこうした優しい調べを歌っていると、亡霊たちも涙をながしました。タンタロスは喉《のど》が渇ききっているにもかかわらず、しばらくの間は水を飲もうとする努力さえ忘れ、イクシーオーンの車輪は回転を止め、禿鷹《はげたか》はあの巨人の肝臓を引き裂くことをやめ、ダナオスの娘たちは篩《ふるい》で水を汲む例の労役の手をやすめ、シーシュポスはあの岩の上に腰をおろして、耳を傾けたのです。そしてこのとき初めて復讐の女神《エリーニュス》たちの頰も涙にぬれたと言われています。ペルセポネーはオルペウスの願いを拒むことができませんでした。そしてハーデースもついにその願いをきき入れてやりました。そこでエウリュディケーが呼び出されました。彼女は、最近この国についたばかりの亡霊たちの中から歩み出てきましたが、その足はあの傷のために不自由な歩き方をしていました。オルペウスはこうした妻を連れて帰ることを許されたのですが、それには一つの条件がついていました。つまり、二人が地上に行き着くまでオルペウスはけっして振り返って妻の姿を見てはいけないというのです。こうした条件のもとで二人は、オルペウスが先にたち、エウリュディケーが後について、暗い急な坂道を、深い沈黙につつまれて、のぼってゆきました。そして二人が明るい地上の国への出口にもう少しでたどりつこうとしたとき、オルペウスは、ついあの条件を忘れて、妻が後からついて来ていることを確かめようとして、後ろを振り返ってしまいました。するとたちまち彼女は後ろへ引きもどされました。二人はたがいに腕をのばして抱き合おうとしましたが、つかむのはただ空気ばかりだったのです！　こうしてふたたび死の旅路へと引きもどされながらも、彼女は夫を怨《うら》むことはできませんでした。妻の姿を見たいという夫のその待ちきれぬ心をどうして咎《とが》めることができましょう！　「さようなら」と彼女は言いました、「これが最後のお別れです」、という間にも彼女はもう連れ去られてしまい、その声さえ夫の耳にはとどかなかったのです。

オルペウスは彼女の後を追おうとしました。そしてもう一度、彼女を連れもどすために下界へおりてゆくことを許してほしいと嘆願しました。しかし、情けを知らぬ渡守り（冥界の渡守り、カローンのこと）はそれをはねつけ、どうしても渡してはくれませんでした。オルペウスは七日のあいだその河岸に、食事も睡眠もとらずに坐《すわ》っていました。そして暗黒《エレボス》の神々の無慈悲をはげしく恨みながら、自分の思いを歌にたくして岩や山に訴えました。すると虎もその心を動かし、樫《かし》もその太い幹を震わせたのです。それからというもの、オルペウスは絶えずあの悲しい出来事の想い出にふけりながら、女を避けて暮らしました。トラーキアの処女たちは手をつくして彼の心をとらえようとしましたが、彼はそれをことごとくはねつけました。そうした彼の仕打ちを処女たちはできるだけ長いあいだ我慢していました。しかしある日のこと、どんなことをしてもオルペウスの心が変わらないことを知ると、ディオニューソスの祭りで興奮した処女たちの一人が、「あそこに私たちを侮辱した男がいる！」と叫びながら手にしていた槍《やり》をオルペウスめがけて投げつけました。しかしその槍は彼の弾く竪琴《たてごと》の音《ね》がきこえるところまで飛んでくると、たちまち勢いを失ってそのまま彼の足もとに落ちてしまいました。彼女たちが投げた石も同じでした。しかし処女たちはいっせいに叫び声をあげて竪琴の音を消しました。それで槍はオルペウスのところまで飛んできて、たちまち彼の血潮で汚れたのです。狂った処女たちは彼の体を八つ裂きにして、頭と竪琴とをヘブロスの河に投げ込みました。するとそれらは悲しい歌を囁《ささや》くように歌い奏でながら流れてゆき、河の両岸もそれにあわせて悲しい歌を歌いました。音楽の女神《ムーサ》たちは、ばらばらになった彼の体を集めて、それをレイベートラに葬ってやりました。ですからこの土地では今でも夜鳴き鶯《ナイチンゲール》が彼の墓の上で、ギリシアの他のどの土地よりも美しい声で鳴くのだと言われています。竪琴の方はゼウスによって星座の中に置かれました。オルペウスは亡霊となってふたたびタルタロスにおりてゆき、そこでエウリュディケーをさがし出すと、彼は待ちこがれた両の腕に、しっかりと彼女を抱きしめました。二人はいま、連れだって幸福の野《エーリュシオン》を、あるときは彼が先にたち、またあるときは彼女が先にたって、歩いています。そしてオルペウスは思いのままに彼女の姿を眺めます。うっかり振り返っても、もう悲しい思いをしなくてすむからです。

ポープは、このオルペウスの物語を利用して、「聖セシリア（音楽の守護聖人）の日に、音楽によせる頌歌《オウド》」の中で音楽の力の偉大さを詩っています。次の一節（第七節）はこの物語の結びを歌ったものです。

しかし早く、あまりにも早く夫は振り返る。
そして彼女はふたたび下界に落ち、ふたたび死んでしまう、死んでしまうのだ！
今度は運命の女神たちの心をどのようにして動かそうというのか？

妻を愛することが罪でなければ、おまえには何の罪もなかったはずだが。
ある時は頭上に懸る山々をくぐり、
泉の滝のかたわらを通り、
あるいはヘブロスの河が曲がりくねって
うねりながら流れてゆくところを、
ただ一人
彼は嘆き悲しみ
妻の亡霊を呼び求めてゆく
永遠に、永遠に、永遠に失われた妻を求めて！
またある時は復讐《ふくしゅう》の女神たちにとりかこまれ
絶望と困惑とにさいなまれながら
ロドペー山の雪の中で
身を震わし、身を焦がす。
見よ、砂漠を渡る風のように狂おしく飛んでゆく彼の姿を。
聞け！　酒神狂女《バッケー》の叫び声に鳴り渡るハイモスの山を。
ああ、見よ、彼は死んでゆく！
しかし死の中にあっても彼はエウリュディケーを歌い求め、
震える舌でなおもエウリュディケーの名を呼んだのだ。
エウリュディケー、と森の木も

エウリュディケー、と河の水も
エウリュディケー、と大岩もそして洞《うつ》ろな山々もその名を繰り返し呼んだのだ。

オルペウスの墓の上で夜鳴き鶯が他所にもまして美しい声で鳴くという話は、サウジー（ロバート・サウジー。イギリスの詩人、批評家。一七七四―一八四三）の「サラバー」の中で（第六篇、第二一節）次のようにふれられています。

そのとき彼の耳には何んという妙なる和音が
　きこえてきたことだろう！
はるかな調べと、距離に柔らげられた歌声とが
陽気な四阿《あずまや》から、
　人里はなれた滝つ瀬から、
木の葉ささやく小森から、きこえてきたのだ。
　そして夜鳴き鶯が一羽
かたわらのばらの繁みにとまって鳴きはじめた。
それは、巣ごもる恋人に恋の歌をきかせる
あのこよなく美しい調べの小鳥から、
　オルペウスの墓の近くに立つトラーキアの羊飼いさえも
　きくことがないほどに美しい調べだった、
たとえそこで墓の中の亡霊が

全力をそそいで
愛する賞賛を高めようとしてみても。

蜜蜂飼いのアリスタイオス

人間は自分たちの利益のために下等な動物の本能を利用することがあります。そうしたことから蜜蜂《みつばち》を飼う術も生まれたのです。蜂蜜は初めのころは野生の産物と考えられていたに違いありません。なぜなら、蜜蜂は洞ろな木の幹や、岩のくぼみや、あるいはそれに似た穴などどんなところにでも見つかり次第、巣を作っていたからです。ですから時には動物の死骸《しがい》がそうした目的のために蜜蜂によって占領されることもあったろうと思われます。蜜蜂は動物の腐肉から生まれてくるのだというような迷信が起こったのも、きっとこうした出来事からなのでしょう。そしてウェルギリウスも、これからお話する物語の中で述べているように（ウェルギリウス「農耕詩」第四篇第三一五行以下参照）、こうした考えかたをすれば、どうして蜜蜂の群れが病気や災害によって全滅してもすぐにまた新しく生まれてくるのか、その理由がわかるのです。

アリスタイオスは、最初に蜜蜂の飼いかたを教えた人なのですが、彼は水のニュンペーのキューレーネーの息子でした。あるとき、飼っていた蜜蜂が全滅してしまったので助けをもとめに母親のところへ行きました。そして河岸に立ってこう呼びかけました、「おお、お母さん、私はこの世での誇りを奪われてしまいました！　大切な蜜蜂が全滅してしまったのです。私のせっかくの丹精もまた腕前もその甲斐《かい》がなくなってしまいました。それにお母さん、あなたはこの不幸な打撃を私から防いではくれませんでした」。母親がこうした彼の恨みごとを耳にしたのは、ちょうど彼女が河の底の宮殿で付き添いのニュンペーたちにかこまれて坐っているときのことでした。みんなはそのとき、糸を紡いだり、機を織ったりして、それぞれ女らしい仕事にたずさわっていました。そして中の一人がいろいろな話をしてみんなを楽しませていた時のことでした。アリスタイオスの悲しげな声がきこえてくると、みんなは仕事の手をやすめ、中の一人が水の上に顔を出しました。そしてアリスタイオスの姿を見るとふたたび帰ってきて彼の母親に報告しました。すると母親は彼を自分の前に連れてくるようにと言いつけました。河はその命令に従って口をあけ、彼を通してやりました。そして通ってゆくあいだ、そそり立つ山のように逆巻きながら両岸に立っていました。こうしてアリスタイオスは大きな河の源がいくつもある河の国へとおりてゆきました。彼は大きな貯水池を見ました。そしてその水が大地の表面を潤すためにさまざまな方向へと激しい勢いで流れ出てゆく様子を見ているうちに、そのすさまじい水音で耳がふさがってしまいはせぬかと思いました。やがて母親の館につくと、キューレーネーや侍女のニュンペーたちから暖かく迎えられました。彼女たちは食卓にいろいろとすばらしいご馳走《ちそう》を並べました。そして食事がすむとキューレーネーはポセイドーンに灌奠《かんてん》の式を捧《ささ》げ、それからご馳走を食べました。一同はまずポセイドーンに灌奠の式を捧げ、それからご馳走を食べました。「プローテウスという名の年老いた予言者がいます。海に住んでいて、ポセイドーンのお気に入りとなり、海豹《あざらし》の群れの番をさせてもらっている人です。私たちニュンペーはこの老人を非常に尊敬しています。実にすぐれた賢人で、過去、現在、未来にわたってあらゆることを知っているからなのです。アリスタイオスよ、この老人ならばおまえの蜜蜂の死んだ原因も、またその救済の方法も教えてくれるはずです。でも、おまえがどんなに頼んでも、その人は自分から進んで教えようとはしません。腕ずくで強要しなければ駄目なのです。つかまえて鎖でしばってやれば、放してもらいたい一心から、こちらの質問に答えます。おまえがその鎖をしっかりとつかんでいるかぎり、相手はどんな業を使っても逃げることはできないのです。これからおまえを彼の洞穴へ連れていってあげましょう。昼になると彼はそこへやってきて昼寝をします。その時ならばたやすくおさえることができます。でも相手は捕まったとわかると、持前の術を使ってさまざまな姿に身を変えます。野生の猪になったり、恐ろしい虎になったり、鱗《うろこ》の生えた竜になったり、黄色いたてがみを生やした獅子《しし》になったりします。また焔《ほのお》の飛び散るような音や、水の激しく流れるような音をたてて、鎖をはなさせそのすきに逃げだそうともするのです。でもおまえはただしっかりとその鎖をにぎってさえいればよいのです。そうすれば、やがて彼はどんなことをしてもその甲斐のないことを知ってもとの姿にもどり、おまえの命令に従うようになりますからね」。そう言いながら母親は神々の飲み物である香りの高いネクタルを息子の体にふりかけました。するとたちまち今までにない活力が彼の全身を満たし、勇気がその胸を満たしました。と同時に、芳《かぐ》わしい香りが彼のまわりにただよったのです。

キューレーネーはアリスタイオスを連れて予言者の洞穴に行きました。そして彼を岩の奥深くに隠して、自分は雲のかげにかくれました。やがて昼となり、人間も獣の群れもぎらぎらと照りつける太陽を避けて静かな眠りに耽《ふけ》るころになると、プローテウスが水の中から姿を見せました。後には海豹の群れが従っていましたが、それらはみな岸辺にそって身を横たえました。プローテウスは岩の上に腰をおろすとその頭数を調べました。それから洞穴の床の上に身を横たえて昼寝をはじめました。アリスタイオスはこの老人がぐっすりと眠りこんでしまわぬうちに、その足を鎖でしばって大声で叫びました。プローテウスは目をさまし、自分が捕まえられたことを知ると、たちまち持前の術を使って、初めは火となり、それから河となり、それから恐ろしい野獣となるといった具合に次々とすばやく変わってゆきました。しかし何をやってもうまくゆかないことを知ると、やがてもとの姿にかえって、腹立たしげな口調でこの若者に言いました。「大胆な若者よ、こんなふうにわしの住み家を侵しおったおぬしは何者なのだ、いったいわしに何の用があるのじゃ？」そこでアリスタイオスは答えました。「プローテウス、それはあんたがすでに知っているはずだ。誰があんたを騙《だま》そうとしたってそれは無駄なことなのだからな。だからあんたももう私からのがれようなどともがくのはやめなさい。私がここへ導かれてきたのは神の助けによるものであって、私の不幸の原因とその救済の方法とをあんたから聞き出すためなのだ」。こうした言葉をきくと、予言者は灰色の目でじっと若者を見つめ、鋭い顔つきをしてこう言いました。「おぬしは自分の所業に値する報いを受けておるのじゃ。おぬしの所業によってエウリュディケーは死んだのだからな。あの娘《こ》はな、おぬしから逃げてゆくとき毒蛇を踏みつけ、足を咬《か》まれて死んでしまったのじゃ。その死に報いるために友だちのニュンペーたちがああした災いをおぬしの蜜蜂に送ったのじゃ。だからおぬしは彼女たちの怒りを和らげねばならぬのじゃ。そのためには、こうしなければならぬ。つまり、申し分のない姿と大きさの牡牛《おうし》を四頭、それに同じように美しい牝牛《めうし》を四頭えらび、ニュンペーたちのために四つの祭壇をもうけてこれらの動物を生贄《いけにえ》にし、その死骸《しがい》を薬の生い茂る木立ちの中にそのまま置いておくのじゃ。それからオルペウスとエウリュディケーに対してその恨みを和らげることのできるような供養をしてやらねばならぬ。そして九日たったらもう一度いって生贄にした動物の死体を調べ、何がおこるか見ておるがよい」。アリスタイオスは言われたとおり忠実にこの指図に従いました。牛を生贄にしてその死体を木立ちの中に置いておき、オルペウスとエウリュディケーの亡霊に供養しました。それから九日目にもう一度いって動物の死体を調べてみました。すると、語るも不思議！　その死体の一つを蜜蜂の群れが占領していて、そこで、巣箱の中と同じようにせっせと仕事をしていたのです。

　クーパーは「課題《タースク》」という詩の中で（第五篇、第一二七―一三七行）ロシアの女皇アンによってうち建てられた氷の宮殿について詩《うた》う時、このアリスタイオスの物語にふれています。詩人はさいぜんから、氷が滝などといっしょになって造り出す数々の幻想的な形を詩《うた》いながら筆を進めているのです。

新奇であるがゆえにさらに感嘆すべきものではあるが
賞賛の値はさらにうすいもの、それが人間の業なのだ。
毛皮をまとったロシア皇帝の后よ！
大自然のこの上なく壮麗な偉大な戯れ、
これこそ北極の驚異なのだ。自然が建築を望んだ時には
森の木も倒れず、石切り場も壁を築くために
石を送り出しはしなかった。自然は河を切り
その玻璃《はり》のような水から大理石を造ったのだ。

こうした宮殿の中であのアリスタイオスはキューレーネーを
見つけたのだ、失った蜜蜂の悲しい話を
母親の耳へ伝えに行ったあの時に。

ミルトンもまた、「コウマス」の守護の精霊の歌の中で（第八五九―八六六行）セヴァン河のニュンペー、サブリーナについて詩うとき、キューレーネーとその河底の模様とを心に浮かべていたろうと思われます。

うるわしいサブリーナよ！
今あなたが坐《すわ》っておられる
そのガラスのような、冷たい、透きとおった波の下からおききください。
琥珀《こはく》色のその髪の乱れ毛を
百合《ゆり》の飾りひもに編みながら。
おききください、白銀《しろがね》の川の女神よ！
処女の尊い名誉のために
どうかおききください、そしてお救いください。

次にお話するのは、神話に伝えられているその他の有名な詩人や音楽家たちですが、その中にはオルペウスにも劣らぬような人々がいました。

アムピーオーン

†アムピーオーンはゼウスとテーバイの女王アンティオペーとの間にできた子供でした。彼は双子の弟ゼートスといっしょに、生まれるとすぐキタイローンの山の中に捨てられました。二人はここで羊飼いたちに護られながら身の素性も知らずに成長したのです。ヘルメースはこのアムピーオーンに竪琴《たてごと》を授け、その弾き方を教えましたが、弟の方は狩猟や羊の世話ばかりしていました。その間、母親のアンティオペーは、テーバイの王位を自分のものにしようとねらっているリュコスとその妻のディルケーとから非常に酷《ひど》い仕打ちをうけていたのですが、ある時ようやく、子供たちにその素性を知らせ、自分を助けてくれるようにと告げることができました。そこで二人は仲間の羊飼いたちといっしょにリュコスを襲って彼を殺害し、ディルケー[1]はその髪の毛を牡牛にしばりつけて引きずりまわし、彼女が死ぬまでその牛に駆けさせたのです。やがてアムピーオーンはテーバイの王となり、この町を城壁で固めました。彼が竪琴を弾くと石はひとりでに動きだしてその城壁に積み重なったと言われています。

「ファルネーゼの牡牛」
ナポリ国立考古美術館

テニスンの「アムピーオーン」という詩はこ

の話をもとにして詩った興味ある作品です。

リノス

リノスはヘーラクレースの音楽の先生でしたが、ある日この弟子をあまり厳しく叱りつけたので、とうとう彼を怒らせてしまいました。そこでヘーラクレースは先生を竪琴で殴って殺してしまいました。

タミュリス

タミュリスはトラーキアの吟唱詩人でしたが、自分の力を過信するあまりムーサの女神たちにむかって技くらべをしようと挑みました。そして試合に負け、女神たちによって視力を奪われてしまいました。ミルトンは「失楽園」の第三篇第三五行で、自分の盲目について詩っていますが、その時このタミュリスやその他の盲目の吟唱詩人にもふれています。

マルシュアース

アテーナーはあるとき笛を発明してそれを吹きならしては天上の神々を喜ばせていました。ところがあのいたずら者のエロースがやってきて、女神が笛を吹いているときの奇妙な顔を見てばか笑いをしたので、アテーナーはその笛を憎々しげに投げすてました。するとそれは地上に落ちて、マルシュアースに拾われました。彼がその笛を吹いてみると、人の心を奪うような実に美しい音が出ました。そこでついアポローンにむかって音楽の技くらべをしようなぞと言ってしまいました。アポローンが勝ったのはもちろんです。そして神はマルシュアースの生皮をはいで彼に罰を下したのです。

メラムプース

メラムプースは予言の力を授けられた最初の人間でした。彼の家の前に樫《かし》の木が一本はえていて、その幹の洞には蛇の巣がありました。親の蛇は召使たちによって殺されたのですが、メラムプースはその子供たちをかわいそうに思って大事に育ててやりました。ある日、彼がその樫の木の下で眠っていると、蛇たちが舌で彼の耳をなめました。彼は目をさますと、そのとたんにびっくりしました。今では鳥や地面を這《は》うものたちの言葉がわかるからなのです。彼はこうして得た知識のおかげで未来の出来事を予言することができるようになって、名高い予言者となりました。ある時メラムプースの敵が彼を捕まえて厳重に牢《ろう》にとじこめていたことがありました。彼が夜の静けさの中でじっとしていると、その耳に、材木の中に住んでいる虫たちの話しあう声が聞こえてきました。そして、その話から、材木はもうほとんど食いつくされていて、すぐにも屋根が落ちるだろうということを知りました。そこで彼は自分を捕まえている者たちにその話をしてそこから出してくれと頼み、彼らにも避難するようにと注意しました。すると彼らもその注意に従い、そのようにして難を逃れることができたので、メラムプースに褒美を与え、彼を尊敬するようになったのです。

ムーサイオス

ムーサイオスは半ば神話的な人物で、一説にはオルペウスの息子だと伝えられています。また宗教的な詩集や神話集を書いたとも言われています。ミルトンは「沈思の人」の中で（第一〇三—一〇八行）このムーサイオスの名を出すとすぐにオルペウスの名を思い出しています。

しかし、おお、悲しみの処女よ、あなたの力で
ムーサイオスをその仮寝の木蔭《こかげ》から起こしたまえ。
さもなくばオルペウスの亡霊に命じて歌わせたまえ、
彼が竪琴にあわせて歌い、
ハーデースの額にも頬の涙を流させ、
そして愛が求めるものを与えさせたあの悲しい調べを。

（1）ディルケーに対するこうした懲罰は、今日、ナポリ国立美術館に所蔵されている有名な彫像群（「ファルネーゼの牡牛」のこと）の主題をなしているものです。

第25章

アリーオーン、イービュコス、
シモーニデース、サッポー

この章でお話する事件の主人公はどれもみな詩人たちで、実在した人たちばかりです。†彼らの作品はその幾つかが今でも残ってはいますが、今日ではそうした作品よりもむしろ彼らが後継者たちに与えた影響力の方がさらに重要なものとなっています。これからお話する物語の中で、こうした詩人たちについて記録されている事件は、皆さんが今お読みになっているこの本の中の他の物語と同じ典拠によったものです。つまりその物語を語り伝えた当の詩人たちによったものなのです。ここでは最初の二つがドイツ語からの翻訳で、アリーオーンの話はシュレーゲル（アウグスト・W・シュレーゲル（一七六七―一八四五）の民謡詩「アリーオーン」）から、そしてイービュコスの話はシラー（民謡詩「イービュコスの鶴」）からとったものです。

アリーオーン

†アリーオーンは有名な音楽家で（紀元前七―六世紀の人。ディテュラムボスの合唱歌を完成したといわれている）、コリントス王ペリアンドロスの宮廷に住み、王から並々ならぬ寵愛をうけていました。シケリア（シシリー島のこと）で音楽の競技が開かれることになったとき、アリーオーンは自分もこれに出場して賞を得たいと思いました。そこでそのことをペリアンドロスに話すと、王は弟にむかって話しかけるような親しい口調で、そんな考えはすてるように、と懇願しました。「どうか私のもとにいてくれ」と王は

言いました、「そしてそれで満足していてくれ。勝利を得ようと争う者は勝利を失うのだからな」。するとアリーオーンは答えました、「放浪の生活こそ、詩人の自由な心には何にもましてふさわしいものなのです。私は神に授けられたこの才能を他の人たちにも喜びの源としてやりたいのです。それに、もし私が賞を勝ち得たならば、その喜びはどんなに大きなものとなることでしょう、私の名声が広く知れわたるわけなのですから！」こうして彼は出かけてゆき、賞を得、たくさんの賞品をコリントスの船につんで帰路につきました。出帆した次の日の朝も風はやさしく船を吹き進めました。「おお、ペリアンドロス王よ」と彼は叫びました、「もう心配には及びません。そんなものは、もうすぐあなたと抱きあう瞬間に忘れておしまいになるでしょう。私たちはどんなにたくさんの捧《ささ》げ物を供えて神々に感謝することができましょう、そして、祝宴の席ではどんなに陽気になれることでしょう！」。風も海もあいかわらずおだやかでした。大空には一点の雲もありません。ですからこの大海原をいくら信じても信じすぎるということはありませんでした――しかし彼は、人間をあまりにも信じすぎていたのです。彼は水夫たちが互いにそれとなく交わしている言葉を耳にして、みんなが自分の宝物を奪い取ろうとたくらんでいることを知りました。すると程なくして、水夫たちは大声を張りあげ、反抗的な態度を示しながら彼を取り囲んで言いました。「おいアリーオーン、おまえさんにはぜひとも死んでもらおう！　陸地に墓がほしかったら、おとなしくこの場で死ぬんだ。だがほしくねえというのなら、海に身を投げてしまえ」。「君たちを満足させるものは私の生命《いのち》のほかには何もないのかね？」とアリーオーンは言いました。「私の金がほしいというのならそれも結構。私は喜んでその金で自分の生命を買おうじゃないか」。「いや、だめだ。おれたちはおまえさんを生かしておくわけにゃいかねんだ。おまえさんのその生命ってえやつがおれたちにとっちゃめっぽうあぶねえものになるんだからな。おれたちが強盗を働いたなんてえことをペリアンドロスが知りでもしたら、いったいおれたちはどこへ逃げられると思う？　家へ帰って心配の種がなくならねえようじゃ、おまえさんから奪《と》った金も何の役にもたちゃあしねえや」。

「それなら」と彼は言いました、「最後の願いをききいれてくれ、もう何を言っても私の生命は助けてもらえそうにないからな――どうか私を、これまでどおり、吟遊詩人にふさわしい者として死なせてくれ。私が自分の臨終の歌をうたいおわり、私の竪琴の絃がその振動をとめたなら、そのときこそ私はこの世に別れを告げて、おとなしく私の運命に従うことにしよう」。こうした願いごとも、他の願いごとと同様、かえりみられそうにもありませんでした――というのは、彼らは強奪品のことばかり考えていたからなのです――しかしことのほか名高い音楽家の歌がきかれるという思いが彼らの荒々しい心を動かしました。「ではどうか」とアリーオーンはつけ加えました、「衣服をととのえるあいだしばらく待っていてくれ。アポローンの神は私が吟遊詩人の服装をしていないとお力を貸してはくださらないからな」。

　そう言って彼は均斉のとれた体に目もさめるような美しい金と紫の衣服をまといました。胴着は体のまわりにゆったりと優美なひだをつくり、宝石が両腕をかざり、額には黄金の花輪がおかれ、首から肩へと流れる髪には幾種類かの香料がふりかけられていました。左手は竪琴をかかえ、右手は絃をかきならす象牙《ぞうげ》の撥《ばち》を持っていました。そして彼は、霊感を得た者のように、朝の空気を吸い込み朝日のなかで輝きだしたように見えました。水夫たちは感嘆しながら見つめていました。アリーオーンは船ばたに進んでゆくと青い海を見おろしました。それから竪琴に向かって歌いかけました、「私の声の友よ、私といっしょに冥界《よみのくに》へおいで。たとえケルベロスが唸《うな》ろうとも、歌の力でその怒りをしずめることができるのを私たちは知っている。あの暗い流れを渡っていった幸福の島《エーリュシオン》に住む英雄たちよ――幸福な霊魂《ひとびと》よ、私もすぐにあなたがたの仲間入りができるでしょう。とはいえ、あなたがたに私の嘆きが和らげられるでしょうか？　ああ、私はひとりの友を（ペリアンドロスのこと）この世に残してゆかねばならないのです。オルペウスよ、あなたはエウリュディケーを見つけはしたが、見つけるとすぐにまた失ってしまった。夢のように彼女が消えていったとき、あなたは明るい陽の光をどんなに憎んだことだろう！　私はゆかねばなりません、しかし怖れはしません。神々が天上から見守っていて下さるからです。罪もない私を殺そうとする者たちよ、私がもうこの世にいなくなったら、やがて君たちの震えおののく時がやってくるだろう。さあネーレーイスたちよ、あなたたちの慈悲に身をゆだねるこの客をどうかお迎えください！」。そう言いながら彼は深い海に飛び込みました。するとたちまち大波が彼の体を包みかくしてしまいました。そこで水夫たちは、これでもう悪事の露見する心配は絶対にないと心に思いながら船を進めていったのです。

しかしアリーオーンの歌い奏でた調べは、いつの間にか、海に住むものたちを身近にひきつけ、耳を傾けさせていました。そして海豚《いるか》たちは呪文《じゅもん》で縛りつけられでもしたように船の後からついてきたのです。ですから、アリーオーンが波のなかでもがいていると、一匹の海豚が自分の背中にのるようにと寄ってきて、彼をのせると無事に岸辺まで連れていってくれました。彼が上陸した場所にはその後、荒磯の岩の上に青銅の記念碑が建てられ、この事件を長く後世に伝えたのです。

アリーオーンと海豚とが互いに自分の住みなれた領域へと帰ってゆくとき、アリーオーンは次のように心から礼を述べました。「さようなら、誠実な、友情あふれる魚《いるか》よ！　私はおまえに何かお礼をすることができたらと思っているのだ。しかし、おまえは私といっしょに行くことはできないし、また私もおまえといっしょに行くわけにはゆかない。私たちは互いに道連れとなることはできないのだ。どうか海の女王ガラテイアがおまえに恩寵《おんちょう》を与えてくださるように、そしてまた女王の誇りでもあるおまえが、あのかたの二輪車をひくときにはどうか大海原も滑らかな鏡のように静まりますように」。

アリーオーンは岸辺を後に急ぎました。するともなくして行く手にコリントスの町の塔が見えてきました。彼は竪琴《たてごと》を手に、歌をうたいながら歩きつづけました。心は愛と喜びに満ちあふれ、奪い取られたものなどすっかり忘れて、ただ自分に残された親しい友と竪琴のことだけしか考えていませんでした。やがて宮殿につくと手厚い出迎えを受け、ただちにペリアンドロスの暖かい胸のうちにしっかりと抱きしめられました。「友よ、私はあなたのもとに帰って参りました」とアリーオーンは言いました。「神がお授けくださいました才能は何千という人びとを喜ばせましたが、せっかくの賞金はみな悪者どもにもってゆかれてしまいました。しかし世界中に知れわたる名声の自覚だけは今でも失わずにもっております」。そして彼は自分の身に起こった不思議な出来事をペリアンドロスに話すと、王は驚き呆《あき》れながら聞いていました。「そんな悪事を勝ち誇らせていてよいものだろうか？」と王は言いました。「すておいてはわしの手中に宿る権力もむなしいものとなってしまう。われわれが犯人を見つけ出せるように、きみはここにそっと身をかくしていなければいけない。そうすれば奴らは少しも気づかずにやってくるだろうからな」。そして例の船が港に着いたとき、国王は水夫たちを面前に喚《よ》び出しました。「おまえたちはアリーオーンの消息を何かきかなかったか?」と王は尋ねました。「わしは彼の帰国を案じながら待っておるのだ」。すると彼らは答えました、「私どもはあのかたをタラスの町へ無事におろして参りました」。彼らがこの言葉を言い終えぬうちにアリーオーンは進み出て彼らの目の前に立ちました。その均斉のとれた体は目もさめるような美しい金と紫の衣服をまとい、胴着は体のまわりにゆったりと優美なひだをつくり、宝石は両腕をかざり、額には黄金の花輪がおかれ、首から肩へと流れる髪には幾種類かの香料がふりかけられ、左手は竪琴をかかえ、右手は絃をかきならす象牙の撥《ばち》をもっていました。彼らはまるで稲妻に打たれでもしたように彼の足もとにひれ伏しました。「おれたちはあのおかたを殺すつもりでいたのに、あのかたは神さまになってしまわれた。おお大地よ、口をあけておれたちをのみこんでくれ!」。するとペリアンドロスは言いました。「まだ生きておるのだ、その歌の名人はな! 詩人の生命は慈悲深い天上の神がお守りくださるからだ。おまえたちについては、わしも神々に復讐《ふくしゅう》は祈るまい。そのアリーオーンがおまえたちの血を望んではいないからだ。さあ貪欲《どんよく》の奴隷ども、さっさと立ち去れ! おまえたちはどこか蛮人の地をみつけるがいい、わしは美しいものが何一つおまえたちの心を喜ばすことのないよう祈ってやろう!」。

　スペンサーもアリーオーンにふれていますが、そこでは海豚の背にのせられてきたアリーオーンがポセイドーンとアムピトリーテーの行列を先導してゆくように描かれています(「神仙女王」第四巻、第一一篇第二三節)。

それから天界のものとも思えるようなこの上なく美しい
妙なる楽の音がその後に聞こえてきた。
そして、漂い流れる波の玉座に席を占めながら
アリーオーンが竪琴をかきならし、その優雅な行列の
すべての人々の耳と心とをひきつけた。海賊どもの目の前から
アイガイオンの海を渡って彼を運んできたあの海豚も
まだその時でさえ彼の傍らにじっとたってその歌声に驚嘆していた。
そして荒海も喜びのあまり怒号を忘れていたのだ。

バイロンも「ハロルド卿の巡遊」の第二篇の中で（第二一節）、このアリーオーンの物語にふれています。ちょうどバイロンが自分の航海を語りながら、水夫の一人について詩っているところです。この水夫は音楽を奏でてみんなを楽しませようとしているのです。

月がのぼった。なんという美しい夕べだろう!
長い光の流れが、躍っている波のうえにひろがってゆく。
いま岸辺の若者たちは恋の吐息をもらし処女たちもそのまことを信じるだろう。
私たちの運命も陸地に帰ったときにそのようであってほしいものだ!
そう考えているうちに荒くれたアリーオーンの休みない手が

水夫たちの好きな勇ましい曲をかきならす。
すると陽気な聴き手がその場をとりまく
あるいは聞きなれた曲にあわせて巧みに体を動かす。
われを忘れ、岸辺を自由にさまよい歩きでもするかのように。

イービュコス

これからお話する†イービュコスの物語を理解するためには、次のことを憶《おぼ》えておいていただかなければなりません。第一は、古代の劇場は非常に大きな建物であって、そこには一万人から三万人もの観衆を収容することができたということです。そしてこうした劇場は祭典のような時にしか使われず、入場はすべての人に対して無料だったので、場内はいつも満員でした。そしてこの建物には屋根がなく、大空にむかってひろく開いていて、演技はすべて昼間おこなわれたのです。第二は、復讐の女神たちのこの怖ろしい姿は、この物語の中で誇張して描かれているのではないということです。伝えるところによると、悲劇詩人のアイスキュロス（ギリシア三大悲劇詩人の一人。前五二五―前四五六）はあるときこの復讐の女神たちを五〇人からなる合唱隊《コロス》にしたてて上演したところ（「慈みの女神たち」（エウメニデス）のこと）、観衆は激しい恐怖におそわれて、多くの人々

古代の円形劇場

が気を失い、ひきつけを起こしてしまったそうです。そこで役人たちはそれ以後このような演出を禁止したといわれているのです。

敬虔《けいけん》な詩人のイービュコス（前六世紀のギリシア叙情詩人）は、ある日、コリントスの地峡で開かれる二輪車競走と音楽競技とに出席しようと出かけました。これはギリシアの国民を一人残らずひきつける催し物だったからです。アポローンはこのイービュコスに歌の才能と、蜂蜜《はちみつ》のように甘い詩人の唇とを授けていたので、彼は足どりも軽く、この神の恵みに満ちあふれながら、道を進んでゆきました。すると早くも、丘の頂きを飾るコリントスの城の塔が姿を見せはじめました。そして彼はいつの間にか、深い畏敬《いけい》の念をおぼえながらポセイドーンの聖なる森に入っていました。あたりには人影もなく、ただ鶴の群れだけが頭上を、彼と同じ方向にむかって飛んでいるだけでした。南の国へ渡っていくのです。「元気でおゆき、親しい鶴の群れよ」と彼は叫びました、「おまえたちとは海を渡るときからいっしょだった。私はそれを幸運の兆と考えよう。私たちは互いに遠くからやってきて、暖かい宿を求めているのだからね。どうかおまえたちも私も、この異郷の客を禍《わざわい》から護ってくれるようなあの親切な待遇《もてなし》がうけられますように！」

彼は元気に歩みを続け、程なくして森の中ごろまで来ました。するととつぜん、狭い小道に強盗が二人とび出してきて彼の行く手をさえぎりました。彼は相手の言いなりになるか、さもなければ戦うかしなければなりません。しかし彼の手は、竪琴にこそ慣れてはいましたが武器をとっての争いなどには慣れていなかったので、だらりと力なく垂れさがってしまいました。彼は助けをもとめて人を呼び神々を呼んだのですが、その声は守護者《すくいて》の耳にはとどきませんでした。「私はいよいよここで死なねばならぬ」と彼は言いました、「見知らぬ土地で、この身を悲しんでくれる者もなく、無頼漢の手にかかって命を断たれるのだ。仇《かたき》を討ってくれる人の姿も見あたらぬままに」。深い傷を負って彼はついにその場に倒れました。するとそのとき、鶴がしゃがれた声で鳴きながら頭の上を飛んでゆきました。「鶴よ、私の訴えを人に伝えておくれ」と彼は言いました、「おまえの声のほかには私のこの叫びに符合するものはないのだからね」。そう言いながら彼は目を閉じてこと切れたのです。

身ぐるみ剝《は》がれ、切りさいなまれた死体が発見されました。それは傷のために醜い姿に変わり果ててはいましたが、イービュコスを歓待しようと待ちもうけていたコリントスの友人によって、彼であることが確認されました。「こんな姿で私は君に再会しなければならないのか！」と友人は叫びました。「歌の戦いで得た勝利の花輪でこそ君の額を飾りたいと思っていた私なのに！」

祭典に集まった人々はこの話を聞いてびっくりしました。そしてギリシア中の人々がその傷を自分の身に感じ、すべての心が彼の死を自分のものとしました。彼らは法廷のまわりに集まって、殺害者たちに復讐するようにと、そしてその者たちの血で罪滅しをさせるようにと、要求しました。

しかしどんな足跡が、あるいは特徴が、この輝かしい祭典に誘われて集まって来たおびただしい群衆の中から下手人を見つけ出せるでしょうか？　イービュコスは強盗の手によって殺されたのでしょうか、それとも個人的な恨みから誰かが殺害したのでしょうか？　それを知っているのは、すべてを見そなわす太陽の神だけなのです。他には誰一人それを見ていたものはいなかったのですから。しかし犯人は、たった今、群衆の中にいて、復讐の手が空《むな》しく彼を捜しているあいだ、おのれの罪の果実を楽しんでいないとも限りません。おそらくはもう神殿の境内で神々を侮辱し、なにくわぬ顔で群衆の中にまぎれ込んで、円形劇場の中へといま押し流されてゆくところなのかも知れません。

場内はもうどの列にもいっぱいの人が詰め入り、建物自体が壊れはせぬかと思えるほどに席をうずめつくしています。そのざわめきの声は海の咆える音にも似ています。そして一段一段と座席をのぼるにつれて広がってゆく観衆の輪は、天にもとどくかと思われるほどでした。

やがてこのおびただしい群衆は、復讐の女神たちに扮《ふん》した合唱隊《コロス》の恐ろしい声に耳を傾けます。合唱隊は厳かな衣裳《いしょう》に身をかため、足並みをそろえて進み出ると舞台の周囲をまわります。こんな怖ろしい一団をなす合唱隊ははたしてこの世の女たちなのでしょうか、こんなに静まりかえった大群衆ははたして生きている人間なのでしょうか！

合唱隊はまっ黒な衣を身にまとい、やせ細った手に赤黒く燃える炬火《たいまつ》をもっていました。頬には血の気もなく、額には髪の毛のかわりに、毒蛇が身をくねらし腹をふくらませてからみあっていました。こうした恐ろしい人々が輪を描きながら聖歌をうたいだすと、それは罪人の心をかきむしり、全身をしばりあげました。歌声は高まり、響きわたって楽器の音をかき消し、聴く者の判断力を奪い、心を麻痺《まひ》させ、血を凍らせたのです。

「自分の心を罪や科《とが》から清らかに守れる者は幸いだ！　そういう者にはわれら復讐の女神も手をふれることなく、彼もまたわれらに対する憂《あや》いも知らず生命の道をたどれるからだ。しかし禍なるかな！　禍なるかな！　ひそかに人を殺めた罪の下手人よ。われら、怖ろしい『夜』の同族は、その者の全身にまといつくのだ。飛んで逃げればわれらの手をのがれられると思っているのか？　われらはもっと速く飛んで追いかけ、その足に毒蛇をからませ、地に引き倒してしまうのだ。倦《う》み疲れることなく追いかけ、憐《あわ》れみに行く手を遮ぎられることもなく、いつまでもいつまでも、生命のつき果てるまで、われらはその者に平和もやすらぎも与えることはないのだ』。こう復讐の女神《エウメニース》たちは歌い、そして厳かな調子で踊りましたが、そのあいだ死の静けさにも似た静けさが全観衆を覆いつくしていて、それはまるでほんとうの神を目の前にしたとでも思えるほどでした。やがて合唱隊は厳かな足どりで舞台をひとまわりすると、そのまま後ろの方から姿を消してゆきました。

人々の心は幻影と実体との間にはさまれて震えおののき、その胸は得体の知れぬ恐怖に波打ちました。そして、かくれた罪を見守り、運命の糸車をひそかに回しているあの怖ろしい神の力の前に畏縮《いしゆく》したのです。と、その時、とつぜん人の叫ぶ声がいちばん上の席のあたりから聞こえてきました――「おい！　見ろ！　相棒、あそこにイービュコスの鶴がいるぞ！」。するとたちまち大空のむこうから何か薄黒いものが飛んできました。よく見るとそれがこの劇場の方へまっすぐに向かってくる鶴の群れだということがすぐにわかりました。「『イービュコスの！』だって？」。そのなつかしい名をきくと人々の胸には悲しみがよみがえりました。そして海上で波が波を追うように、次のような言葉が人々の口から口へと伝わったのです、「イービュコスのだそうだ！　われわれが悲しんでいるイービュコスのだそうだ。人殺しの手にかかって死んだあのイービュコスのだそうだよ！　だがあの鶴はあのかたとどんな関係があるのだろう？」。声のうねりはだんだんと高くなってゆきましたが、その間にも稲妻のようにある考えが人々の胸にひらめきました。「これこそ復讐《エウメニス》の女神たちの力だ！　あの敬虔《けいけん》な詩人の仇は討たれるのだ！　犯人は自分で自分の罪を発《あば》いたのだ。あの叫び声をあげた奴と、そいつが話しかけた奴とを捕まえろ！」。

犯人は、自分が口走った言葉を取り消すことができるものなら喜んでそうしたことでしょうが、それももう遅すぎました。怖ろしさに青ざめた殺人者たちの顔が自分たちの罪をあらわしていたからです。人々が彼らを裁判官の前にひきずり出すと、犯人はいっさいを白状して、当然うけるべき刑罰に処せられたのでした。

シモーニデース

シモーニデース（前五五六頃―前四六八頃）はギリシアの初期の詩人の中では最も多作な詩人の一人でしたが、その作品は今日ほんのわずかの断片しか伝えられていません。彼の書いたものには讃歌や競技祝勝歌や哀悼歌があります。そして彼はこの哀悼歌で特にすぐれていました。彼の真髄は、どちらかといえば感傷的な面にありましたから、的確な効果をあげながら人の憐れみの心に触れるという点では誰ひとり及ぶものはいませんでした。「ダナエーの嘆き」は今日残されている彼の詩の断片の中で最も重要なものですが、これはダナエーとその幼い男の子とが、彼女の父アクリシオスの命令で箱に入れられ、海に流されたというあの伝説にもとづいて書かれたものです。箱は流れてセリーポス島につき、ここで二人はディクテュスという漁師に救けられ、その国の王ポリュデクテースのもとへ連れてゆかれました。王はこの親子を迎え入れて保護してやりました。子供のペルセウスは成長すると名高い英雄になりましたが、その冒険談はすでに前の章（第15章）でお話してあるとおりです。

シモーニデースは、生涯の大部分をいくつかの宮廷で過ごし、しばしばその才能を頌歌《オウド》や祝祭歌に用いました。そして国王の偉業を賞めたたえ、その国王の厚い恵みの中から報酬を受けていました。こうした暮らし方はけっして卑しいことではなく、初期の詩人たちはみなこれとよく似た暮らし方をしていたのです。たとえばホメーロスが描く（「オデュッセイア」第八巻）デーモドコスがそうでしたし、また伝説によればホメーロス自身もそうであったと記録されているのです。

シモーニデースがテッサリア王スコパスの宮廷に住んでいたとき、王は自分の偉業を賛《たた》えて詩をつくり、それを酒宴の席で朗読するようにと彼に望みました。そこで、与えられた主題に変化をもたせるためにシモーニデースは、敬虔な詩人としてもまたよく知られていましたので、その詩の中にカストールとポリュデウケースの偉業をおりこむことにしました。こうした手法は、他の詩人たちが同じような詩を書く場合にもけっして珍しいことではありませんでした。それに普通の人間がレーダーの子供たち（カストールとポリュデウケースのこと）と肩を並べて賞賛されるとなればさぞかし満足だろうと思われたのです。ところが、うぬぼれというものは限りのないものです。スコパスは祝宴の席上、ごきげん取りやへつらい者たちに取り囲まれて坐《すわ》っていたので、自分に対する賞賛をことこまかに語っていないその詩がひどく気に入りませんでした。そこでシモーニデースが約束の報酬を受けに近寄ってきたとき、スコパスは約束の額の半分しか与えずにこう言いました、「さあ、おまえの詩《うた》の中でわしの名が出てきたところだけ金をやろう。カストールとポリュデウケースの名が出てきたところはきっとその二人が支払ってくれるだろうからな」。当惑した詩人は、王のこうしたからかいの言葉につづいて起こった嘲笑《ちようしよう》の声を浴びながら、自分の席にもどりました。それからしばらくして彼は伝言を受け、馬に乗った若い二人づれの男が外で待っていてしきりに会いたがっているからと報《し》らされました。そこでシモーニデースは急いで戸口に出て行きましたが、その訪問者の姿は見あたりませんでした。しかし彼があの酒宴のひらかれている広間を出ると、すぐにそこの屋根が大きな音をたててくずれ落ち、スコパスと彼の客とを一人残らずその残骸《ざんがい》の下に埋めてしまいました。それにしても自分を呼びにきたあの若い男というのはいったい誰なんだろうか、と考えたシモーニデースはすぐにそれが誰あろうカストールとポリュデウケースの二人なのだと確信したのです。

サッポー

†サッポー（レスボス島に生まる。前六一二頃―？）はギリシア文学でもかなり初期の時代に活躍した女流詩人でした。その作品の中ではほんのわずかな断片しか残っていませんが、それだけのものでもこの詩人が実にすぐれた詩的才能の持ち主であると主張するのに充分です。このサッポーのものとして一般に語られている伝説に、次のようなものがあります。彼女は、パーオーンという名の美しい青年に激しい想いをよせていたのですが、この青年の心を得ることができず、そのためレウカディア（レウカスともいう。ラフカディオ・ハーンの生誕地）の岬から海に身を投げました。彼女は、あの「恋人の身投げ巌《いわ》」（ラヴァーズ・リープ）から飛び込んだ者が、もし体を損うことなく水をうてば、その激しい恋も胸から消えるという迷信を信じて身を投げました（オウィディウス「名婦の書簡」（ヘーローイディス）第一五参照）。

バイロンは「ハロルド卿《きょう》の巡遊」第二篇（第三九―四〇節）の中でこのサッポーの話にふれています。

ハロルド卿はなおも航海を続けて、悲しい思いのペーネロペーが
海原を遠く眼下に望み見たあの不毛の崖《がけ》を通り過ぎ、
さらに進んで、いまもなお忘れられぬあの山を眺め見た、
あの恋人の隠れ家を、あのレスボス島の詩人の墓を。
暗いサッポー！　不滅の詩はあれほどの不滅の焔《ほのお》を宿した
その胸を救うことができなかったのか？

……

ハロルド卿がはるかなレウカディアの岬にそう呼びかけたのは
ギリシアの秋のある静かな夕ぐれのことであった。

……

サッポーとその「身投げ巌」についてさらにくわしいことを知りたいと望まれる方は、「スペクテイター」紙の第二二三号と二二九号をごらんください。またムアの「ギリシアの夕べ」もあわせてお読みください。

第26章

エンデュミオーン、オーリーオーン、エーオースとティートーノス、アーキスとガラテイア

Endymion.

エンデュミオーン

エンデュミオーンは美しい若者で、ラトモスの山の上で羊飼いをしていました。ある静かな、晴れわたった夜のこと、月の女神アルテミスが下界を見おろすと、この若者の眠っている姿が目に入りました。若者のその並はずれた美しさに処女神の冷たい心も暖められて、ついに女神は若者のところへゆくと彼に接吻《せっぷん》をし、その眠っているあいだじゅう彼を守っていてやりました。

また別の伝説によると、ゼウスが、永遠の若さと永遠の眠りとを結び合わせた贈り物を彼に与えたのだとも言われています。このような贈り物を授けられた人物ですから、エンデュミオーンについてはこれといって記録するような冒険談はほとんどありません。伝説によると、アルテミスは、若者の財産がそうした彼の眠りの生活のために失われることのないように心を配っていてやったということです。というのも、女神が彼の家畜の群れをふやし、羊や子羊を野獣から守っていてやったからなのです(アルテミスは狩猟の女神でもある)。

このエンデュミオーンの話も、それがひそかにうすいヴェールで覆い隠している人間的な意味から見れば独特な魅力をもっている。われわれはこのエンデュミオーンの中に若い詩人の姿を見るからである。つまりその詩人の空想と心とが、おのれを満足させてくれるようなものを空《むな》しく求めているうちに、詩人は自分の愛好する時間を静かな月の光の中に見出し、その輝く無言の目撃者(月のこと)が降りそそぐ光の下で憂鬱《ゆううつ》を養ったり、また自分を焼きつくす情熱を養ったりするのである。ゆえにこの物語は、熱望的な愛と、現実よりも夢の中でより多く送る人生と、年若くして喜んで迎える死とを暗示しているのである。と、S・G・ブルフィンチは言っています。

†キーツの「エンデュミオーン」は激しい空想的な物語詩ですが、その中には次の一節のように（第三篇第五七―六四行）月にむかって詩《うた》いかける実に美しい詩がいくつもあります。

　あなたの輝く光の中にうずくまって
眠っている牝牛《めうし》たちは、神の国の草原を夢みる。
数えきれぬ山々は身を起こし立ちあがって
　あなたのまなざしの祝福を受けようと熱望する。
しかもあなたの祝福は、暗い隠れ場にも
小さな場所にも、およそ喜びが送られ得るような所には
とどかぬことがないのだ。巣ごもるみそさざいも
その静かな視界の中にあなたの顔を仰ぎ見るのだ
……

ヤング博士も「夜の瞑想《めいそう》」の中で（第九夜）次のようにエンデュミオーンにふれています（詩中のキュンティアーとはアルテミスのこと）。

ジロデ「エンデュミオーンの眠り」
ルーヴル美術館

こうした瞑想は、おお夜よ、おまえのものなのだ。
それはおまえの中から、恋人たちのひそかな吐息のように
他の人たちが眠っている間に、出てきたものなのだ。キュンティアーは、
詩人たちによれば、身を影に包み、そっと天上よりおりてきて
彼女の羊飼いを慰めたそうだが、彼女を熱愛するその羊飼いにもまして
私はおまえを熱愛するのだ。

フレッチャー（ジョン・フレッチャー。イギリスの劇作家。一五七九―一六二五）は「貞節な女羊飼い」の中で（第一幕第三場第三六―四三行）こう詩っています（詩中のポイベーーもアルテミスのこと）。

青白いポイベーは、森で狩りをしていたとき
はじめて若いエンデュミオーンに会って、そのまなざしから受けた
けっして消えることのない永遠の情火に身をこがした。
そこで彼女は彼を眠らせ、こめかみに罌粟《けし》をつけたまま
ラトモスの高い峰にそっと連れてゆくと、夜ごと身をかがめては、
兄（太陽のこと）の光でこの山を金色に染めながら
いとしい恋人に接吻《キス》をするのだ。

オーリーオーン

オーリーオーンはポセイドーンの息子でした。美しい顔だちの巨人で、また力の強い狩人でした。父親はこの息子に海の底を、また一説には海の上を、歩く力を授けたと言われています。オーリーオーンは、キオス島の王オイノピオーン（その名は「ぶどう酒飲み」という意味）の娘メロペーに想いをよせ、彼女を妻にしたいと申し出ました。そしてこの島の野獣を一頭のこらず退治すると、その獲物を贈り物として愛する人のところへ持って行ったのです。ところが父親のオイノピオーンは何かにつけて結婚の承諾をおくらせたので、オーリーオーンもとうとう力ずくでこの処女を自分のものにしようとしました。彼のこうした振舞いにすっかり腹を立てた娘の父親は、オーリーオーンを酒で酔わせ、その両眼をえぐりぬいて彼を海辺にすてました。盲目にされたこの英雄は、一眼巨人《キュクロープス》の金槌《かなづち》の音をたよってレームノス島に渡ると、ヘーパイストスの鍛冶場《かじば》にやってきました。ヘーパイストスは彼を不憫《ふびん》に思って、職工の一人でケーダリオーンという名の男を彼に与え、太陽《アポローン》の館へ案内させるようにしてやりました。そこでオーリーオーンはこのケーダリオーンを肩にのせると東に向かって進んでゆき、やがて太陽の神（アポローンは医術の神でもある）に会い、その光で視力をとりもどしてもらったのです。

その後、彼は狩人としてアルテミスといっしょに暮らしました。彼は女神の大のお気に入りだったからです。それで女神が彼と結婚しようとしているというような噂さえ立つようになりました。これを耳にした女神の兄（アポローンのこと）はことのほか機嫌をそこね、いくたびとなく女神を叱りましたが、何の甲斐《かい》もありませんでした。そこである日、オーリーオーンが頭だけ水の上に出して海を渡ってくるのを見つけたアポローンは、妹にそれを指し示して、いくらおまえでもあの海に浮かんでいる黒いものを射当てることはできまいと言いました。弓の名手でもある女神は運命の狙いをつけて矢を放ちました。そして波がオーリーオーンの死体を岸に打ちよせてきたのです。アルテミスは涙にむせびながら自分の恐ろしいあやまちを嘆き悲しみ、彼を星座の中においてやりました。ですからオーリーオーンは今日でも星座の中に巨人の姿で現われ、帯や剣や獅子《しし》の毛皮や棍棒《こんぼう》を身につけているのです。そして猟犬のセイリオスが彼の後につづき、またプレイアデスが彼の前方を飛びながら逃げているのです。

このプレイアデスというのはアトラースの娘たちのことで（単数では「プレイアス」という）、アルテミスの侍女のニュンペーたちでした。ある日のこと、オーリーオーンは彼女たちを見て心を奪われ、後を追いかけました。困り果てた娘たちは自分たちの姿を変えてくれるようにと神々に祈りました。そこで、不憫《ふびん》に思ったゼウスが娘たちを鳩に変え、それから星座（すばる座のこと）にして大空においたのです。その数は初めは七つでしたけれども今では六つしか見えません。それは、そのうちの一つのエーレクトラー（アガメムノーンの娘とは別人）がトロイアの陥落を見るのに堪えられず、その場を立ち去っていったからだと言われています。それというのも、このトロイアの町は彼女の息子のダルダノスが建てたものだったからなのです。陥落の模様は実に悲惨なもので、そのため彼女の姉妹たちもそれいらい今日に至るまでずっと青ざめた顔をしているのです。

ロングフェロー氏には「オーリーオーンの掩蔽《えんぺい》」という詩があります。次にあげるものは、詩人がこうした神話にふれて詩《うた》った一節（第五節）です。ここで私たちが前もって知っておかねばならぬことは、天球に輝くオーリーオーンは獅子の毛皮を身にまとい、棍棒を振りあげている姿で描かれているということです。この星座の星が一つ一つ月の光に消えてゆくその瞬間、詩人は私たちにこう詩ってくれるのです。

獅子の赤い毛皮が
彼の足もとの河に落ちていった。
大きな棍棒ももはや牡牛《おうし》の額を
打たなくなった。そして彼は
昔のように海辺をよろめきながら歩いていった。
あのとき彼は、オイノピオーンに視力を奪われ
　鍛冶師《ヘーパイストス》を求めてその鍛冶場にゆき
　それから山の谷あいを登って
その空《うつ》ろな目をじっと太陽に向けたのだ。

テニスンは、プレイアデスについては異なった考えをもっています（「ロクスリィ・ホール」第九―一〇行）。

幾夜も私は見た、プレイアデスがやわらかな暗がりから
　のぼってきながら

銀のひもで結ばれた蛍の群れのように光り輝く様を

バイロンは、あの姿を消したプレイアス（エーレクトラーのこと）にふれてこう詩っています（「ベッポー」第一四節）

地上ではもう見ることのできぬあの姿を消してしまったプレイアスのように

またヘマンズ夫人にも同じ主題の詩があります。

エーオースとティートーノス

曙《エーオース》の女神も、姉の月《アルテミス》の女神と同じように、ときおり人間を慕う気持ちにかられました。そして彼女の大のお気に入りはティートーノスといって、トロイアの王ラーオメドーンの息子だったのです。女神は彼をさらってくるとゼウスを説き伏せて永遠の生命を授けてもらいました。しかし、そのとき永遠の若さもいっしょに授けてもらっておくのを忘れたので、しばらくすると女神は、たいへんくやしいことに、彼がだんだんと年老いてゆくのに気づきはじめました。そして彼の髪がすっかり白くなると、彼との交わりから遠ざかるようになりました。それでも彼はまだ女神の館には住まわせてもらって、神々と同じ物を食べ、天上の衣を身にまとっていました。しかしそのうちにとうとう手足を動かす力もなくしてしまったので、女神は彼を居間に閉じこめておきました。するとそこから彼の弱々しい声がときどき聞こえてきました。そこで女神はついに彼を蟬に変えてやったのです。

メムノーンはエーオースとティートーノスとの間にできた子供です。彼はアイティオピアー人の王で、東のはずれの、オーケアノスの岸に住んでいました。そしてトロイア戦争のときには父の親族を救《たす》けに軍隊をひきつれてやってきました。プリアモス王（トロイアの王でティートーノスの兄弟）は彼を丁重に迎え、また彼の語る大洋の岸辺の不思議な話に感嘆しながら耳を傾けました。

トロイアに着いた翌日、メムノーンはじっと体をやすめているのがもどかしく、すぐに軍隊をひきいて戦場に出ました。アンティロコスはネストールの勇敢な息子でしたが、このメムノーンの手にかかって倒れ、そのためにギリシア軍は退却せざるを得なくなりました。と、その時、アキレウスが現われてその軍勢をたてなおしました。それからこのアキレウスとエーオースの息子との間に長い激しい戦いがはじまりました。そしてついに勝利はアキレウスのものとなり、メムノーンは倒れ、トロイア軍はあわてふためきながら逃げたのです。

エーオースは大空の自分の部署からわが子の危険を心配しながら眺めていましたが、メムノーンが倒れるのを見ると、その兄弟にあたる風の神々（つまりエーオースの子供たち）に命じて死体をパプラゴニアのアイセーポス河の岸に運ばせました。そして夕暮れになると、エーオースは時の女神たちとプレイアデスとをつれてここを訪れ、わが子を想って嘆き悲しみました。夜の女神もその深い悲しみに同情して大空に雲を広げました。そして天地のすべてのものが曙《エーオース》の女神の子のために泣いたのです。アイティオピアー人たちはニュンペーたちの森を流れる河の岸に彼の墓をたてました。そしてゼウスは、火葬のための薪から立ちのぼる火の粉や灰を鳥に変えさせたのですが、その鳥は二つの群れにわかれて薪の上で戦い、やがて炎の中に落ちて姿を消しました。

毎年メムノーンの命日になると、鳥たちはふたたび姿を現わし、同じようなことをして彼の供養をしました。しかしエーオースはわが子を亡くしたことがどうしてもあきらめられません。ですから彼女の涙は今もなお流れて、皆さんが朝早くごらんになると、それが露の玉となって草の上に宿っているわけなのです。

このメムノーンの話には、古代神話の中の多くの不思議な話とは違って、その記念となるようなものが今日でも幾つか残っています。エジプトのナイル河の岸（テーベ）には二つの巨大な像が立っていて、その一つがメムノーンの像だと言われているのです。そして古代の作家たちの記録によれば、朝日の最初の光がこの像にあたると、像の中から音が聞こえてきて、その音は竪琴《たてごと》の絃をはじくときの音に似ていると書いてあります。しかし現存するその像が、こうした古代の作家たちの伝える像と果たして同一のものであるかどうかということには多少疑問がありますし（今日これはアメノフィス三世の像とされている）、またその不思議な音についてはさらに疑わしいものです。とは言え、そうした音が今でも聞かれるということに関しては近代的な証明がないわけではありません。つまり、この大岩でできた像の中にこもっていた空気が、その割れ目とか洞穴から逃げだすときにたてる音がこうした話に何か根拠を与えていたのではなかろうかと言われているのです。最も権威ある旅行家ガードナー・ウィルキンスン卿《きょう》（イギリスのエジプト学者。一七九七―一八七五）は、この像そのものを調査して、中が空洞になっていることを発見し、「像のひざのあたりの石をたたくと（この像は腰掛けた姿勢をとっている）金属性の音が出るので、それが初めからこの像の神秘的な力を信じかけている観光客をまどわすのに今日でも利用されているのであろう」と述べています（小学館「大日本百科事典・ジャポニカ」第三巻、八九ページにこの像の美しい写真がある）。

音を発するこのメムノーンの像は詩人たちの好んで引喩《いんゆ》する題材となっています。ダーウィンは「植物園」の中でこう詩っています（第一巻、第一篇、第一八二）。

聖なる太陽神《アポローン》がメムノーンの神殿を訪れると
おのずからわきおこる妙なる調べが朝の歌をうたいはじめた。
それに応《こた》えてアポローンの東の光がその場の竪琴にふれると
竪琴は音を発して、すべての絃をふるわせるのだ。
そして廊下もそれに和して柔らかな音を長引かせ、
神聖なこだまが高らかに讃歌をうたうのだ。

アーキスとガラテイア

スキュラは昔シケリアに住んでいた美しい処女で（一四一ページ参照）ニュンペーたちのお気に入りでした。それで多くの求婚者がいたのですが、彼女はそれをみんなはねつけました。そしてよくガラテイア（海のニュンペーの一人）の洞穴に行っては自分はうるさくつきまとわれて困っているのですと話をしていました。ある日のことガラテイアは、スキュラに髪をくしけずらせながら、その話を聞いていましたが、やがてこう答えました、「でもね、スキュラ、おまえにしつこくつきまとうという男たちは、人間のなかでも家柄のよくない人たちではないのですから、おまえの心次第ではねつけることができるのです。それにひきかえ私は、ネーレウスの娘で、しかも大勢の姉妹たちに守られていながら、海の底に逃げる以外にはあの一眼巨人《キュクロープス》（ここではポリュペーモスのこと）の愛からのがれることはできなかったのです」。そして涙が女神ののどをつまらせました。心を打たれた処女は美しい白い指でその涙をふいてやり、女神をなぐさめながら「ねえ女神さま」と言いました、「そのお嘆きの理由《わけ》をおきかせくださいまし」。そこでガラテイアはこう話して聞かせたのです。「アーキスはファウヌスとあるナーイアスとの間にできた息子だったの。父親も母親もその子をたいへん愛していたのだけれど、その二人の愛情よりも私の愛の方がもっと強いものだったわ。なぜといって、その美しい若者は私にだけその心をよせてくれたのですもの。そしてあの人は一六になったばかりで、産毛が黒くその頬を覆いはじめたころだったわ。私があの人といっしょになりたいと思えば思うほど、あのキュクロープスの奴も私といっしょになりたいと思ったの。アーキスを慕う気持ちとポリュペーモスを憎む気持ちとどちらが強かったかとおまえに尋《き》かれても、私には答えられないわ。どちらも同じぐらいだったのだからね。おお、アプロディーテーよ、あなたの力はなんと偉大なものなのでしょう！　この獰猛《どうもう》な巨人が、森の恐怖と呼ばれる男が、そして不幸な他国者を一人として生きて逃がしたためしもなく、またゼウスの大神をさえ侮るようなあの男が、愛とはどういうものかを感じ、私に対する情熱にかられて、自分の家畜の群れも貯えの多い洞穴《すみか》も忘れてしまったのですもの。そこでこの男も初めて自分の身なりに多少は気をつけ、見かけだけでもよくしようとしはじめたわ。そしてあのかたい髪の毛を熊手でかきならし、鬚《ひげ》は鎌で刈りとり、荒々しい顔を水に映して見たりして自分の顔つきをととのえたの。殺生を好む心も、獰猛さも、血を求める喉《のど》の渇きも以前ほどではなくなり、おかげでこの男の島に立ち寄る船も無事にまた出てゆくことができるようになったわ。ポリュペーモスは重々しい足どりで大きな足あとをつけながら海辺を行ったり来たりして、疲れると洞穴に入って静かに身を横たえていたの。

「そこには海に突き出た絶壁があって、その両側は海に洗われています。ある日、あの大きな一眼巨人《キュクロープス》はそこへよじのぼって腰をおろしたわ。後からついていった羊たちは勝手にその辺に散らばっていました。そしてあの男は船の帆を支える柱にもなりそうな杖《つえ》を足もとにおくと、たくさんの葦《あし》をよせ集めて作った葦笛をとりだして、山や海に歌の調べをこだまさせたの。私はある岩かげに身をひそめて、愛するアーキスによりそいながら、遠くから聞こえてくるその調べに耳を傾けたの。それは私の美しさをむやみと讃《ほ》めたたえると同時に、私の冷たさとつれなさとを激しく責めるものだったわ。

ラファエロ「ガラテイア」
ヴィラ・デラ・ファルネジーナ

「そしてあの男は歌いおえると立ちあがり、それから、じっと立っていることなどできないあの怒り狂った牡牛《おうし》のように、森の中へ迷い込んでいったの。そこでアーキスと私とはすっかりあの男のことを忘れていたら、突然あの男は私たちの坐《すわ》っている姿がよく見える場所にやってきたの。『見つけたぞ』とあの男は叫んだわ、『これがおまえたちの逢《あい》びきの最後となるようにしてやるからな』。その声は怒り狂った一眼巨人《キュクロープス》でなければ出せないようなうなり声だったわ。アイトナ山もその声には震えたのよ。私は怖ろしさのあまり、海にとびこんだの。ところがアーキスはくびすをかえすと逃げだしながら叫んだの、『助けておくれガラテイア。助けてくださいお父さんお母さん！』と。しかし一眼巨人《キュクロープス》はあの人の後を追いかけ、山の端から大きな岩をもぎとるとそれをあの人めがけて投げつけたの。岩はそのほんの片隅がふれただけだったのに、あの人を押しつぶしてしまったわ。

「私は、運命の女神が私の力に残してくださったこと以外にはアーキスのために何もしてやることができなかったわ。つまり私はあの人に、その祖父《おじい》さまにあたる河の神と同じ栄誉を授けてあげたの。それでまっ赤な血がその岩の下から流れだしたのだけれども、その色はだんだんと薄くなり、それから、雨で濁った河の流れのような色となり、やがてそれもしだいに澄んできたの。そして例の岩は二つに割れ、水がその割れ目から噴き出すときには楽しげな囁《ささや》き声をたてたのよ」。

こうしてアーキスはその身を河に変えられたので、その河は今でもアーキスの名を留めているのです。

ドライデンは「キュモーンとイーピゲネイア」という物語詩の中で（第一二九一—一三四行）、ある田舎者が愛の力によって教養ある紳士に変えられる話を詩っていますが、ある意味でこれはガラテイアと一眼巨人《キュクロープス》の伝説に通じる類似の跡を示しています。

父親の苦労や家庭教師の腕が

どんなに丹精しても彼の粗野な心に植えつけられなかったものを
愛という最上の教師はたちまちにして彼の心に吹き込んでしまった、
ちょうどやせた土地に火をつけてそれを肥沃《ひよく》な土地にするように。
愛は彼に恥ずかしさを教えたのだ。そして愛と戦う恥ずかしさが
まもなく人生の美しい教養を教えたのだ。

読書案内　上

本文の中で言及されているもの、またはそれに関連のあるものを主とし、邦訳のあるものに限った。なお、出版年はすべて西暦で表示した。従って「一九五九」は「一九五九（昭和三四）年出版」の意味である。

ページ（上巻）

23 **「コウマス」ミルトン**　高橋康也訳『仮面劇コウマス』、「世界名詩集大成」第9巻、イギリス篇Iの内、平凡社、一九五九（ほかに才野重雄訳「仮面劇コーマス」、南雲堂、一九五八。私市元宏訳注「ミルトンの Comus」、山口書店、一九八〇などがある）。

24 **「オデュッセイア」ホメーロス**　高津春繁訳『オデュッセイア』、「世界古典文学全集」第1巻、ホメーロス篇の内、筑摩書房、一九六四（ほかに同氏の訳が「世界文学大系」第1巻、筑摩書房、一九六一に、田中秀央抄訳が「世界文学全集」IIIの1、河出書房新社、一九六六に、呉　茂一訳が「カラー版世界文学全集」第1巻、河出書房新社、一九六九にある。古くは土井晩翠、田中秀央・松浦嘉一、生田長江の訳。岩波文庫に呉訳、一九七一・七二。一九九四からは松平千秋訳にかわった）。

27 「失楽園」ミルトン　藤井　武訳「楽園喪失」上・中・下、岩波文庫、一九二六・二七（そのほか繁野天来訳『失楽園』、「世界文学全集」第5巻、新潮社、一九二九、平井正穂訳「失楽園」上・下、岩波文庫、一九八一、などがある）。

29 アプロディーテー　リルケ『ヴェーヌスの誕生』、尾崎喜八訳、「世界文学大系」第53巻、リルケ篇、『新詩集』の内、筑摩書房、一九五九。塚越　敏訳『新詩集』、『新詩集別巻』、「リルケ全集」第3巻、詩集篇Ⅲ、河出書房新社、一九九〇。ルイス　沓掛良彦訳「アフロディテ」、平凡社ライブラリー、一九九八。

31 「ハロルド卿の巡遊」バイロン　土井晩翠訳「チャイルド・ハロウドの巡禮」、二松堂書店、一九二四。「チャイルド・ハロルドの巡禮」として、英米名著叢書、新月社、一九四九（ほかに岡本成蹊訳『チヤイルド・ハロルド世界歴程一・四』、「バイロン全集」第2巻の内、那須書房、一九三六、日本図書センターより一九九五に複製版。東中稜代訳「チャイルド・ハロルドの巡礼――物語詩」、修学社、一九九四がある）。

33 スペンサー「神仙女王」　熊本大学スペンサー研究会訳「妖精の女王」、文理書院、一九六九。

43 プロメーテウス　アイスキュロス『縛られたプロメーテウス』、呉　茂一訳、「ギリシア悲劇全集」第1巻の内、人文書院、一九六〇（そのほか「世界古典文学全集」第8巻、筑摩書房、一九八一。「世界文学全集」第1巻、河出書房、一九五二に呉訳。「ギリシァ劇集」、新潮社、一九六三に森　進一訳。「アイスキュロス悲壮劇」、生活社、一九四三に田中秀央・内山敬二郎訳。呉　茂一訳「縛られたプロメーテウス」、岩波文庫、一九七四などがある)。
ゲーテ　高橋重臣訳『プロメートィス』、「ゲーテ全集」第4巻の内、人文書院、一九六〇。高橋英夫訳「ゲーテ全集」4の内、潮出版社、一九七九。
シェリー　石川重俊訳「縛を解かれたプロミーシュース」、岩波文庫、一九五七(二〇〇三に改版、題名も「鎖を解かれたプロメテウス」に)。
カミュ　滝田文彦訳『地獄のプロメーテウス』、「新潮世界文学」第48巻、カミュ篇1、『夏』の内、新潮社、一九六八。
ジイド　河上徹太郎訳『鎖を離れたプロメテ』、小林・河上訳「パリュウド・鎖を離れたプロメテ」の内、新潮文庫、一九五二。新庄嘉章訳『鎖をはなれたプロメテ』、角川文庫、一九五五。若林　真訳『鎖が解けたプロメーテウス』、「アンドレ・ジッド代表作選」第2巻の内、慶応義塾大学出版会、一九九九。
ペレス・デ・アヤーラ　会田　由訳「プロメテーオ」、世界文庫、弘文堂、一九四二。
44　**パンドーラー**　ゲーテ　片山敏彦訳『パンドーラ』、「ゲーテ全集」第4巻の内、人文書院、一九六〇。小川　超訳が「ゲーテ全集」5、潮出版社、一九八〇にある。
53　**シェリー**　43の石川訳参照。
64　**「アドネイース」シェリー**　星谷剛一訳『アドネイス』、「シェリ詩選」の内、英米名著叢書、新月社、一九四八。
上田和夫訳『アドネース』、「シェリー詩集」の内、新潮文庫、一九八〇。
71　**「真夏の夜の夢」シェイクスピア**　土居光知訳「夏の夜の夢」、岩波文庫、一九四〇。三

神　勲訳、角川文庫、一九九六改版、など（ほかに小田島雄志訳、白水社、一九八三。福田恒存訳、新潮文庫、一九七一改版もある）。

80 **シューリンクス**　**ラフォルグ**　清水　徹訳『パンとシュリンクス』、「世界短篇文学全集」第6巻の内、集英社、一九六三（なお上田　敏『牧羊神』、「海潮音・牧羊神」の内、角川文庫、一九五二。鈴木信太郎訳『半獣神の午後』、「マラルメ詩集」の内、岩波文庫、一九六三など参照）。

82 **虻はイーオーを追って…**　アイスキュロス「縛られたプロメーテウス」（43を参照）、および呉　茂一訳『救いを求める女たち』、「ギリシア悲劇全集」第1巻の内、人文書院、一九六〇。「世界古典文学全集」第8巻、筑摩書房、一九八一など参照のこと。

86 **「沈思の人」**　**ミルトン**　高橋康也訳『沈思の人』、「世界名詩集大成」第9巻、イギリス編、Iの内、平凡社、一九五九。

86 **「快活な人」**　**ミルトン**　高橋康也訳『快活な人』、「世界名詩集大成」第9巻の内。

96 **「ドン・ジュアン」**　**バイロン**　小川和夫訳「ドン・ジュアン」、研究社選書、研究社、一九五五。冨山房、一九九三など。

129 **ペルセポネー**　ゲーテ　三島由紀夫訳『プロセルピーナ』、「ゲーテ全集」第4巻の内、人文書院、一九六〇。高橋英夫訳「ゲーテ全集」4の内、潮出版社、一九七九。

ジイド　中村真一郎訳『プロセルピーヌ』および『ペルセフォーヌ』、「ジイド全集」第5巻『田園交響楽』の内、新潮社、一九五〇。

144 **「エンデュミオーン」**　**キーツ**　大和資雄訳「エンデュミオン」、岩波文庫、一九四九。出口保夫『エンディミオン 物語詩』、「キーツ全詩集」第1巻の内、白鳳社、一九七四、改訂版、一九八二。

148 ピュグマリオーン　B・ショー　倉橋　健訳『ピグマリオン』、「バーナード・ショー名作集」の内、白水社、一九六六。倉橋　健・喜志哲雄訳「人と超人　ピグマリオン」の内、白水社、一九九三。

シュミットボン　茅野蕭々訳『ピグマアリオン』、近代劇全集第7巻の内、第一書房、一九二九。

154 アプロディーテーとアドーニス　シェイクスピア　本堂正夫訳『ヴィーナスとアドゥニス』、「世界古典文学全集」第46巻の内、筑摩書房、一九六六。

160 「リシダス」　ミルトン　高橋康也訳『リシダス』、「世界名詩集大成」第9巻の内、平凡社、一九五九。

172 「アビュードスの花嫁」　バイロン　山本政喜訳『アビドスの花嫁』、「バイロン全集」第2巻の内、那須書房、一九三六。

187 エロースとプシューケー　アプレイウス　呉　茂一訳『黄金の驢馬』、「世界文学大系」第67巻、ローマ文学集篇の内、筑摩書房、一九六六。なお呉　茂一・国原吉之助訳「黄金のろば」が岩波文庫、一九五六・五七にある。

モリエール　吉江喬松訳『プスィシェ』、「モリエール全集」第2巻の内、中央公論社、一九三四。

シュトルム　関　泰祐訳『プシーヒェ』、「世界文学全集」、第一期十九世紀篇、12の内、河出書房、一九五〇。

J・ロマン 青柳瑞穂訳『プシケ』、「現代世界文学全集」第12巻の内、新潮社、一九五三（同氏訳は「リュシエンヌ——プシケ第一部」「肉体の神——プシケ第二部」「船が…——プシケ第三部」として新潮文庫、一九五五にもある）。

203 **アープレーユス** 187のアプレイウス参照。

「プシューケーによせる頌歌」キーツ 出口泰生訳『サイキに寄せるうた』、「世界名詩集大成」第9巻の内、平凡社、一九五九（新潮社の「世界詩人全集」第4巻に安藤一郎訳がある）。

218 **トゥーキュディデース** 久保正彰訳「戦史」上・中・下、岩波文庫、一九六六・六七（筑摩書房の「世界古典文学全集」第11巻、一九七一に小西晴雄訳がある）。

224 **ナルキッソス** ジイド 伊吹武彦訳『ナルシス論』、「ジイド全集」第1巻の内、新潮社、一九五一。若林 真訳『ナルシス譚』、「アンドレ・ジッド代表作選」第1巻の内、慶応義塾大学出版会、一九九九。

ヴァレリー 鈴木信太郎訳『ナルシス語る』、『ナルシス断章』、伊吹武彦訳『ナルシス交声曲』、「世界文学大系」第51巻、クローデル ヴァレリー篇の内、筑摩書房、一九六〇。

リルケ 富士川英郎訳『ナルシス』、「世界文学大系」第53巻、リルケ篇『後期詩集』の内、筑摩書房、一九五九。

アンジェイェフスキ 木村彰一訳『ナルキッソス』、「世界短篇文学全集」第10巻の内、集英社、一九六三。

233 **ヘーローとレアンドロス**　バイロン　山本政喜訳「アビドスの花嫁」、146を参照。

グリルパルツァー　番匠谷英一訳「海の波　恋の波」、岩波文庫、一九三七。

シラー　星　堂子訳『ヘロオとレアンドル』、「明治翻訳文学全集」第35巻、シラー集篇の内、川戸道昭・榊原貴教編、大空社、一九九九、複製。

272 **オイディプース**　ソポクレス　高津春繁訳『オイディプス王』、「ギリシア悲劇全集」第2巻の内、人文書院、一九六〇（そのほか「世界古典文学全集」第8巻、筑摩書房、一九八一。「世界文学大系」第2巻、筑摩書房、一九五九。「世界文学全集」Ⅲの1、河出書房新社、一九六六に高津訳。「ギリシァ劇集」、新潮社、一九六三、および岩波文庫に藤沢令夫訳、一九六七、一九九九に改版がある）。

ソポクレス　高津春繁訳『コロノスのオイディプス』、「ギリシア悲劇全集」第2巻、人文書院、一九六〇。「世界古典文学全集」第8巻、筑摩書房、一九八一、および「世界文学大系」第2巻、筑摩書房、一九五九。岩波文庫、一九七三に同氏の訳がある。

セネカ　岩崎　務訳『オエディプス』、「セネカ悲劇集」2の内、西洋古典叢書、京都大学学術出版会、一九九七。

コクトー　渋沢龍彦訳『オイディプース王』、「コクトー戯曲選集」第1巻の内、白水社、一九五九、新装版、一九九三。後藤敏雄訳『オイディプス王』、「ジャン・コクトー全集」Ⅷの内、東京創元社、一九八七。渡辺守章訳『地獄の機械』、「ジャン・コクトー全集」Ⅶの内、東京創元社、一九八三。

イヨネスコ　石沢秀二訳『義務の犠牲者』、「イヨネスコ戯曲全集」第1巻の内、白水社、一九六九。なお383を参照。

277 **「ヘンリー四世」** シェイクスピア 中野好夫訳、「世界文学大系」第75巻、シェイクスピア篇**の内、筑摩書房、一九六五（そのほか「シェイクスピア全集」第4巻、筑摩書房、一九六七、「世界古典文学全集」第44巻、筑摩書房、一九六七。および岩波文庫、一九六九・七〇に同氏の訳があり、中央公論社の「新修シェークスピヤ全集」7・8、一九三四には坪内逍遥訳があった。また白水社のUブックスには小田島雄志訳、一九八三がある）。

278 **ケンタウロス** アップダイク 寺門泰彦・古宮照雄訳『ケンタウロス』、「新しい世界の文学」第51巻、白水社、一九六八、二〇〇一新装復刊版。

284 **黄金の羊の毛皮** グリルパルツェル 舟木重信訳『金羊毛皮』、「世界文学全集」第10巻、独逸古典劇集篇の内、新潮社、一九三〇。

アポロニオス 岡 道男訳『アルゴナウティカ――アルゴ船物語』、「世界文学全集」1、講談社、一九八二。

285 **レームノス島に寄港** オウィディウス 松本克己訳《ヒュプシピュレーからイアーソーンへ》『名婦の書簡』、「世界文学大系」第67巻、ローマ文学集篇の内、筑摩書房、一九六六。

295 **メーデイア** エウリピデス 中村善也訳『メデイア』、「ギリシア悲劇全集」第3巻、人文書院、一九六〇（そのほか「世界古典文学全集」第9巻、筑摩書房、一九八一、および「世界文学大系」第2巻、筑摩書房、一九五九に同氏訳、「ギリシア劇集」、新潮社、一九六三、および河出書房新社の「世界文学全集」Ⅲの1、一九六六に高津春繁訳、世界文学社の「希臘悲壮劇」上巻、一九四九に田中秀央・内山敬二郎訳、などがある）。

セネカ　小林　標訳『メデア』、「セネカ悲劇集」1の内、西洋古典叢書、京都大学学術出版会、一九九七。

オウィディウス　松本克己訳《メーデイアからイアーソーンへ》『名婦の書簡』、「世界文学大系」第67巻の内、筑摩書房、一九六六。

アヌイ　梅田晴夫訳『メデェ』、「アヌイ作品集」第2巻の内、白水社、一九五七。三島由紀夫『獅子』、「現代日本文学大系」第85巻、大岡昇平・三島由紀夫集篇の内、筑摩書房、一九六九。

296 **「マクベス」シェイクスピア**　小津次郎訳『マクベス』、「世界文学大系」第12巻、シェイクスピア篇の内、筑摩書房、一九五九（そのほか筑摩書房の「シェイクスピア全集」第7巻、一九六七および「世界古典文学全集」第41巻、一九六四。中央公論社の「新修シェークスピア全集」第29巻、一九三五に坪内逍遥訳。岩波文庫に野上豊一郎訳、一九三八、改版一九五六。木下順二訳、一九九七。新潮社版に福田恒存訳、角川文庫に三神　勲訳などがある）。

297 **エウリーピデース**　295の中村訳参照。

312 **アルクメーネー**　プラウトス　村松正俊訳『アンフィトリュオ』、「古典劇大系」第3巻の内、近代社、一九二六（そのほか「世界戯曲全集」第2巻、希臘・羅馬古典劇集篇の内にもある）。木村健治訳『アンピトルオ』、「ローマ喜劇集」1の内、西洋古典叢書、京都大学学術出版会、二〇〇〇。

モリエール　恒川義夫訳『アンフィトリヨン』、「モリエール全集」第3巻の内、中央公論社、一九三四。鈴木力衛訳が「モリエール全集」2の内、中央公論社、一九七三にある。

クライスト　手塚富雄訳「アンフィトリオン」、創元文庫、一九五二。佐藤恵三訳『アムフィートリュオン』、「クライスト全集」第2巻の内、沖積舎、一九九四。

ジロドゥ　諏訪　正訳『アンフィトリオン38』、「ジロドゥ戯曲全集」第1巻の内、白水社、一九五七。

318 **テーセウス**　プルターク　河野与一訳「プルターク英雄伝」第1巻の内、岩波文庫、一九五二。

ジイド　朝吹三吉訳『テーゼ』、「テーゼ・放蕩息子の帰宅」朝吹・佐藤訳の内、新潮文庫、一九五四（新潮社の「ジイド全集」第3巻にもある）。若林　真訳『テセウス』、「アンドレ・ジッド代表作選」第4巻の内、慶応義塾大学出版会、一九九九。

エウリピデス　岡　道男訳『狂えるヘラクレス』、「ギリシア悲劇全集」第3巻の内、人文書院、一九六〇（「世界古典文学全集」第9巻、筑摩書房、一九八一、に川島重成・金井毅訳がある）。

319 **デーイアネイラ**　オウィディウス　松本克己訳《ディアネイラからヘーラクレースへ》『名婦の書簡』、「世界文学大系」第67巻の内、筑摩書房、一九六六。

ソポクレース　風間喜代三訳『トラキスの女たち』、「ギリシア悲劇全集」第2巻の内、人文書院、一九六〇（そのほか「世界古典文学全集」第8巻、筑摩書房、一九八一、に大竹敏雄訳がある）。

319 **ヘーラクレース**　エウリピデス　湯井壮四郎訳『ヘラクレスの子供たち』、「ギリシア悲劇全集」第3巻の内、人文書院、一九六〇（そのほか「世界古典文学全集」第9巻、筑摩書房、一九八一、に柳沼重剛訳、世界文学社の「希臘悲壮劇」上巻、一九四九に、田中秀央・内山敬二郎訳、などがある）。

セネカ　小川正廣訳『狂えるヘルクレス』、「セネカ悲劇集」1の内、西洋古典叢書、京都大学学術出版会、一九九七。竹中康雄訳『オエタ山上のヘルクレス』、「セネカ悲劇集」2の内、西洋古典叢書、京都大学学術出版会、一九九七。

329 **アリアドネー**　オウィディウス　松本克己訳《アリアドネーからテーセウスへ》『名婦の書簡』、「世界文学大系」第67巻の内、筑摩書房、一九六六。

ホーフマンスタール　内垣啓一郎訳『ナクソス島のアリアドネー』、「ホーフマンスタール選集」4の内、河出書房新社、一九七三。

330 **ヒッポリュトス**　エウリピデス　松平千秋訳『ヒッポリュトス』、「ギリシア悲劇全集」第4巻の内、人文書院、一九六〇（そのほか「世界古典文学全集」第9巻、筑摩書房、一九八一。岩波文庫に同氏訳、一九五九。世界文学社の「希臘悲壮劇」上巻、一九四九に田中・内山訳がある）。

セネカ　村松正俊訳『ヒッポリュッス』、「古典劇大系」第3巻の内、近代社、一九二六（「世界戯曲全集」第2巻、希臘・羅馬古典劇集篇の内、一九三〇。中村善也訳『恋のパエドラ』、「世界文学全集」2、講談社、一九七八。大西英文訳『パエドラ（ヒッポリュトゥス）』「セネカ悲劇集」1の内、西洋古典叢書、京都大学学術出版会、一九九七、にもある）。

ラシーヌ　二宮フサ訳『フェードル』、「世界古典文学全集」第48巻、ラシーヌ篇の内、筑摩書房、一九六五（そのほか「世界文学大系」第14巻、古典劇集篇、筑摩書房、一九六一に二宮訳。人文書院の「ラシーヌ戯曲全集」第2巻、一九六五に伊吹武彦訳がある)。また渡辺守章訳「フェードル　アンドロマク」は一九五一)。

オウィディウス　松本克己訳《パイドラからヒッポリュトスへ》『名婦の書簡』、「世界文学大系」第67巻の内、筑摩書房、一九六六。

333　**ダイダロス**　ジョイスの「若き日の芸術家の肖像」(角川文庫、「世界文学大系」第57巻の内、筑摩書房、一九六〇など)および「ユリシーズ」(集英社文庫、岩波文庫、河出書房新社の「世界文学全集」13・14など)の登場人物スティーヴン・ディーダラスの名はこのダイダロスに由来する。

349　**バッケーたち**　エウリピデス　松平千秋訳『バッコスの信女』、「ギリシア悲劇全集」第4巻の内、人文書院、一九六〇(そのほか「世界古典文学全集」第9巻、筑摩書房、一九八一、および「世界文学大系」第2巻、筑摩書房、一九五九にも同氏の訳がある)。

コクトー　渡辺一夫・山崎庸一郎訳『バッカス』、「コクトー戯曲選集」第3巻の内、白水社、一九五九。

357　**シラー「ギリシアの神々」**　手塚富雄訳『ギリシャの神々』、「世界文学大系」第18巻、シラー篇の内、筑摩書房、一九五九。

382　**アルケースティス**　エウリピデス　呉　茂一訳『アルケスティス』、「ギリシア悲劇全集」第3巻の内、人文書院、一九六〇(そのほか「世界古典文学全集」第9巻、筑摩書房、一九八一に呉訳。世界文学社の「希臘悲壮劇」上巻、一九四九に田中・内山訳がある)。

リルケ　高安国世訳『アルケスティス』、「世界文学大系」第53巻、リルケ『新詩集』篇の内、筑摩書房、一九五九。

T・S・エリオットの「カクテル・パーティー」(「現代世界文学全集」第26巻、福田恒存訳、新潮社、一九五四)はエウリーピデースの「アルケースティス」を下敷きにしたもの。

383

アンティゴネー　ソポクレス　高津春繁訳「オイディプス王」および「コロノスのオイディプス」参照。272を見よ。

アイスキュロス　今道友信訳『テーバイに向かう七将』、「ギリシア悲劇全集」第1巻の内、人文書院、一九六〇(そのほか高津春繁訳『テーバイ攻めの七将』、「世界古典文学全集」第8巻、筑摩書房、一九八一。「世界文学全集」Ⅲの1、河出書房新社。および岩波文庫、一九七三にある)。

ソポクレス　呉　茂一訳『アンティゴネー』、「ギリシア悲劇全集」第2巻の内、人文書院、一九六〇。(そのほか「世界古典文学全集」第8巻、一九八一、および「世界文学大系」第2巻、筑摩書房、一九五九と岩波文庫、一九六一に呉訳。「ギリシァ劇集」、新潮社、一九六三に森　進一訳がある)。

コクトー　三好郁朗訳『アンティゴネー』、「ジャン・コクトー全集」Ⅶの内、東京創元社、一九八三。

エウリピデス　藤沢令夫訳『救いを求める女たち』、「ギリシア悲劇全集」第4巻の内、人文書院、一九六〇(そのほか「世界古典文学全集」第9巻、筑摩書房、一九八一に中山恒夫訳がある)。

ジイド　川口　篤訳『エディプ』、「ジイド全集」第10巻の内、新潮社、一九五一。
エウリピデス　大竹敏雄訳『フェニキアの女たち』、「ギリシア悲劇全集」第4巻の内、人文書院、一九六〇（そのほか「世界古典文学全集」第9巻、筑摩書房、一九八一に岡　道男訳がある）。
セネカ　大西英文訳『フェニキアの女たち』、「セネカ悲劇集」1の内、西洋古典叢書、京都大学学術出版会、一九九七。
ラシーヌ　鬼頭哲人訳『ラ・テバイード』、「ラシーヌ戯曲全集」第1巻の内、人文書院、一九六四（そのほか渡辺清子訳『ラ・テバイッド』、「世界古典文学全集」第48巻、ラシーヌ篇の内、筑摩書房、一九六五がある）。
ホーフマンスタール　細井雄介訳『ソポクレース作「アンティゴネー」への序曲』、「ホーフマンスタール選集」4の内、河出書房新社、一九七三。
ハーゼンクレーフェル　舟木重信訳『アンティゴーネ』、「近代劇大系」第6巻の内、近代劇大系刊行会、一九二三（近代社の「世界戯曲全集」第18巻、一九二七、にもある）。
アヌイ　芥川比呂志訳『アンチゴーヌ』、「アヌイ作品集」第3巻の内、白水社、一九五七。
T・S・エリオットの「長老政治家」はソポクレースの「コロノスのオイディプース」を下敷きにしたもの。
イリーアス・ヴェネシース　道家忠道訳『アンチゴーネ』、「アテネの歌声・現代ギリシァ小説集」の内、新日本出版社、一九六六。

385 **テイレシアース** 彼の盲目の原因については種々の説があり、アポロドーロスが「ビブリオテーケー」（高津春繁訳「ギリシア神話」、岩波文庫、一九七八、改版）三、VI、7でそれを紹介している。なおT・S・エリオット 深瀬基寛訳「荒地」、「世界文学大系」第57巻の内、筑摩書房、一九六〇、第二一八行の原作者注を参照のこと。

387 **「リア王」シェイクスピア** 斎藤 勇訳『リア王』、「世界文学大系」第12巻、シェイクスピア篇の内、筑摩書房、一九五九（そのほか筑摩書房の「シェイクスピア全集」第7巻、一九六七「世界古典文学全集」第41巻、筑摩書房、一九六四。中央公論社の坪内逍遥訳「新修シェークスピヤ全集」第30巻、一九三四。河出書房の「世界文学全集」Ⅰの1など。野島秀勝訳が岩波文庫、二〇〇〇、に入った。ほかに福田恒存、小田島雄志、木下順二などの訳もある）。

388 **ペーネロペー** オウィディウス 松本克己訳《ペーネロペーからウリクセースへ》『名婦の書簡』、「世界文学大系」第67巻の内、筑摩書房、一九六六。

392 **オルペウス** リルケ 前田棟一郎訳『オルフォイス オイリュディケ ヘルメス』、高安国世訳『新詩集』および『オルフォイスに寄せるソネット』、「世界文学大系」第53巻、リルケ篇の内、筑摩書房、一九五九。田口義弘訳『オルフォイスへのソネット』、「リルケ全集」第5巻、詩集篇V、河出書房新社、一九九一。

コクトー 堀口大学訳「オルフェ」、第一書房、一九二九（白水社の「コクトー戯曲選集」第1巻の内、一九五九に寺川 博訳。三好郁朗訳『オルフェ』および『オルフェの遺言』が「ジャン・コクトー全集」Ⅷの内、東京創元社、一九八七にある。

T・ウィリアムズ　鳴海四郎訳『地獄のオルフェウス』、「世界文学大系」第95巻、現代劇集篇の内、筑摩書房、一九六五（同氏の訳は「テネシー・ウィリアムズ戯曲選集」2、早川書房、一九八〇にもある）。

サルトル　鈴木道彦・海老坂　武訳『黒いオルフェ』、「サルトル全集」第10巻、シチュアシオンIIIの内、人文書院、一九六四（集英社、「世界文学全集」第25巻、一九六五にもある）。

405 **アムピーオーン**　ヴァレリー　伊吹武彦訳『楽劇アンフィオン』、「世界文学大系」第51巻、クローデル　ヴァレリー篇の内、筑摩書房、一九六〇。同社の「ヴァレリー全集」1、一九七三にもある。

410 **彼らの作品**　呉　茂一訳「ギリシア抒情詩選」、岩波文庫、一九五二、参照。

410 **アリーオーン**　松平千秋訳「ヘロドトス」、「世界古典文学全集」第10巻、筑摩書房、一九八二の内の二三―二四参照。松平訳「歴史」は岩波文庫、一九七一・七二にもある。

417 **イービュコス**　シラー　新関良三訳『イービクスの鶴』、「シラー選集」第1巻の内、冨山房、一九四一。川下江村訳『イビュクスの鶴』、「明治翻訳文学全集」35、シラー集篇の内、大空社、一九九九複製。

424 **サッポー**　オウィディウス　松本克己訳《サッポーからパオーンへ》『名婦の書簡』、「世界文学大系」第67巻の内、筑摩書房、一九六六。

グリルパルツェル　実吉捷郎訳「ザッフォオ」、岩波文庫、一九五三（そのほか近代社の「古典劇大系」第12巻、一九二五、に中島　清訳がある）。

メーリケ　富士川・手塚訳『サッポーの追憶』（『詩集』抄）、「世界名詩集大成」第6巻の内、平凡社、一九六〇。

ドオデエ　武林無想庵訳『サフオ』、「世界文学全集」第30巻、椿姫・サフオ・死の勝利、の内、新潮社、一九二八。

429 **キーツ「エンデュミオーン」**　大和資雄訳。144を参照。

437 **音を発するこのメムノーンの像**　エイキン　河野一郎訳『メムノンへの序曲』（抄）、「世界名詩集大成」第11巻の内、平凡社、一九五九。

本書は、昭和四十五年十二月刊の角川文庫『ギリシア・ローマ神話』を加筆・訂正のうえ、上下巻に分冊したものです。

完訳《かんやく》

ギリシア・ローマ神《しん》話《わ》(上)

トマス・ブルフィンチ

大《おお》久《く》保《ぼ》 博《ひろし》＝訳

角川文庫 13356

昭和四十五年十二月二十日 初 版 発 行
平成十五年四月十日 四十六版発行
平成十六年五月二十五日 増補改訂版発行

発行者――田口惠司
発行所――株式会社角川書店
東京都千代田区富士見二―十三―三
電話 編集(〇三)三二三八―八五五五
営業(〇三)三二三八―八五二一
〒一〇二―八一七七
振替〇〇一三〇―九―一九五二〇八
印刷所――暁印刷 製本所――コオトブックライン
装幀者――杉浦康平

Printed in Japan

フ 3-3 ISBN4-04-224304-5 C0198

角川文庫発刊に際して

角川源義

第二次世界大戦の敗北は、軍事力の敗北であった以上に、私たちの若い文化力の敗退であった。私たちの文化が戦争に対して如何に無力であり、単なるあだ花に過ぎなかったかを、私たちは身を以て体験し痛感した。西洋近代文化の摂取にとって、明治以後八十年の歳月は決して短かすぎたとは言えない。にもかかわらず、近代文化の伝統を確立し、自由な批判と柔軟な良識に富む文化層として自らを形成することに私たちは失敗して来た。そしてこれは、各層への文化の普及滲透を任務とする出版人の責任でもあった。

一九四五年以来、私たちは再び振出しに戻り、第一歩から踏み出すことを余儀なくされた。これは大きな不幸ではあるが、反面、これまでの混沌・未熟・歪曲の中にあった我が国の文化に秩序と確たる基礎を齎らすためには絶好の機会でもある。角川書店は、このような祖国の文化的危機にあたり、微力をも顧みず再建の礎石たるべき抱負と決意とをもって出発したが、ここに創立以来の念願を果すべく角川文庫を発刊する。これまで刊行されたあらゆる全集叢書文庫類の長所と短所とを検討し、古今東西の不朽の典籍を、良心的編集のもとに、廉価に、そして書架にふさわしい美本として、多くのひとびとに提供しようとする。しかし私たちは徒らに百科全書的な知識のジレッタントを作ることを目的とせず、あくまで祖国の文化に秩序と再建への道を示し、この文庫を角川書店の栄ある事業として、今後永久に継続発展せしめ、学芸と教養との殿堂として大成せんことを期したい。多くの読書子の愛情ある忠言と支持とによって、この希望と抱負とを完遂せしめられんことを願う。

一九四九年五月三日

角川文庫海外作品

新訳 アーサー王物語
トマス・ブルフィンチ
大久保　博＝訳
六世紀頃の英国。国王アーサーや騎士たちが繰り広げる、冒険と恋愛ロマンス。そして魔法使いたちが引き起こす不思議な出来事…。

アルケミスト
夢を旅した少年
パウロ・コエーリョ
山川紘矢＋山川亜希子＝訳
スペインの羊飼いの少年は、夢に見た宝物を探しに旅に出る。その旅はまた、人生の偉大なる知恵を学ぶ旅でもあった……。感動のベストセラー。

星の巡礼
パウロ・コエーリョ
山川紘矢＋山川亜希子＝訳
奇跡の剣を探して、スペインの巡礼路を歩くパウロ。それは人生の道標を見つけるための旅に変わって……。パウロが実体験をもとに描いた処女作。

ピエドラ川のほとりで私は泣いた
パウロ・コエーリョ
山川紘矢＋山川亜希子＝訳
久々に再会した修道士の友人から愛を告白され戸惑うピラールは、彼との旅を通して、真実の愛の力と神の存在を再発見する。世界的ベストセラー。

第五の山
パウロ・コエーリョ
山川紘矢＋山川亜希子＝訳
紀元前のイスラエル。工房で働くエリヤは、子供の頃から天使の声が聞こえた。だが運命は彼女のささやかな望みは叶えず、苦難と使命を与えた――。

太陽の王 ラムセス 1
クリスチャン・ジャック
山田浩之＝訳
古代エジプト史上最も偉大な王《ファラオ》、ラムセス二世。その波瀾万丈の運命が今、幕を明ける――世界で一千万人を不眠にさせた絢爛の大河歴史ロマン。

大神殿
太陽の王ラムセス2
クリスチャン・ジャック
山田浩之＝訳
亡き王セティの遺志を継ぎ、ついにラムセス即位の時へ。だが裏切りと陰謀が渦巻く中、次々と魔の手が忍び寄る。若き王《ファラオ》、波瀾の治世の幕開け！

角川文庫海外作品

太陽の王ラムセス3
カデシュの戦い
クリスチャン・ジャック
山田浩之＝訳

民の敬愛を得た王ラムセスに、容赦無く襲いかかる宿敵ヒッタイト――難攻不落の要塞カデシュの砦で、歴史に名高い死闘が遂に幕を開ける！

太陽の王ラムセス4
アブ・シンベルの王妃
クリスチャン・ジャック
山田浩之＝訳

カデシュでの奇跡的勝利も束の間、闇の魔力に脅かされるネフェルタリの為、光の大神殿を築くラムセスだが……果して最愛の王妃を救えるのか!?

太陽の王ラムセス5
アカシアの樹の下で
クリスチャン・ジャック
山田浩之＝訳

ヒッタイトとの和平が成立、遂にエジプトに平穏が訪れる――そして「光の息子」ラムセスにも静かに老いの影が……最強の王の、最後の戦い！

光の石の伝説Ⅰ
ネフェルの目覚め
クリスチャン・ジャック
山田浩之＝訳

ラムセス大王の治世により平和を謳歌する古代エジプト。ファラオの墓所を建設する職人たちの村に伝わる秘宝をめぐる壮大な物語が幕をあける。

光の石の伝説Ⅱ
巫女ウベクヘト
クリスチャン・ジャック
山田浩之＝訳

ファラオの死により庇護を失った〝真理の場〟。次々に襲いかかる外部の魔の手から村を守ろうと立ちあがった巫女の活躍を描く波瀾の第二幕。

光の石の伝説Ⅲ
パネブ転生
クリスチャン・ジャック
山田浩之＝訳

テーベとペル・ラムセスの間でファラオの座をかけた争いが繰り広げられる中〝真理の場〟では一人の勇者が命を落とした。いよいよ佳境第三巻！

光の石の伝説Ⅳ
ラムセス再臨
クリスチャン・ジャック
山田浩之＝訳

孤独な勇者パネブと王妃タウセルトはエジプトの平安のために力を合わせ最後の戦いに挑む。著者が全身全霊で打ち込んだ感動巨編、ついに完結。